Horst Mehl

Methoden verteilter Simulation

Programm Angewandte Informatik

hrsg. von Paul Schmitz und Norbert Szyperski

Die Reihe hat es sich zum Ziel gesetzt, Studenten, Ingenieure und DV-Praktiker mit zentralen Fragestellungen der Angewandten Informatik vertraut zu machen. Auch wenn in Werken dieser Reihe theoretische Grundlagen vermittelt werden, so stehen sie doch stets in Zusammenhang mit konkreten Anwendungen.
Die Reihe umfaßt sowohl grundlegende Einführungen, die den State-of-the-Art eines aktuellen Fachgebietes zur Darstellung bringen, wie auch speziellere Monographien, sofern sie der o.g. Zielsetzung entsprechen.

Unter anderem sind bisher folgende Titel erschienen:

Agentensysteme
Verteiltes Problemlösen mit Expertensystemen
von M. v. Bechtolsheim

Petri-Netze
Eine anwendungsorientierte Einführung
von B. Rosenstengel und U. Winand

Wissensbasiertes CASE
Theoretische Analyse – Empirische Untersuchung – Prototyp
von G. Herzwurm

Methoden verteilter Simulation
von H. Mehl

Introduction to PEARL
Description with Examples
by W. Werum and H. Windauer

Echtzeitsysteme und Fuzzy Control
Konzepte, Werkzeuge, Anwendungen
von H. Rzehak (Hrsg.)

Vieweg

Horst Mehl

Methoden verteilter Simulation

Mit einem Geleitwort
von Jürgen Nehmer

Die Deutsche Bibliothek – CIP-Einheitsaufnahme

Mehl, Horst:
Methoden verteilter Simulation / Horst Mehl.
Mit einem Geleitw. von Jürgen Nehmer. –
Braunschweig; Wiesbaden: Vieweg, 1994
(Programm angewandte Informatik)
ISBN 978-3-528-05439-7

Softcover reprint of the hardcover 1st edition 1994

Der Verlag Vieweg ist ein Unternehmen der Verlagsgruppe Bertelsmann International.

Gedruckt auf säurefreiem Papier

ISBN 978-3-528-05439-7 ISBN 978-3-322-90609-0 (eBook)
DOI 10.1007/978-3-322-90609-0

Geleitwort

Diskrete ereignisgesteuerte Simulation ist seit mehreren Jahrzehnten nicht nur im technischen Bereich, sondern auch weit darüber hinaus eine anerkannte und sehr wichtige Analysetechnik, mit der komplexe Abläufe der Realität gezielt untersucht werden können. Eine vielversprechende Möglichkeit zur Reduzierung des typischerweise hohen Rechenaufwandes von Simulationsexperimenten besteht in einer verteilten, asynchronen Ausführung des Simulationsmodells auf einem Mehrprozessorsystem. Das zentrale Problem bei diesem Ansatz ist die notwendige Synchronisation, mit der die durch die modellierte Realität meist nur implizit vorgegebenen kausalen Abhängigkeiten eingehalten werden.

Dieses Buch gibt eine hervorragende Einführung in das Gebiet verteilter ereignisgesteuerter Simulation. Es vermittelt neben einem umfassenden Überblick über den Stand der Technik auch viele neue Ideen. Bemerkenswert ist insbesondere, daß neben Lösungen für das zentrale Synchronisationsproblem auch andere Probleme betrachtet werden, die durch die Verteilung neu hinzukommen und beim Einsatz verteilter Simulation in der Praxis eine wichtige Rolle spielen. So tritt durch die nichtdeterministische, asynchrone Ausführung von Simulationsmodellen die Schwierigkeit der Reproduzierbarkeit von Simulationsläufen auf, zu dem erstmalig eine Lösung angegeben wird. Auch auf das Problem der Modellierung inhärent globaler Daten wird ausführlich eingegangen.

Prof. Dr. J. Nehmer   04.02.1994

Vorwort

Simulation ist eines der ältesten Einsatzgebiete für Rechner. Die Gründe dafür sind vielfältig. So läßt sich beispielsweise durch Simulation das Verhalten eines geplanten oder auch vorhandenen Systems in einer auf das Wesentliche vereinfachten Nachbildung der Realität — dem *Simulationsmodell* — oft weniger kostspielig, zeitaufwendig oder für den Menschen weniger gefährlich analysieren. Die dabei benötigte Rechenleistung wird traditionell von einem einzigen leistungsstarken Rechner erbracht. Dennoch dauern viele realistische Simulationen sehr lange, so daß sich spätestens seit dem Aufkommen von Mehrrechnersystemen die Frage stellt, ob und wie sich ein Simulationsexperiment durch den Einsatz mehrerer Rechner beschleunigen läßt. Im ersten Teil dieses Buches (Kapitel 1–4) steht die Untersuchung dieser Frage für die sogenannte *ereignisgesteuerte Simulation* im Vordergrund. Dabei wird nach Einführung der zugrundegelegten Terminologie und der grundsätzlichen Funktionsweise ereignisgesteuerter Simulation zunächst ein Abriß prinzipieller Techniken zur Beschleunigung derartiger Simulationsexperimente skizziert (Kapitel 1). Eine dieser Techniken, mit der sich eine große Teilklasse aller Simulationsexperimente vielversprechend beschleunigen läßt, wird *verteilte Simulation* genannt.

In Kapitel 2 wird ein Überblick über verteilte Simulationsverfahren vermittelt. Mittels einer Klassifikation, die sich von der in der Literatur üblichen unterscheidet, werden die wesentlichen Probleme und Lösungskonzepte charakterisiert. Dabei werden die Grundprinzipien, Chancen, aber auch die Defizite bisher entwickelter Methoden aufgezeigt. Um diese, aber auch die in diesem Buch vorgestellten neuen Methoden (siehe Kapitel 2, 4, 5, 7) empirisch untersuchen und fair vergleichen zu können, wurde an der Universität Kaiserslautern die *verteilte Simulationssprache DSL (Distributed Simulation Language)* entwickelt, welche in Kapitel 3 vorgestellt wird. In DSL spezifizierte Simulationsmodelle lassen sich mit unterschiedlichen Simulationsverfahren ausführen, ohne Änderungen am Modell vornehmen zu müssen. Im Anschluß an die Beschreibung des DSL-Systems werden einige Meßergebnisse mit Verfahren aus Kapitel 2 präsentiert. Auf Ergebnisse und vergleichende Bewertungen aus anderen mit dem DSL-System durchgeführten Messungen wird bei der Diskussion der jeweilig verwendeten Simulationsverfahren eingegangen. Da keine der in Kapitel 2 behandelten Methoden für *alle* Simulationsmodelle optimal ist, wird in Kapitel 4 nach neuen Verfahren gesucht, die unter Beibehaltung der Vorteile die Defizite bisheriger Methoden zu kompensieren versuchen. Exemplarisch für ein solches Verfahren wird eine adaptiv-hybride Methode — die sogenannte *spekulative Simulation* — ausführlich diskutiert.

Im zweiten Teil dieses Buches wird ausführlich auf zwei Probleme eingegangen, die beim Einsatz verteilter Simulation in der Praxis von großer Bedeutung sind. Zunächst wird die *Reproduzierbarkeit* verteilter Simulation trotz nichtdeterministischer Ausführung untersucht. Ihre Sicherstellung ist insbesondere für das Debuggen von Simulationsmodellen und das Auswerten von Simulationsexperimenten von großer Bedeutung. In Kapitel 5 wird ein Algorithmus angegeben, der erstmalig die Reproduzierbarkeit verteilter Simulation gewährleistet.

In den folgenden beiden Kapiteln 6 und 7 wird ein für die verteilte Simulation typisches Modellierungsproblem erörtert, welches aus der Notwendigkeit einer automatischen oder manuellen Partitionierung des Gesamtmodells resultiert. Obwohl eine solche Partitionierung im Prinzip immer möglich ist, stellt sie bei inhärent globalen Daten ein Problem dar, das vom Modellierer oft nur durch Replikation der Daten und aufwendigen Maßnahmen zur Sicherstellung der Konsistenz effizient gelöst werden kann. Dies ist nicht nur fehleranfällig, sondern führt auch aus Software-Engineering-Gesichtspunkten zu schwer wartbaren Simulationsanwendungen. Zur Unterstützung der Modellierung wird daher nach einer für den Benutzer transparenten Realisierung konsistenter gemeinsamer Variablen gesucht. Im Anschluß an einen Überblick über Standardtechniken zur Realisierung eines logisch gemeinsamen Speichers in verteilten Systemen (*Distributed-shared-memory*) wird aufgezeigt, wie sich diese Techniken zur Lösung des obigen Problems auf verteilte Simulation übertragen lassen. Ein Ausblick faßt die wesentlichen Ergebnisse aus diesem Buch zusammen und deutet auf mögliche Weiterentwicklungen des Forschungsgebietes „verteilte Simulation“ hin (Kapitel 8).

Das vorliegende Buch basiert auf meiner am Fachbereich Informatik der Universität Kaiserslautern vorgelegten Dissertation. An dieser Stelle möchte ich mich bei allen bedanken, die die Durchführung meiner Promotion gefördert haben. Zuallererst ist hier Prof. Dr. J. Nehmer zu nennen, der durch seine vertrauensvolle Unterstützung und die Schaffung einer angenehmen Atmosphäre in seiner Gruppe das Vorankommen dieses Buches wesentlich beeinflußte. Sein wissenschaftlicher Rat und seine reiche Erfahrung waren mir sehr wertvoll. Auch möchte ich mich dafür bedanken, daß er mir die Teilnahme an wichtigen Tagungen ermöglichte, die es mir erlaubten, meine Ergebnisse auch mit führenden ausländischen Wissenschaftlern zu diskutieren. Besonderer Dank gebührt auch Professor Dr. F. Mattern, der meine wissenschaftliche Arbeitsweise durch seine konstruktive Kritik maßgeblich geprägt hat. Meinen Kollegen sei gedankt für viele Diskussionen auch über andere Teilgebiete verteilter Systeme. Ferner gilt mein Dank Ralf Reske, Georg Molter und Steffen Reithermann für ihre engagierte Betreuung der Rechenanlage. Schließlich sei auch „meinen" Studenten für die Implementierung bestimmter Konzepte und die Durchführung einiger Meßreihen gedankt.

Kaiserslautern, Februar 1994 Horst Mehl

Inhaltsverzeichnis

Kapitel 1

Einleitung

1.1 Was ist Simulation?

Simulation ist eine wirksame Analysemethode, die in vielen Gebieten der Technik, Wirtschaft und Wissenschaften (beispielsweise in Informatik, Medizin, Physik oder Astronomie) eingesetzt wird. Sie erlaubt, Abläufe eines realen Systems anhand eines vereinfachten *Modells* zu untersuchen. Die dabei gewonnenen Erkenntnisse lassen in gewissen Grenzen Rückschlüsse auf das Verhalten des realen Systems zu [PAG91a]. So können Vorgänge analysiert werden, die in der Realität viel zu langsam oder zu schnell ablaufen und sich dadurch oftmals einer praktikablen Untersuchung entziehen. Es lassen sich aber auch Vorgänge analysieren, deren Untersuchung in der Realität zu teuer oder aber prinzipiell undurchführbar wären. Als Beispiele hierfür möge die Auswahl zwischen mehreren Realisierungsalternativen eines Bauprojekts oder die Überprüfung verschiedener Hypothesen über Weltklimaveränderungen dienen. Auch läßt sich mittels Simulation das Verhalten eines realen Systems approximativ vorhersagen, wodurch Simulation als Entscheidungshilfe interessant wird. Die Flexibilität von Simulation zeigt sich auch daran, daß es sich als Mittel zur Analyse komplexer Systeme noch einsetzen läßt, wenn andere Methoden wie etwa mathematisch-analytische bereits versagen [NEE87a].

Der Grad an Übereinstimmung der Simulationsergebnisse mit dem tatsächlichen Verhalten des realen Systems hängt entscheidend von der Genauigkeit ab, mit der das Modell relevante Aspekte der Realität nachbildet.

Je detailierter das Modell ist, desto größer wird auch der Rechenaufwand für die Simulation sein. Leider steigt jedoch der Aufwand für eine Simulation in der Regel nicht linear, sondern eher quadratisch oder gar exponentiell mit der Modellgröße an [MAM89a, NEE87a], so daß selbst die schnellsten heutigen Rechner noch eine sehr lange Ausführungszeit für viele realistische Simulationen benötigen. Im Bereich der Informatik wird beispielsweise in [REM88a] von mehreren hundert Stunden für eine Simulation von Kommunikationshardware berichtet und in [SWF87a] sogar von mehreren Monaten für die Simulation großer VLSI-Chips auf Gatterniveau. Dazu kommt, daß oft eine ganze Serie von Simulationsexperimenten durchgeführt werden muß. Bei stochastischen Simulationen muß beispielsweise das gleiche Experiment mit verschiedenen Startwerten für die verwendeten Pseudozufallszahlengeneratoren mehrfach wiederholt werden, damit die ermittelten Werte die notwendige statistische Aussagekraft erzielen. Spätestens seit Aufkommen kommerziell verfügbarer Mehrrechnersysteme stellt sich daher die Frage, ob und ggf. wie sich Simulationsexperimente durch Parallelisierung beschleunigen lassen. Um diese Frage näher untersuchen zu können, werden zunächst die prinzipielle Arbeitsweise konventioneller Simulationsmethoden und anschließend grundsätzliche Parallelisierungsansätze skizziert.

1.2 Konventionelle Simulationsmethoden

1.2.1 Verschiedene Paradigmen und Weltsichten

In der Praxis existiert eine Vielfalt an Simulationsmethoden für die unterschiedlichsten Aufgaben. Dabei interessiert meist der Ablauf eines Systems in der Zeit. Für solche Aufgaben besteht das Simulationsmodell (wie auch die Realität) typischerweise aus mehreren miteinander agierenden *Objekten*, deren *Zustände* sich mit Voranschreiten der Zeit verändern. Anhand der Art und Weise wie die simulierte Realzeit, die im folgenden *virtuelle Zeit* oder auch *Simulationszeit* genannt wird, voranschreitet, lassen sich konventionelle Simulationsmethoden wie folgt klassifizieren [MAM89a].

Bei *kontinuierlicher* Simulation schreitet die Simulationszeit (und damit die Folge der Zustandsänderungen) kontinuierlich voran. Meist bestehen solche Modelle aus Differentialgleichungssystemen, deren freie Variable die Zeit ist. Erfolgt das Voranschreiten der Zeit dagegen sprunghaft von einem Zeitpunkt zum nächsten, so wird von *zeitdiskreter* oder *diskreter* Simulation gesprochen. In dieser Simulationsklasse ändert ein Modell seinen Zustand atomar zu diskreten Zeitpunkten. Ein Zustandswechsel in einem solchen Modell läßt sich durch das Eintreten von *Ereignissen* zu einem virtuellen *Eintrittszeitpunkt* t auffassen. Die Eintrittszeit t wird oft auch als *Zeitstempel* eines Ereignisses bezeichnet. Je nach Steuerung des Simulationsablaufs kann bei diskreter Simulation weiter zwischen zeit- und ereignisgesteuerter Simulation unterschieden werden.

Bei *zeitgesteuerter* Simulation wird die Simulationszeit t in Inkrementen Δ fester oder variabler Schrittlänge vorangeschaltet. Nach jeder Zeiterhöhung treten alle Ereignisse mit einem Zeitstempel $t' \in (t_{aktuell} - \Delta, t_{aktuell}]$ in einer prinzipiell willkürlichen Reihenfolge ein. Das Inkrement Δ muß dabei klein genug gewählt werden, damit ein in einem Zeitintervall eintretendes Ereignis nur Ereignisse in der simulierten Zukunft, nicht aber andere Ereignisse des gleichen Zeitintervalls beeinflussen kann. Andererseits sollte Δ jedoch auch nicht zu klein gewählt werden, damit möglichst wenig Intervalle simuliert werden müssen, in denen überhaupt keine Ereignisse stattfinden. Die Simulation solcher *Totzeiten* stellt einen wesentlichen Nachteil zeitgesteuerter Simulation dar.

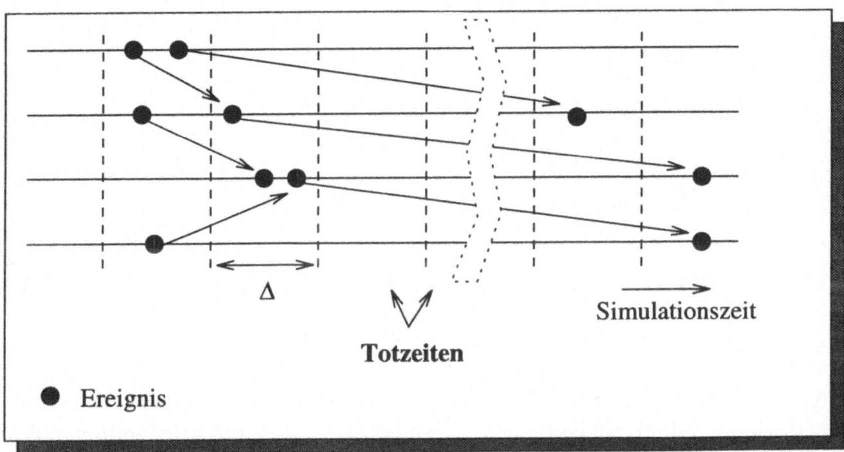

Abbildung 1.1: Totzeiten in zeitgesteuerter diskreter Simulation.

Abb. 1.1 veranschaulicht Totzeiten anhand eines Simulationsmodells aus vier Objekten. Alle Ereignisse, die im gleichen Objekt stattfinden, sind jeweils als schwarze Punkte auf der gleichen waagerechten Linie angedeutet. Die Position eines Punktes auf der Linie entspricht der virtuellen Eintrittszeit des Ereignisses, wobei die Zeit von links nach rechts voranschreitet. Pfeile deuten an, welche Ereignisse von welchen anderen erzeugt werden; gestrichelte Linien markieren Zeitintervalle. In einigen Zeitintervallen treten keine Ereignisse ein. Dies sind Totzeiten.

Bei der *ereignisgesteuerten* Simulation wird die Simulationszeit jeweils auf die Eintrittszeit des „nächsten" Ereignisses (d.h. auf die kleinste Eintrittszeit eines noch zu simulierenden Ereignisses) erhöht. Hier steuern also *Ereignisse* das Voranschalten der Simulationszeit. Dadurch werden alle Totzeiten übersprungen, die in der zeitgesteuerten Simulation und auch in der Realität berücksichtigt werden müßten.

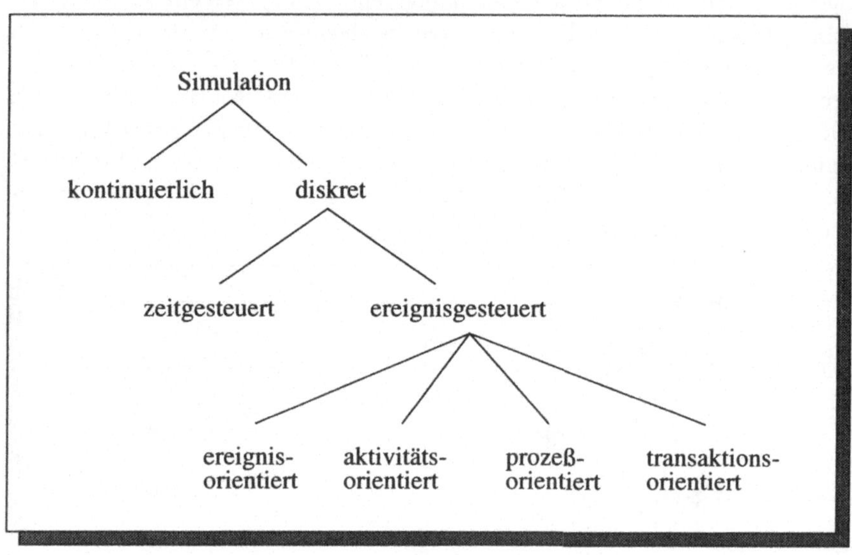

Abbildung 1.2: Klassifizierung konventioneller Simulationsmethoden.

Abb. 1.2 faßt die Klassifikation der Simulationsmethoden zusammen. Wie darin angedeutet, lassen sich ereignisgesteuerte Simulationsexperimente noch weiter nach dem angewendeten Modellierungsstil unterscheiden. Die Modellierung ereignisgesteuerter Simulation ist geprägt durch die sogenannte „*Weltsicht*" [HOO86b]. Unter der Weltsicht versteht man die Art und Weise, wie Dinge der realen Welt im Modell repräsentiert werden können. Bei *ereignisorientierter* Simulation werden beispielsweise Änderungen in der Realität als Ereignisse aufgefaßt und modelliert. In der *aktivitätsorientierten* Simulation hingegen werden Änderungen in der Realität als *Aktivitäten* einer gewissen Zeitdauer Δ aufgefaßt, die im Modell durch die Ereignisse „Beginn der Aktivität“ und „Ende der Aktivität“ repräsentiert werden. In der *prozeßorientierten* Simulation werden *zusammengehörige* Zustandsänderungen der Realität durch je einen *Prozeß* modelliert. Jeder Prozeß läßt sich damit als eine Folge von zusammengehörigen Ereignissen ansehen. Schließlich wird vor allem für die Simulation von Warteschlangennetzen gerne auf die *transaktionsorientierte* Simulation zurückgegriffen. Diese kann jedoch als Spezialfall der prozeßorientierten Simulation angesehen werden, weshalb an dieser Stelle nicht näher darauf eingegangen werden soll.

Folgende Beispiele mögen die verschiedenen Weltsichten veranschaulichen. Eine Straßenverkehrssimulation würde in der ereignisorientierten Simulation aus Ereignissen der Art „Ankunft eines Autos an einer Kreuzung“, „Wechsel einer Ampel von rot auf grün“ etc. modelliert. In der aktivitätsorientierten Weltsicht hingegen würde die Fahrt eines Autos zwischen zwei Kreuzungen als Aktivität modelliert. In der prozeßorientierten Weltsicht würde das Auto, welches von Kreuzung zu Kreuzung fährt, als Prozeß betrachtet werden können, welcher lediglich bei Kreuzungen atomare Zustandsänderungen hervorruft.

Da sich konzeptionell die aktivitätsorientierte, prozeßorientierte und transaktionsorientierte Simulation auf die ereignisorientierte zurückführen lassen, wird im folgenden mit ereignisgesteuerter Simulation immer die ereignisorientierte Weltsicht assoziiert werden.

1.2.2 Sequentielle ereignisgesteuerte Simulation

Allgemein wird ein Programm, welches ein (ereignisgesteuertes) Simulationsmodell ausführt, (ereignisgesteuerter) *Simulator* genannt. Eine Simulation, die durch einen einzigen ereignisgesteuerten Simulator auf einem einzelnen Rechner ausgeführt wird, wird im folgenden *sequentielle Simulation* genannt, der entsprechende Simulator auch *sequentieller* Simulator. Ein sequentieller Simulator besteht aus

- einer Ereignisliste,
- Ereignisroutinen,
- einem Zustandsraum und
- einer Uhr (Abb. 1.3).

Vor Beginn der Simulation enthält die Ereignisliste mindestens ein Ereignis, welches im Verlauf der Simulation eintreten soll. Im einzelnen arbeitet ein sequentieller Simulator wie folgt. Er läßt alle Ereignisse der Simulation chronologisch eintreten, indem er zyklisch das Ereignis mit der kleinsten Eintrittszeit t — dieses Ereignis wird das *nächste* Ereignis eines Simulators genannt — aus der Ereignisliste auskettet, seine Uhr auf t setzt und anschließend die mit dem Ereignis assoziierte Ereignisroutine ausführt. An dieser Stelle sei angenommen, daß es keine zwei Ereignisse mit gleichem Zeitstempel gibt. Dadurch ist das nächste Ereignis immer eindeutig definiert. Wie ausführlich in Kapitel 5 gezeigt wird, stellt dies jedoch keine prinzipielle Einschränkung dar. Durch das Ausführen der Ereignisroutine können Variablen des Zustandsraums gelesen, verändert und neue Ereignisse mit Zeitstempel $t' \geq t$ erzeugt und in die Ereignisliste eingefügt werden. Zur Vereinfachung der Sprechweise wird im folgenden meist gesagt, das *Ereignis wird ausgeführt*, anstelle „das Ereignis tritt ein“ oder „die dem Ereignis zugehörige Ereignisroutine wird ausgeführt“. Sobald der Simulator keine Ereignisse mehr in der Ereignisliste vorfindet oder eine eventuell vom Benutzer vorgegebene Abbruchbedingung (etwa eine bestimmte Simulationszeit) erreicht wird, beendet er die Simulation.

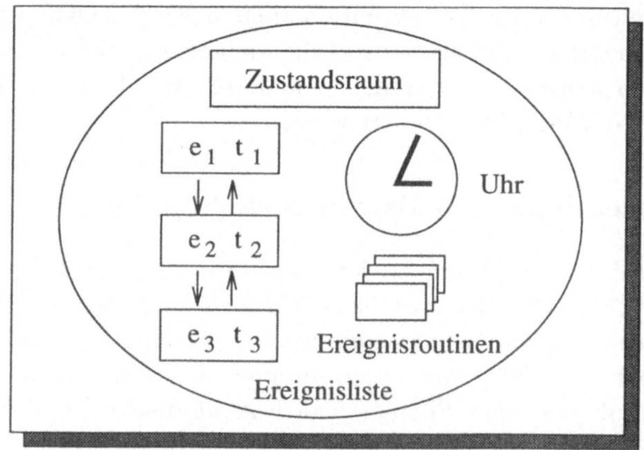

Abbildung 1.3: Ein sequentieller ereignisgesteuerter Simulator.

Bisher wurde gezeigt, warum Simulation wichtig ist, welche Simulationsparadigmen unterschieden werden können und wie ein sequentieller Simulator ein ereignisgesteuertes Simulationsmodell ausführt. Im nächsten Abschnitt werden prinzipielle Parallelisierungsansätze sequentieller Simulation aufgezeigt.

1.3 Parallelisierungsansätze

1.3.1 Unabhängige Läufe

Oft steht nicht die Beschleunigung einer einzigen rechenintensiven Simulation im Vordergrund, sondern vielmehr die Beschleunigung einer ganzen Serie von Simulationsexperimenten. Wie weiter oben bereits erwähnt, wird beispielsweise bei stochastischen Simulationen das gleiche Experiment mit veränderten Startwerten für die verwendeten Pseudozufallszahlengeneratoren mehrfach wiederholt. Ein trivialer Ansatz zur Beschleunigung einer solchen Serie aus unabhängigen Einzelexperimenten besteht darin, jedes Einzelexperiment auf einem anderen Prozessor durchzuführen [BDO85a, GLH91a, VAK92a]. Sind die Einzelexperimente jedoch abhängig voneinander, weil beispielsweise die Ergebnisse eines Einzelexperiments erst die genaue Einstellung der Startparameter für das nächste Einzelexperiment liefern, so ist dieser Ansatz nicht anwendbar. Auch hilft er nicht, wenn zumindest ein Einzelexperiment der Serie möglichst schnell durchgeführt werden soll. Daher versuchen die nachfolgend beschriebenen Ansätze die Durchführung eines einzelnen Experiments zu beschleunigen.

1.3.2 Parallelisierung von Hilfsfunktionen des Simulators

Ein naheliegender Ansatz, ein einzelnes Simulationsexperiment zu beschleunigen, besteht darin, häufig benötigte Hilfsfunktionen auf andere Prozessoren auszulagern [COM84a, WYS83a]. Als derartige Hilfsfunktionen werden hierbei gewöhnlich die Zufallszahlenerzeugung, das Generieren von Statistiken, die Ein-/Ausgabe und das Verwalten der Ereignisliste genannt. Ein Vorteil dieser Methode liegt darin, daß ein für sequentielle Simulation geschriebenes Simulationsmodell nicht verändert werden muß. Jedes sequentielle Simulationsmodell könnte damit also ohne Veränderung potentiell beschleunigt werden. Es ist jedoch fraglich, ob sich mit diesem Ansatz eine signifikante Beschleunigung der Simulation erreichen läßt. So lassen sich gute Zufallszahlengeneratoren bereits mittels weniger Instruktionen nach der von Lehmer 1951 vorgeschlagenen linearen Konkruenzmethode generieren [LEH51a, PAM88a]. Eine Berechnung von Zufallszahlen parallel zur Ereignisverarbeitung scheint deshalb wenig gewinnbringend. Auch die Unterstützung der Ereignislistenverwaltung durch mehrere Prozessoren scheint fraglich. Zwar haben Messungen von Comfort [COM82a] ergeben, daß die Ereignislistenverwaltung sequentieller Simulatoren mehr als ein Drittel der Gesamtrechenzeit benötigt; tatsächlich dürfte der Anteil jedoch wesentlich geringer sein, wenn anstelle der von Comfort betrachteten doppelt verketteten Listen effizientere Verfahren wie etwa *Splay-trees* [SLT85a] oder *Calendar-queues* [BRO88a] verwendet worden wären[1].

1.3.3 Verteilung des Modells

Der wohl vielversprechendste Ansatz, ein einzelnes ereignisorientiertes Simulationsexperiment zu beschleunigen, besteht darin, verschiedene *Ereignisse* konkurrent auf unterschiedlichen Prozessoren auszuführen. Gemeint ist hier jedoch nicht die parallele Ausführung der meist nur wenigen Ereignisse mit gleichem Zeitstempel, wie sie etwa in [PRE90a, WIL87a] verfolgt wird. Vielmehr wird das Gesamtmodell in mehrere kooperierende Teilmodelle partitioniert, die jeweils von einem ereignisgesteuerten Simulator ausgeführt werden. Voraussetzung hierbei ist, daß die Ereignisse, die ein einzelner Simulator ausführt, lediglich lokale Zustandsveränderungen im eigenen Simulator bewirken. Neue Ereignisse hingegen können für den eigenen oder für andere Simulatoren zur dortigen Ausführung eingeplant werden [MAM89b]. Für einen solchen, je ein Teilmodell ausführenden, kooperierenden ereignisgesteuerten Simulator hat sich in der Literatur die Bezeichnung *logischer Prozeß* (kurz *LP*) eingebürgert.

Beispiel. Die Verteilungsidee soll an einer Simulation des Straßenverkehrs in einer Großstadt veranschaulicht werden. Dabei könnte jede einzelne Kreuzung K_i (oder auch jedes Stadtviertel) durch einen logischen Prozeß LP_i simuliert werden. Abb. 1.4 zeigt den Fall, bei dem ein Auto von Kreuzung K_i nach Kreuzung K_j fährt und dort zur Zeit t ankommt. Dies würde in der Simulation dadurch modelliert, daß ein Ereignis e der Art „Ankunft eines Autos an einer Kreuzung“ von LP_i für LP_j mit der Eintrittszeit t eingeplant wird. ■

[1] Splay-trees sind binäre nicht-balancierte Suchbäume. Bei jedem Zugriff auf den Baum wird dessen Struktur durch zwischenordungserhaltende Rotationen angepaßt. Da diese Rotationen nur auf dem Suchpfad nötig sind, läßt sich zeigen, daß der mittlere Ein- und Ausfügeaufwand in einer Worst-case-Folge von Zugriffen O(log n) beträgt. Calendar-queues führen ein dynamisches Hashing durch und haben meist nur einen Aufwand von O(1). Im schlimmsten Fall ist ihr Aufwand allerdings O(n) [RRA93a]. Einen Vergleich guter Verfahren zur Ereignislistenverwaltung gibt beispielsweise [CSR93a, JON86a].

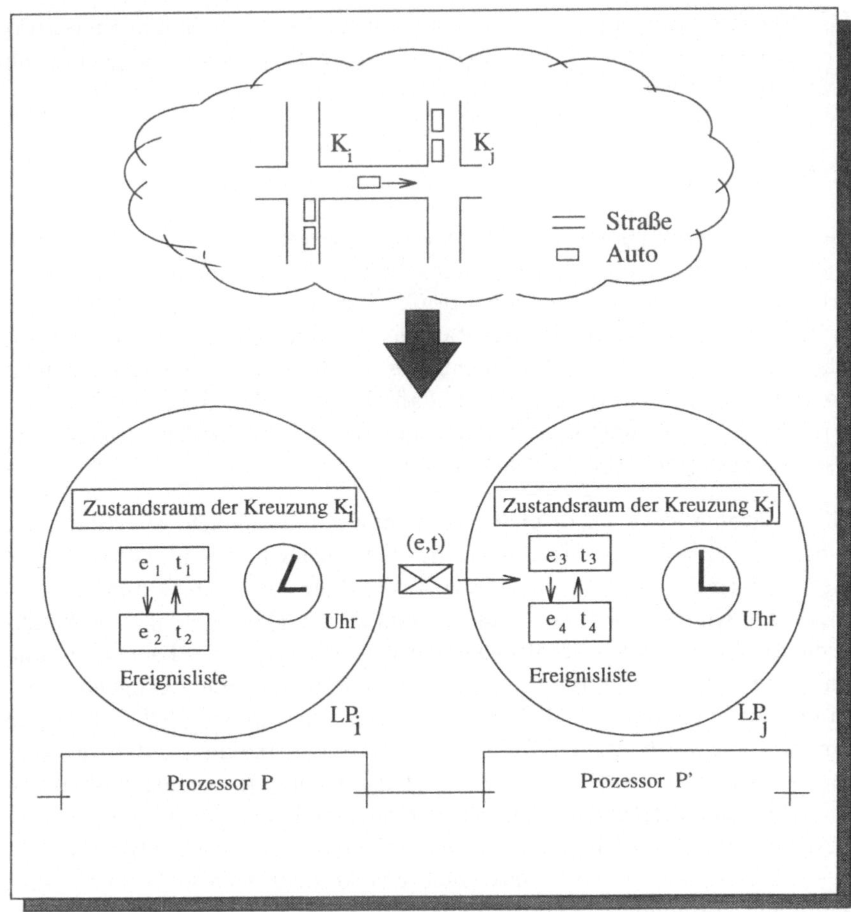

Abbildung 1.4: Zwei LPs eines verteilten Simulators.

Um bei diesem Ansatz eine Beschleunigung der Simulation zu erreichen, sollten folgende Anforderungen erfüllt werden:

(i) Partitionierung des Gesamtmodells in möglichst unabhängige Teilmodelle, die jeweils von einem LP ausgeführt werden.

(ii) Geeignete Zuordnung (*Mapping*) von Prozessoren auf LPs. Falls ein Prozessor mehrere LPs bedienen kann, ist darüber hinaus eine geeignete Auswahlstrategie (*Scheduling*) erforderlich.

(iii) Synchronisierung der Ereignisausführungen, so daß die Kausalität gewahrt bleibt und mit möglichst wenig Synchronisierungsaufwand möglichst viele Ereignisse konkurrent ausgeführt werden können.

(i) Partitionierung

Die Partitionierung eines Modells beeinflußt die Effizienz dieses Ansatzes in erheblichem Maße. Je abhängiger die Teilmodelle voneinander sind, desto geringer ist der potentiell verfügbare Grad an Parallelität, der ausgenutzt werden kann. Im Extremfall einer starken Abhängigkeit aller Teilmodelle ist daher von vornherein eine Beschleunigung der Simulation unwahrscheinlich. Die Hoffnung besteht jedoch darin, daß sich das Modell in vielen Fällen in relativ lose gekoppelte Teile partitionieren läßt, so daß prinzipiell eine Beschleunigung erreicht werden kann.

Eine automatische Partitionierung ist nur selten möglich. Denkbar wäre sie beispielsweise bei der Simulation von VLSI-Schaltungen auf Gatterebene. Das Gesamtmodell läßt sich bei dieser Anwendungsklasse als Graph betrachten, dessen Knoten Gatter entsprechen und dessen Kantenmenge der Netzliste der zu simulierenden Schaltung entspricht. Eine sinnvolle Partitionierung könnte nun daraus resultieren, n knotendisjunkte zusammenhängende Teilgraphen zu bestimmen, so daß „benachbarte" Teilgraphen möglichst wenige Kanten gemeinsam haben. Dahinter steckt die Annahme, daß zwei Teilschaltungen um so unabhängiger voneinander sind, je weniger Signalwege sie verbinden. Tatsächlich kann es in manchen Fällen auch sinnvoll sein, auf die strikte Knotendisjunktheit zu verzichten (siehe etwa [MAL93a]). In diesen Fällen werden bestimmte Teile des Modells mehrfach (und damit redundant) ausgeführt. Weil sich aber die Unabhängigkeit der Teilmodelle dadurch erhöht, wird möglicherweise trotz des höheren Gesamtrechenaufwandes eine weitere Beschleunigung erreicht. Für viele Anwendungen muß jedoch eine Partitionierung manuell durch den Modellierer gefunden werden. Analog zur Modellierung [NEE87a] stellt dieser Vorgang im allgemeinen eher eine Kunst als eine Wissenschaft dar.

(ii) Mapping und Scheduling

Stehen mindestens soviele Prozessoren zur Verfügung, wie Teilmodelle verwendet werden sollen, so ist es naheliegend, je ein Teilmodell von einem anderen Prozessor ausführen zu lassen. Ein beliebiges solches Mapping muß jedoch nicht optimal sein. Je nach dem Verbindungsnetz zwischen den verwendeten Prozessoren kann es sinnvoll sein, stark kooperierende Teilmodelle von benachbarten Prozessoren ausführen zu lassen. Wird der Kooperationsaufwand zwischen zwei Teilmodellen im Vergleich zum Rechenaufwand in diesen Teilmodellen zu hoch, kann es auch günstiger sein, beide Teilmodelle zusammenzufassen und auf dem gleichen Prozessor auszuführen. Für viele realistische Simulationen ist jedoch die Anzahl verfügbarer Prozessoren wesentlich kleiner als die Anzahl der ein Teilmodell ausführenden LPs. Für die Zuordnung von Prozessoren auf LPs lassen sich zwei Varianten unterscheiden.

Variante 1. In der ersten Variante steht ein Pool von Prozessoren mit physisch gemeinsamem Speicher zur Verfügung. Jeder Prozessor wählt sich einen LP aus und bedient diesen, solange er Ereignisse zum Ausführen besitzt. Sobald der ausgewählte LP blockiert (beispielsweise weil die lokale Ereignisliste leer ist), wählt sich der Prozessor einen anderen LP aus usw. Dieser Ansatz setzt physisch gemeinsamen Speicher voraus und wird im folgenden als *parallele Simulation* (der entsprechende Simulator als *paralleler Simulator*) bezeichnet. Durch den gemeinsamen Speicher ist bei paralleler Simulation kein explizites Mapping erforderlich. Es bleibt lediglich ein Scheduling-Problem für die Auswahl des als nächsten zu bedienenden logischen Prozesses.

Leider sind Mehrrechnersysteme mit physisch gemeinsamem Speicher z. Zt. viel teuerer als solche ohne gemeinsamen Speicher. Neben dem Kostenargument ist der Hauptnachteil dieser Variante die schlechte Skalierbarkeit, da der gemeinsame Speicher mit steigender Anzahl der Prozessoren zunehmend zu einem Flaschenhals wird. Bei einer moderaten Anzahl von Prozessoren ist jedoch die Kommunikation über den gemeinsamen Speicher sehr effizient.

Variante 2. Die zweite Variante kommt ohne gemeinsamen Speicher aus. Hier wird die Simulation auf einem *verteilten Rechnersystem* ausgeführt, d.h. auf einer Menge von Rechnern, die jeweils einen lokalen Speicher zur Verfügung haben und ausschließlich über Nachrichten miteinander kommunizieren können. Diese Variante wird *verteilte Simulation* genannt und der entsprechende Simulator, bestehend aus allen LPs, *verteilter Simulator.* Bei verteilter Simulation sind prinzipiell Mapping- und

Scheduling-Strategien erforderlich. Es lassen sich jeweils *statische* und *dynamische* Mapping- bzw. Scheduling-Verfahren unterscheiden.

Bei statischem Mapping werden alle LPs bei ihrer Erzeugung einem Rechner fest zugeteilt. Hierbei muß i.w. ein guter Kompromiß zwischen erwarteter Rechenlast einzelner LPs und dem erwarteten Kommunikationsaufkommen zwischen LPs gefunden werden. Ein Weg, diese Parameter zu ermitteln, besteht in einer zeitbegrenzten Vorabsimulation des gleichen Modells mit einem beliebigen Mapping, bei dem die Rechenlast und das Kommunikationsaufkommen mitprotokolliert werden. Bei dynamischem Mapping kann diese Zuordnung zur Laufzeit der Simulation etwa aufgrund des Systemverhaltens (z.B. zu hoch werdende Last eines Rechnerknotens) geändert werden. Bei Änderung der Zuordnung migriert ein LP von einem Rechner auf einen anderen.

Statisches Scheduling wendet immer die gleiche Strategie zur Auswahl des als nächsten zu bedienenden LP an. Als gute Strategie hat sich herausgestellt, die in der Simulationszeit am weitesten zurückliegenden LPs zu bevorzugen; man vergleiche jedoch auch [BUM90a, KWP92a, LIL90b] bezüglich anderer Strategien. Bei dynamischem Scheduling kann die Scheduling-Strategie adaptiv vom bisherigen Systemverhalten abhängen. Ein Beispiel für eine solche Strategie stellt das in Kapitel 2 vorgestellte *Penalty-throttling* dar. In diesem Buch werden keine Annahmen über das verwendete Scheduling-Verfahren gemacht. Bezüglich der Mapping-Strategie wird angenommen, daß der Benutzer zusammen mit der Modellspezifikation ein statisches Mapping vorgibt. Es wird ferner angenommen, daß nach einer Initialisierungsphase, in der eine konstante Anzahl LPs erzeugt wird, keine weiteren LPs generiert werden. Durch diese Forderung wird die große Klasse *statisch-verteilter Simulatoren* beschrieben. Ein Beispiel für *dynamisch-verteilte Simulatoren*, bei der durch die Ausführung von Ereignissen, also während der Simulation, neue LPs erzeugt werden können, wird in [AGT91a, TIA89a] gegeben. Anwendungsbeispiele für dynamisch-verteilte Simulatoren sind z.B. [RIW89a]:

- Gefechtsfeldsimulationen, in denen neue Gefechtsfelder hinzukommen oder wieder wegfallen,

- Simulation von Rechnernetzen, in denen mobile Rechner sich in ein Netz ein- oder ausschalten oder aber ausfallen können,
- Simulation von Mobilfunknetzen.

(iii) Synchronisierung

Die dritte der oben genannten Anforderungen — die Synchronisierung der Ereignisausführungen — stellt das zentrale Problem verteilter und paralleler Simulation dar und wird den Schwerpunkt der Diskussion in den nächsten Kapiteln bilden. Zu der Lösung des Problems wurde eine große Zahl verschiedener Algorithmen veröffentlicht, die im folgenden *verteilte* (bzw. *parallele*) *Simulationsalgorithmen* genannt werden sollen. Offensichtlich hängt die Beschleunigung verteilter und paralleler Simulation entscheidend davon ab, wieviele Ereignisausführungen konkurrent ausgeführt werden können und wie gering der benötigte Synchronisierungsaufwand ist.

In diesem Buch werden vor allem Methoden *verteilter* Simulation theoretisch und praktisch untersucht. Von der Theorie her deckt die Diskussion damit auch die Methoden paralleler Simulation fast vollständig mit ab: Verteilte Verfahren lassen sich direkt zur parallelen Simulation einsetzen, und die Umkehrung gilt in den meisten Fällen. Auf die wichtigsten Ansätze, die nur in paralleler, nicht aber in verteilter Simulation angewendet werden, wird zumindest vom algorithmischen Standpunkt ebenfalls eingegangen.

Kapitel 2

Verteilte Simulation

2.1 Überblick

Im letzten Kapitel wurden Parallelisierungsansätze ereignisgesteuerter Simulation vorgestellt. Verteilte Simulation zeigte sich dabei als einer der vielversprechendsten Ansätze. Sie versucht, unabhängige Ereignisse konkurrent auszuführen und so die Simulation zu beschleunigen. Wesentlicher Bestandteil einer verteilten Simulation ist ein Synchronisations- und Simulationsalgorithmus, der dafür sorgt, daß die Kausalordnung zwischen den auszuführenden Ereignissen entsprechend der vom Benutzer vorgegebenen Modellbeschreibung eingehalten wird. Das Synchronisationsproblem wird entscheidend dadurch erschwert, daß diese Kausalordnung nur implizit definiert ist und sich die Menge aller auszuführenden Ereignisse erst im Verlauf der Simulation ergibt. Lösungen des Synchronisationsproblems lassen sich in drei Klassen einteilen: *konservative*, *optimistische* und aus konservativen und optimistischen kombinierte *hybride* Verfahren. In diesem Kapitel werden konservative und optimistische Verfahren ausführlich diskutiert. Auf hybride Ansätze wird in Kapitel 4 eingegangen.

Die Grundidee konservativer verteilter Simulationsalgorithmen besteht darin, bei der Ausführung von Ereignissen die Kausalordnung *a priori* einzuhalten: Ein Ereignis darf erst dann ausgeführt werden, wenn vorab sichergestellt wurde, daß es kausal unabhängig von allen anderen zukünftig noch auszuführenden Ereignissen ist. Um dies zu erreichen, werden in konservativen

Verfahren *Garantien* ausgetauscht. Die hier angegebene Charakterisierung der Kausalordnung, die systematische Herleitung der Arbeitsweise konservativer Verfahren, der Garantie-Begriff und die darauf aufbauende Klassifikation konservativer Verfahren anhand von Garantie-Austauschschemata sind vom Autor entwickelt worden. Es wird damit erstmalig gezeigt, daß der Garantie-Begriff das vereinheitlichende zentrale Element konservativer Verfahren darstellt. Darüber hinaus wird eine neue, bisher unveröffentlichte Klasse konservativer Verfahren vorgestellt.

Im zweiten Teil des Kapitels werden Grundideen optimistischer Verfahren beleuchtet. Im Gegensatz zu konservativen, führen optimistische Verfahren Ereignisse ohne Vorabgarantie über die Einhaltung der Kausalordnung aus. Dadurch werden Verletzungen der Kausalordnung möglich, die *a posteriori* erkannt und behoben werden. In der Behebungsphase werden alle Effekte „falscher" Ereignisausführungen rückgängig gemacht. Ein besonderer Reiz optimistischer Ansätze liegt auch in den vielfältigen algorithmischen Problemen und Lösungen, die als direkte oder indirekte Folge dieser Rücksetzungen eine Rolle spielen. Begleitend mit einer ausführlichen Diskussion dieser Aspekte werden die wesentlichen Ideen bekannter Verfahren vorgestellt und bewertet. Auf Simulationsalgorithmen, die aus Performanzgründen eine gelegentliche Verletzung der Kausalität bewußt zulassen, *ohne* sie jedoch zu korrigieren, wird in diesem Buch nicht eingegangen, da im Prinzip eine einzige später nicht korrigierte Kausalitätsverletzung ausreicht, um zu vollständig verfälschten Simulationsergebnissen zu gelangen. Der Leser, der dennoch an diesen *Fuzzy-simulation* genannten Ansätzen interessiert ist, sei auf [DIR90a, REY83a, SBW88a] verwiesen.

2.2 Konservative Simulationsverfahren

Die Synchronisation der Ereignisausführungen in einem verteilten Simulator wird durch einen *verteilten Simulationsalgorithmus* sichergestellt. Dieser entscheidet für jeden LP des Simulators, *wann* er sein nächstes Ereignis ausführt und welche Maßnahmen er zur Erhaltung der Kausalität durchzuführen hat. Die *Kausalordnung* auf der Menge E aller auszuführenden Ereignisse ist eine transitive, antisymmetrische und antireflexive Relation $\rightarrow$ auf E. Ein Ereignis e_2 heißt *kausal von* e_1 *(daten-)abhängig* (geschrieben: $e_1 \rightarrow e_2$), wenn

(i) der Zeitstempel von e_1 kleiner als der von e_2 ist und

- e_1 eine Zustandsvariable verändert, die von e_2 gelesen wird,
- e_1 eine Zustandsvariable liest, die von e_2 verändert wird, oder
- e_1 eine Zustandsvariable verändert, die auch von e_2 verändert wird, oder

(ii) es ein Ereignis e_x gibt, derart daß $e_1 \rightarrow e_x$ und $e_x \rightarrow e_2$ (Transitivität).

Gilt $e_1 \rightarrow e_2$, dann muß e_1 vor e_2 ausgeführt werden. Die Ausführung in umgekehrter Reihenfolge $e_2 e_1$ würde i.a. ein anderes Ergebnis liefern. Die Definition geht davon aus, daß es keine zwei Ereignisse mit gleichem Zeitstempel gibt. Wie ausführlich in Kapitel 5 gezeigt wird, stellt dies jedoch keine prinzipielle Einschränkung dar. Die Feststellung, ob zwei Ereignisse kausal abhängig sind oder nicht, ist nicht trivial. Sie wird jedoch dadurch erleichtert, daß bei verteilter Simulation der Zustandsraum des Modells bereits in disjunkte Zustandsräume logischer Prozesse partitioniert ist.

Beispiel. Zwei Ereignisse e_1 und e_2, die in verschiedenen logischen Prozessen ausgeführt werden sollen, sind gemäß dieser Kausalordnung unabhängig, weil logische Prozesse eines verteilten Simulators keine Zustandstandsvariablen teilen. e_1 und e_2 können folglich in beliebiger relativer Reihenfolge zueinander ausgeführt werden. Dies gilt selbst dann, wenn das Ereignis e_1 das Ereignis e_2 erzeugt: Wenn das Ereignis e_2 aus irgendeinem Grund (und es gibt solche Gründe, wie wir sehen werden) bekannt ist, bevor e_1 eintritt, so darf e_2 durchaus vor e_1 ausgeführt werden. ■

Konservative Simulationsalgorithmen vermeiden stets eine Verletzung der Kausalität. Dabei wird wesentlich ausgenutzt, daß ein Ereignis e_1 grundsätzlich nicht von einem in virtueller Zeit später auszuführenden Ereignis e_2 kausal abhängig sein kann. So kann die Kausalordnung offensichtlich nicht verletzt werden, wenn jeder LP alle während der Simulation von ihm auszuführenden Ereignisse in chronologischer Reihenfolge ausführt. Damit wurde das Problem der Vermeidung von Verletzungen der Kausalordnung auf das Problem reduziert, in jedem LP mit Simulationszeit t' *alle* Ereignisse zu kennen, die von diesem bis zu einer möglichst großen virtuellen Zeit t'' in seiner Zukunft auszuführen sind. Kennt ein LP *alle* Ereignisse, die von ihm in einem Zeitintervall $[t', t'']$ auszuführen sind, so werden diese Ereignisse *garantiert* genannt.

Definition (Garantiertes Ereignis). *Ein Ereignis e mit Eintrittszeit t, welches in einem logischen Prozeß LP_i auszuführen ist, wird* garantiert *genannt, wenn LP_i alle Ereignisse mit kleinerer Eintrittszeit als t kennt, die er in der restlichen Simulation noch ausführen muß.*

Die Aufgabe eines konservativen LP besteht also im Finden und chronologischen Ausführen garantierter Ereignisse. Operational kann seine Arbeitsweise wie folgt beschrieben werden. Sobald ein LP sicher ist, keine Ereignisse mehr mit einer kleineren Eintrittszeit als t ausführen zu müssen, erhöht er seine lokale Uhrzeit auf t. Erreicht die Uhr die Eintrittszeit des nächsten Ereignisses e in seiner Ereignisliste, so ist dieses Ereignis garantiert und kann ausgeführt werden. Wann darf sich jedoch ein LP „trauen", seine Uhrzeit zu erhöhen? Das folgende Beispiel illustriert dieses Problem.

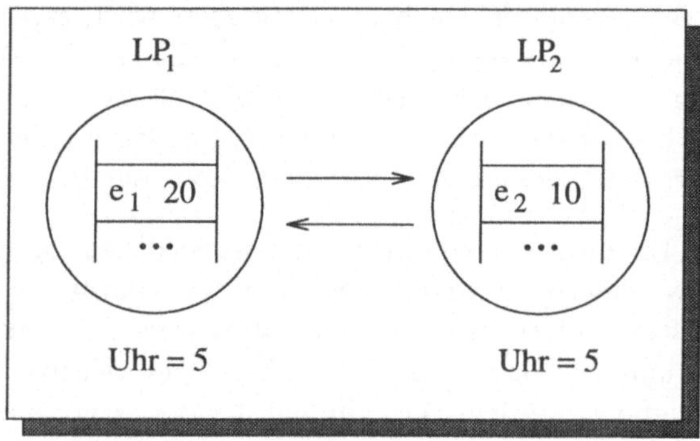

Abbildung 2.1: Ein konservativer verteilter Simulator aus zwei LPs.

Beispiel. In Abb. 2.1 wird ein verteilter Simulator aus zwei logischen Prozessen gezeigt. In der dargestellten Situation seien in jedem LP e_1 bzw. e_2 unter allen bereits eingeplanten Ereignissen diejenigen mit der kleinsten Eintrittszeit. Ohne Austausch weiterer Informationen ist keiner der zwei LPs sicher, nicht von dem jeweils anderen noch ein Ereignis mit kleinerer Eintrittszeit (etwa der Zeit 8) eingeplant zu bekommen. Keines der eingeplanten Ereignisse ist daher garantiert. Ohne Austausch weiterer Informationen würde sich daran auch nichts mehr ändern, und keiner der konservativen LPs würde während der restlichen Simulation noch Ereignisse ausführen; der Simulator wäre verklemmt. ■

Eine offensichtliche Lösung des in dem Beispiel angedeuteten Problems besteht darin, solche Deadlocks zu erkennen und zu beheben, in dem der logische Prozeß LP_i gefunden wird, der z.Zt. das Ereignis e_{min} mit der global kleinsten Eintrittszeit t_{min} in seiner Ereignisliste besitzt. Da ein Ereignis mit Zeitstempel t nur Ereignisse mit Zeitstempel $t' \geq t$ erzeugen kann, wird es in der gesamten restlichen Simulation keine Ereignisse mehr mit kleinerer Eintrittszeit als t_{min} geben. Die Uhrzeit von LP_i kann daher auf t_{min} erhöht werden. (Im obigen Beispiel würde also die Uhrzeit von LP_2 auf 10 erhöht.) Der Deadlock ist behoben, da nun e_{min} ausgeführt werden kann. Obwohl dieses Verfahren korrekt ist, führt es alleine noch nicht zu einer Beschleunigung: In obigem Beispiel würde etwa nach jedem ausgeführten Ereignis ein Deadlock eintreten und somit — genau wie bei einem sequentiellen Simulator — immer nur das Ereignis mit dem kleinsten Zeitstempel ausgeführt. Um den Parallelitätsgrad zu erhöhen, muß es mehr als jeweils nur ein einziges garantiertes Ereignis geben. Dies läßt sich durch den Austausch weiterer *Garantien* erreichen.

Definition (Garantie). *Eine* Garantie *G von LP_i an LP_j ist die Zusicherung von LP_i an LP_j, daß LP_j während der restlichen Simulation keine Ereignisse mehr von LP_i erhalten wird, deren Zeitstempel kleiner als G sind.*

Damit das Versenden solcher Garantien mittels Nachrichten sinnvoll ist, wird für jeden *Kanal* (d.h. jede unidirektionale, direkte Kommunikationsverbindung zwischen zwei LPs) gefordert, daß alle Nachrichten in der Reihenfolge empfangen werden, in der sie gesendet wurden (*FIFO*-Eigenschaft pro Kanal). Außerdem wird angenommen, daß es zwischen zwei LPs höchstens einen Kanal in jede Richtung gibt. Durch diese Forderungen wird sichergestellt, daß eine Garantie, die beim Senden noch galt, auch beim Empfang noch gelten wird. Ohne diese Forderung könnte eine Garantie G ein bereits früher versendetes Ereignis e mit Zeitstempel $t < G$ auf dem Kanal „überholen"; der Empfang von e nach dem Empfang von G würde die Garantie verletzen. Garantien werden nicht in jeder Implementierung unmittelbar beim Empfang auch verarbeitet. Werden empfangene Garantien zunächst bis zu ihrer Auswertung gepuffert, so folgt direkt aus obiger Definition, daß von mehreren verschiedenen gepufferten Garantien des gleichen Kanals alle bis auf diejenige mit dem größten Garantiewert gelöscht werden können [PLM91a].

Zur Klassifikation konservativer Verfahren wird nun eine Methodik vorgestellt, die von der in der Literatur üblichen abweicht. Anstelle konservative Verfahren dichotom entweder als deadlockvermeidend oder aber als deadlockerkennend und -behebend zu klassifizieren, d.h., anstelle die Verfahren anhand des Symtoms „ein Deadlock kann auftreten oder nicht“ zu beschreiben, wird eine feinere Charakterisierung anhand der „Ursachen“ vorgeschlagen. Diese Klassifizierung baut auf dem Garantie-Begriff als zentrale Charakterisierung konservativer Verfahren auf.

2.2.1 Garantie-Arten

Die bisherige Diskussion läßt sich wie folgt zusammenfassen. Konservative Verfahren versuchen, Ereignisse konkurrent auszuführen, ohne dabei die zwischen Ereignissen bestehende Kausalordnung zu verletzen. Dies läßt sich erreichen, indem jeder LP garantierte Ereignisse erkennt und diese chronologisch ausführt. Zum Erkennen von garantierten Ereignissen ist der Austausch von Garantien notwendig. Im folgenden wird gezeigt, welche Garantie-Arten sich prinzipiell unterscheiden lassen. Anschließend wird auf verschiedene Garantie-Austauschschemata eingegangen.

Garantien lassen sich aus lokalem, globalem oder externem Wissen ableiten (Abb. 2.2). Für jede dieser Arten werden im folgenden Beispiele angegeben.

2.2.1.1 Garantien aus lokalem Wissen

Aus der Arbeitsweise eines konservativen LP läßt sich ersehen, daß die lokale Uhrzeit eines LP immer als eine mögliche Garantie von diesem an alle anderen LPs betrachtet werden kann: Ein konservativer logischer Prozeß setzt seine lokale Uhrzeit auf die virtuelle Zeit t, wenn er sicher ist, keine Ereignisse mit einer kleineren Eintrittszeit als t mehr ausführen zu müssen; bei Ausführung eines Ereignisses mit Zeitstempel t könnten jedoch allenfalls Ereignisse mit Zeitstempel $t' \geq t$ erzeugt werden. Folglich könnte ein logischer Prozeß prinzipiell immer bei Erhöhung seiner Uhrzeit auf die virtuelle Zeit t die Garantie $G = t$ an alle anderen LPs senden.

2.2.1.2 Garantien aus globalem Wissen

Wie bereits weiter oben angedeutet, kann das Ereignis mit dem global kleinsten Zeitstempel — genau wie bei einem sequentiellen Simulator — *immer*

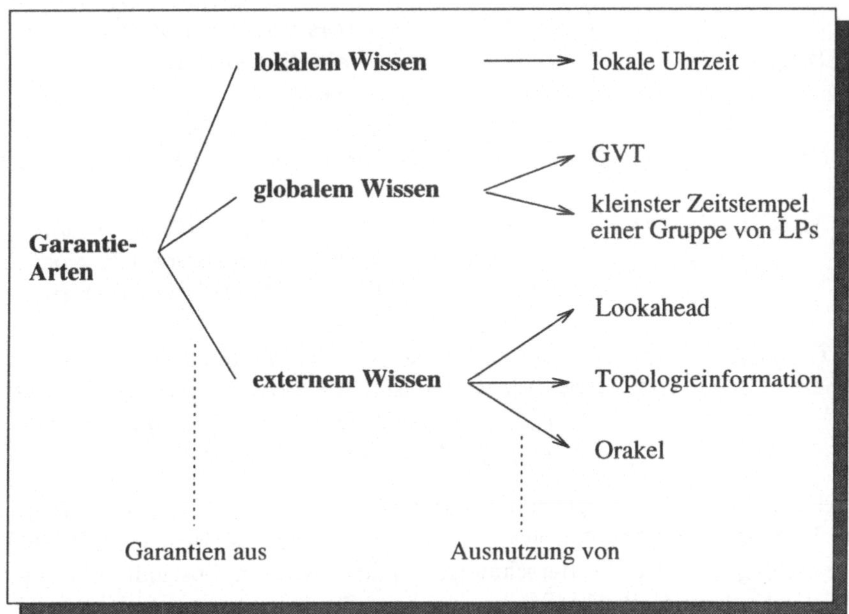

Abbildung 2.2: Garantie-Arten.

sofort ausgeführt werden. Dies bedeutet jedoch, daß der kleinste Zeitstempel aller noch nicht ausgeführten oder gerade in Ausführung befindlichen Ereignisse stets eine Garantie darstellt, die jeder LP jedem anderen geben könnte. Diese Garantie-Art soll *GVT-Garantie* genannt werden und die entsprechende virtuelle Zeit *GVT (Global-virtual-time)*.

GVT ist eine monoton nicht-fallende Funktion der Realzeit, die vor allem bei optimistischen Simulationsverfahren eine große Rolle spielt. Die folgende Definition präzisiert den GVT-Begriff für konservative und optimistische Verfahren.

Definition (GVT). *Die* GVT *zum Realzeitpunkt* τ *ist definiert durch*

$$GVT(\tau) = \min_{LP_i}\{T_{lokal_i}(\tau), T_{in\_transit_i}(\tau)\}$$

wobei

$$T_{lokal_i} = \begin{cases} Uhr_i(\tau) & \text{wenn } LP_i \text{ führt zur Zeit } \tau \text{ ein Ereignis aus} \\ Next_i(\tau) & \text{sonst} \end{cases}$$

$Uhr_i(\tau)$ = *Uhrzeit des logischen Prozesses* LP_i *zur Zeit* τ.

$Next_i(\tau)$ = *Kleinster Zeitstempel eines Ereignisses in der Ereignisliste des logischen Prozesses* LP_i *zur Realzeit* τ; ∞, *falls die Ereignisliste leer ist.*

$T_{in\_transit_i}(\tau)$ = *Minimum von* ∞ *und den Zeitstempeln aller Ereignisse von* LP_i, *die zum Zeitpunkt* τ *bereits erzeugt, aber noch nicht in die Ereignisliste von* LP_i *eingefügt wurden.*

Abb. 2.3 gibt ein Beispiel für die Berechnung der GVT. Ein konservatives Verfahren, welches u.a. GVT-Garantien austauscht, wird in [CHS89a] vorgeschlagen. Auf GVT-Berechnungsverfahren wird im Abschnitt über optimistische Simulationsalgorithmen noch ausführlich eingegangen.

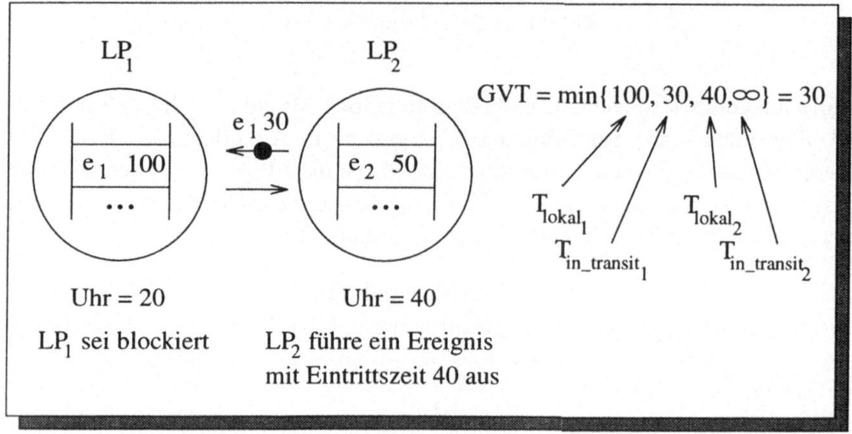

Abbildung 2.3: Beispiel für die Berechnung der GVT in konservativen Verfahren.

GVT-Garantien sind jedoch nicht die einzigen Garantien aufgrund globalem Wissen. Abb. 2.4 weist auf eine ähnliche Garantie-Art hin. In der Abbildung ist eine Gruppe von LPs, bestehend aus den logischen Prozessen LP_1, LP_2, LP_3, LP_4, *blockiert.* Dies bedeutet, daß keiner der LPs gerade ein Ereignis ausführt oder garantierte Ereignisse besitzt, mit deren Ausführung er beginnen könnte. Sei angenommen ein externer Beobachter (etwa der Modellierer selbst) wüßte, welche logischen Prozesse welchen anderen überhaupt Ereignisse einplanen können. (Die möglichen Einplanrichtungen seien in Abb. 2.4 durch Pfeile angedeutet.) Dann würde der Beobachter zunächst sofort erkennen, daß von LPs außerhalb dieser Gruppe keine neuen Ereignisse mehr mit Zeitstempel kleiner als 250 hinzukommen können: Aus den Einplanrichtungen folgt, daß von außerhalb der Gruppe nur LP_5 den logischen Prozessen der Gruppe Ereignisse einplanen kann; LP_5 hat jedoch bereits die Uhrzeit 250 und könnte daher 250 als lokale Garantie an alle anderen LPs senden. Weiter würde er erkennen, daß keine Ereignisse an LPs der Gruppe „unterwegs" sind (d.h. erzeugt, aber noch nicht in die Ereignislisten eingefügt). Schließlich wäre ihm auch klar, daß in der restlichen Simulation kein LP innerhalb der Gruppe einem anderen der Gruppe ein Ereignis einplanen wird, dessen Zeitstempel kleiner als $\min_{i=1,2,3,4}\{Next_i(\tau)\} = min\{100, 200, 300, 400\} = 100$ ist. Aus diesen Überlegungen würde er folgern, daß die LPs dieser Gruppe sich gegenseitig die Garantie 100 geben könnten. Eine solche Garantie wird *Gruppen-Garantie* genannt. Durch Erhalt der Gruppen-Garantie 100 könnte in diesem Beispiel LP_1 sein nächstes Ereignis ausführen, obwohl die GVT 50 beträgt.

Offensichtlich ist eine GVT-Garantie ein Spezialfall solcher Gruppen-Garantien, bei der die Gruppe gerade aus allen LPs des verteilten Simulators besteht. Gruppen-Garantien sind jedoch häufig höher als eine GVT-Garantie. Ein konservatives Simulationsverfahren, welches Gruppen-Garantien ausnutzt, wurde erstmals in [BRY77a, BRY79a] vorgeschlagen. Andere Verfahren, bei denen eine Gruppe typischerweise aus allen LPs besteht, die auf dem gleichen Rechner ablaufen, sind in [GRT87a, GRT88a, GRT91a, MUD86a] beschrieben.

2.2.1.3 Garantien aus externem Wissen

Der Modellierer eines Simulationsmodells kann sich oft aufgrund seines Wissens über das Modell überlegen, ob es Ereignisse mit bestimmten Zeitstempeln geben kann oder nicht. Wird dieses *externe Wissen* zusammen mit dem Modell spezifiziert, so können daraus ebenfalls Garantien abgeleitet werden. Es zeigt sich, daß für die Effizienz konservativer Verfahren gerade diese Garantien äußerst wichtig sind.

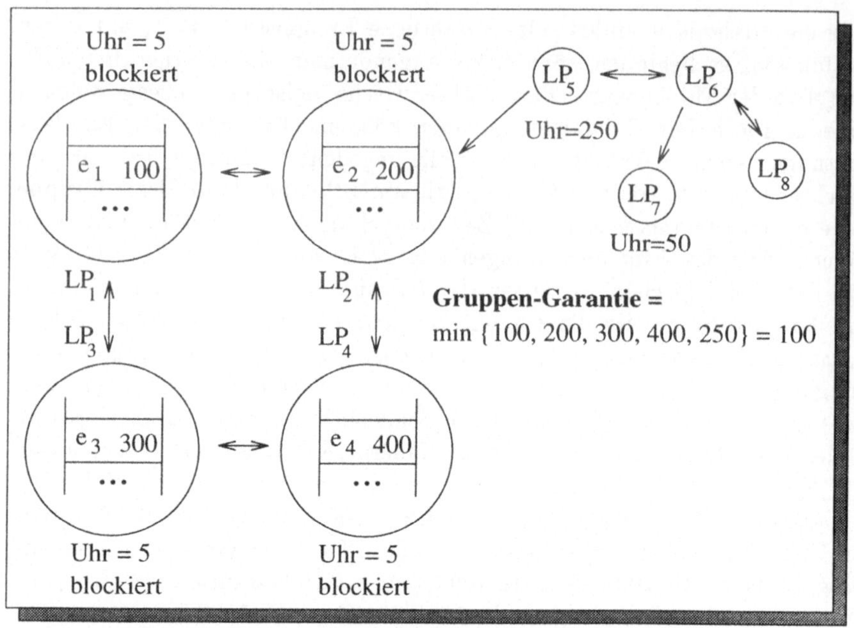

Abbildung 2.4: Eine Gruppen-Garantie für LP_1, LP_2, LP_3, LP_4.

Ein einfaches Beispiel für eine Garantie aufgrund von externem Wissen ist eine (konzeptionell) zu Beginn der Simulation zwischen verschiedenen LPs ausgetauschte Garantie $G = \infty$. Sie sagt aus, daß der diese Garantie sendende LP während der gesamten Simulation kein Ereignis an den empfangenden LP senden wird. Diese Garantie-Art motiviert die Einführung des Topologiebegriffs.

Definition (Topologie). *Unter der* Topologie *eines verteilten Simulators wird die Menge der Kanäle verstanden, über die während der Simulation potentiell Ereignisse versendet werden können.*

In Abb. 2.3 besteht die Topologie beispielsweise aus der Menge der Kanäle von LP_1 nach LP_2 und von LP_2 nach LP_1, wenn LP_1 potentiell Ereignisse für LP_2 einplanen kann und umgekehrt. Bei konservativen Verfahren wird aus Effizienzgründen üblicherweise die Spezifikation der Topologie verlangt. Den Grund dafür stellen die Garantien dar, die daraus abgeleitet werden können: Für einen Kanal von LP_i nach LP_j, der *nicht* in der Topologie enthalten ist, kann — zumindest konzeptionell — LP_i bereits zu Beginn der Simulation die Garantie $G = \infty$ an LP_j senden. Eine solche Garantie sei *Topologie-Garantie* genannt. In Realisierungen konservativer Verfahren werden typischerweise zu Beginn der Simulation jedem logischen Prozeß LP_i neben allen ihn betreffenden Topologie-Garantien auch die Menge seiner *Nachbarn* gemäß der Topologie mitgeteilt. Dabei heißt LP_j Nachbar des logischen Prozesses LP_i, wenn LP_i im Verlauf der Simulation zumindest potentiell Ereignisse an LP_j einplanen kann.

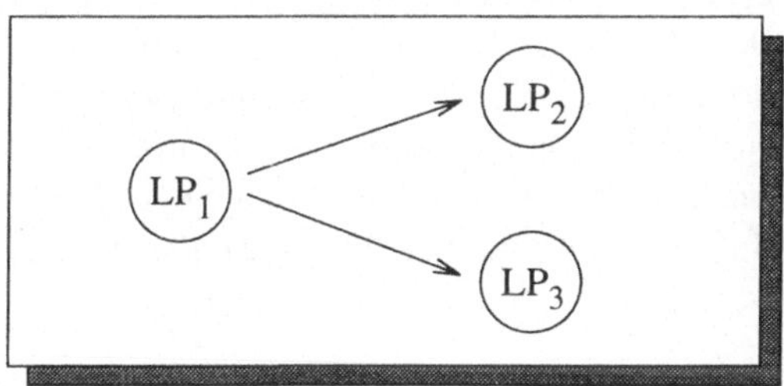

Abbildung 2.5: Topologie- und Nachbarschaftsbegriff.

Beispiel. Topologie und Nachbarschaftsbegriff werden in Abb. 2.5 verdeutlicht. In dieser Abbildung (wie auch in den folgenden) wird die Topologie eines verteilten Simulators durch gerichtete Kanten angedeutet. LP_1 hat LP_2 und LP_3 als Nachbarn; LP_2 und LP_3 haben keine Nachbarn. LP_1 kann also potentiell LP_2 und LP_3 Ereignisse einplanen, nicht jedoch umgekehrt. (Man beachte, daß im Gegensatz zu dem Nachbarschaftsbegriff im täglichen Leben die Nachbarschaftsrelation hier nicht symmetrisch definiert ist.) ■

Die vielleicht wichtigste Garantie aus externem Wissen leitet sich aus dem sogenannten *Lookahead* ab [CHM79b, FUJ88c].

Definition (Lookahead). *Kennt ein logischer Prozeß LP_i mit virtueller Simulationszeit t alle Ereignisse, die er LP_j bis zur virtuellen Zeit $t + L_j$ einplanen wird, so hat LP_i* bzgl. *LP_j* den Lookahead *L_j. Kennt LP_i alle Ereignisse, die er beliebigen anderen LPs bis zur Zeit $t + L$ einplanen wird, dann hat LP_i den* Lookahead *L.*

Offensichtlich gilt $L = \min_j L_j$, wobei der Index j über alle LPs des verteilten Simulators läuft[1]. Durch die Kenntnis aller Ereignisse, die einem anderen

[1] Wie weiter unten noch deutlich wird, ist der Lookahead L_j bzgl. eines nicht benachbarten LP ∞. Daher fließen in L de facto nur die Lookaheads bzgl. benachbarter LPs ein.

LP in der nahen Zukunft eingeplant werden, kann ein LP leicht Garantien ableiten. Man betrachte beispielsweise die Simulation eines Fließbandes, welches Karosserieteile von Autos mehrfach lackiert. Jedes Lackieren werde in einer eigenen Bearbeitungsstation an diesem Fließband durchgeführt, die im Modell durch LPs repräsentiert seien. Karosserieteile, die auf dem Fließband von einer Lackierstation zur nächsten befördert werden, seien durch Ereignisse modelliert, die von den entsprechenden LPs erzeugt und einander eingeplant werden. Dauert das Lackieren an der Station i mindestens s Zeiteinheiten, so hat LP_i einen Lookahead von mindestens s Zeiteinheiten. Führt LP_i momentan kein Ereignis aus, und hat LP_i die Simulationszeit t, so könnte er also prinzipiell die Garantie $t+s$ an die nächste Bearbeitungsstation weiterleiten. Ähnliche Garantien, die aus dem Lookahead abgeleitet werden können, sind in [AYA89a, AYA89b, LOP90a, LUB89a, LUB90a] beschrieben.

„Große“ Lookaheads wirken sich in konservativen Simulationen günstig auf die Effizienz aus. Der zahlenmäßige Wert ist dabei allerdings ausschließlich ein relatives Maß, da die Effizienz der Ausführung eines Modells in der Regel unabhängig von der Skalierung der virtuellen Zeitstempel ist. Als Maß für die Güte des Lookaheads wurde deswegen von Fujimoto das *Lookaheadverhältnis* als Quotient aus der mittleren Differenz der Zeitstempel von erzeugendem und erzeugten Ereignis und dem mittleren Lookahead eingeführt [FUJ88b]. Erzeugt beispielsweise ein Ereignis mit Zeitstempel t im Mittel weitere Ereignisse mit Zeitstempel $t+10$ und ist der Lookahead im erzeugenden LP im Mittel 5, so ist das Lookaheadverhältnis 2. Je kleiner das Lookaheadverhältnis, desto günstiger der Lookahead und desto besser i.a. die ableitbaren Garantien. Der Grund für die Normierung des Lookaheads mit der mittleren Zeitdifferenz zwischen erzeugendem und erzeugten Ereignis ist darin zu sehen, daß die Simulation im Mittel um diesen Wert voranschreiten muß, um das erzeugte Ereignis verarbeiten zu können.

Topologie-Garantien und Lookaheads hängen eng zusammen. Konzeptionell lassen sich Topologie-Garantien als aus Lookaheads abgeleitet interpretieren: Kann ein logischer Prozeß LP_i während der kompletten Simulation keine Ereignisse für LP_j einplanen, so kann LP_i an LP_j die Topologie-Garantie $G=\infty$ senden. Dies heißt aber gleichzeitig, daß LP_i alle Ereignisse kennt, die er bis zur Zeit ∞ an LP_j senden wird (nämlich keine); also hat LP_i bzgl. LP_j den Lookahead $L_j=\infty$.

Eine weitere Möglichkeit, Garantien aus externem Wissen zu berechnen, stellt die *Future-list*-Technik von Nicol dar [NIC88a, WAL88a]. Sie ist allerdings nur für einige wenige Modellklassen, wie etwa der Klasse von FCFS-Warteschlangennetzen, anwendbar. Voraussetzung für die Anwendbarkeit ist, daß dem Simulator die Berechnungsvorschrift bekannt gegeben wird, nach der die Zeitstempel aller von ihm erzeugten Ereignisse ermittelt werden. Ferner darf die Berechnungsvorschrift nur von der Eintrittszeit des erzeugenden Ereignisses und lokalen Zufallszahlengeneratoren abhängen. Beispielsweise könnten die Zeitstempel aller von einem LP erzeugten Ereignisse aus der aktuellen Uhrzeit zuzüglich eines exponentialverteilten Zufallswertes gebildet werden. Durch Vorausberechnung der Zufallszahlen, die der Generator als nächstes erzeugen wird, kann so eine untere Schranke der Zeitstempel aller zukünftig von diesem LP erzeugten Ereignisse berechnet und als Garantie verschickt werden. Der Name dieser Technik stammt von der „Future-list“ genannten Liste, in der die vorausberechneten Zufallszahlen bis zu ihrer eigentlichen Verwendung abgelegt werden.

Abschließend zu den Bemerkungen über Garantien aus externem Wissen sei die *Orakelmethode* von Swope und Fujimoto erwähnt [SWF87a]. In dieser Methode garantiert ein externes sogenanntes *Orakel* jedem LP alle (dort bereits eingeplanten) Ereignisse, die der LP ohne Verletzung der Kausalität ausführen kann. Unter allen auf diese Weise garantierten Ereignissen wird in einem LP jeweils das Ereignis mit kleinstem Zeitstempel als nächstes ausgeführt. Dadurch kann ein LP zwei kausal unabhängige Ereignisse u.U. auch in umgekehrter Zeitstempelreihenfolge ausführen. Werden nur solche *Orakelgarantien* verwendet, und können diese ohne Zeitverlust erfragt werden, so ist die Synchronisation der verteilten Simulation optimal. Dies bedeutet, daß unter den gegebenen Bedingungen (wie Anzahl von Prozessoren, verwendetes Mapping, Scheduling usw.) die verteilte Simulation nicht schneller durchgeführt werden könnte. Das Verfahren läßt sich dadurch implementieren, daß die gleiche Simulation zweimal ausgeführt wird. Beim ersten Lauf (beispielsweise mit einem sequentiellen Simulator) wird die Kausalordnung der Ereignisse berechnet und in Dateien protokolliert. Der zweite Lauf wird verteilt ausgeführt. Dabei kann jeder LP nun für jedes bereits eingeplante Ereignis feststellen, ob es ohne Verletzung der Kausalität ausgeführt werden darf[2].

[2]Das in [SWF87a] beschriebene Orakel beantwortet etwas vereinfachend die Frage, welches Ereignis bei *chronologischer* Ausführung aller Ereignisse im anfragenden LP das nächste ist. Kausal unabhängige Ereignisse im gleichen LP können also beispielsweise nicht in umgekehrter Zeitstempelreihenfolge ausgeführt werden.

Zum Zweck der einmaligen Ermittlung von Simulationsergebnissen (etwa einer Statistik am Ende der Simulation) ist diese Methode jedoch nicht interessant, da in diesem Fall nach dem ersten Simulationslauf jede Wiederholung — sei sie noch so schnell — überflüssig geworden ist. Andererseits scheint eine Realisierung, bei der nur ein einziger Lauf nötig ist und der Zugriff auf das Orakel ohne Zeitverlust stattfinden kann, aufgrund des benötigten Wissens über die Zukunft nicht möglich. Die Berechtigung dieses Verfahrens liegt vor allem darin, daß für ein gegebenes verteiltes Simulationsmodell eine Zeitschranke angegeben werden kann, unter der dieses Modell durch keinen[3] verteilten Simulator ausgeführt werden kann. Dadurch läßt sich direkt messen, wieviel Prozent ein verwendeter Simulator für ein gegebenes Modell von der Performanz eines optimalen verteilten Simulators entfernt ist. Des weiteren wird offensichtlich, wieviel ausnutzbare Parallelität ein Modell überhaupt enthält. Sind beispielsweise alle Ereignisse eines Modells kausal voneinander abhängig, so ist der ausnutzbare Parallelitätsgrad gleich null. Eine verteilte Ausführung der Simulation kann in diesem Fall nicht schneller sein als eine sequentielle. Die Idee der Orakelmethode erinnert an den Algorithmus von Belady, der für Betriebssysteme mit virtueller Speicherverwaltung vorgeschlagen wurde [BEL66a]. Wie die Orakelmethode, benutzt der Belady-Algorithmus Wissen über das zukünftige Systemverhalten, um daraus in optimaler Weise Entscheidungen zu treffen. Auch dieses Verfahren läßt sich aufgrund der Optimalitätseigenschaft zu Vergleichszwecken heranziehen und ist ähnlich „irreal" zu implementieren [SPG91a].

Eine andere Möglichkeit, die mit verteilter Simulation maximal erreichbare Beschleunigung zu berechnen, stellt die *kritische Pfad*-Analyse dar. Die Ausführungszeit T_n^{opt} der schnellstmöglichen verteilten Simulation auf n Prozessoren wird dabei durch die Summe der Ausführungszeiten aller Ereignisse auf dem kritischen Pfad approximiert. Bezeichnet T_{seq}^{opt} die Summe der Ausführungszeiten aller insgesamt auszuführenden Ereignisse, so gibt das Verhältnis $\frac{T_{seq}^{opt}}{T_n^{opt}}$ eine Schätzung der größtmöglichen Beschleunigung mit verteilter Simulation an. Eine ausführliche Diskussion der kritischen Pfad-Analyse für verteilte Simulation wird in [BEJ85a, LIL90c, LIN92c, SCS89a, WSR92a] gegeben.

[3] Hierbei werden zum einen gleiche Bedingungen (wie Anzahl an Prozessoren, verwendetes Mapping etc.) vorausgesetzt und zum anderen, daß erst in Zukunft erzeugte oder eingeplante Ereignisse durch den Simulator nicht „geraten" werden können. Ein solches Raten ist beispielsweise bei dem weiter unten beschriebenen Time-warp-Verfahren (bei Verwendung der sogenannten *Lazy-cancellation*-Methode) möglich.

2.2.2 Garantie-Austauschschemata

Konservative Simulationsverfahren lassen sich aufgrund des verwendeten Austauschschemas unterscheiden. Die im folgenden vorgestellte Klassifikation ist in Abb. 2.6 zusammengefaßt.

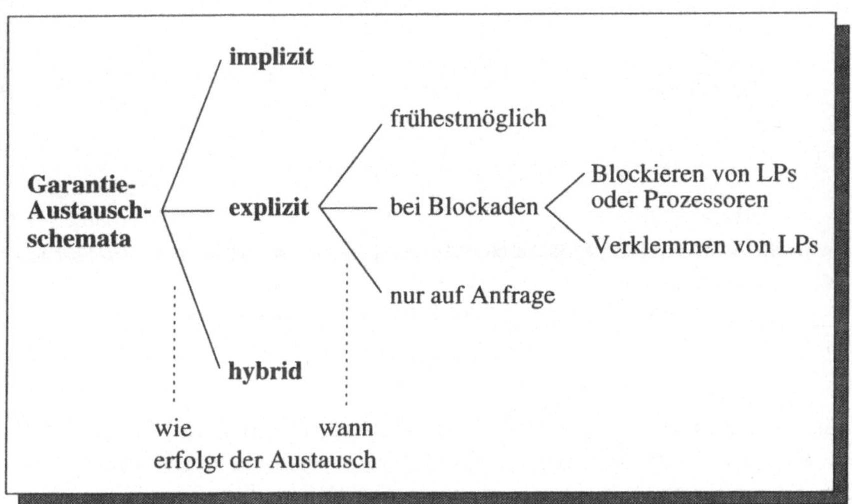

Abbildung 2.6: Eine Klassifikation von Garantie-Austauschschemata.

2.2.2.1 Implizite Versendung von Garantien

Praktisch alle konservativen Verfahren verwenden Garantien aus lokalem und externem Wissen; einige verwenden zusätzlich Garantien aus globalem Wissen. Eine Möglichkeit, Garantien effizient anderen LPs mitzuteilen, besteht darin, sie zusammen mit ohnehin zu versendenden Ereignissen in der gleichen Nachricht zu versenden. Da ungarantierte Ereignisse beim Empfänger noch nicht ausgeführt werden dürfen, kann diese Idee weiter optimiert werden, indem Ereignisse im Sender gepuffert werden, bis ihre Eintrittszeiten gleichzeitig Garantien des sendenden LP an den empfangenden LP darstellen. Als angenehmer Nebeneffekt dieser Vorgehensweise können häufig mehrere Ereignisse in der gleichen Nachricht gesendet werden. Wird ein Ereignis schließlich von einem LP empfangen, so wird dessen Eintrittszeit *implizit* als Garantie interpretiert. Die meisten konservativen Simulationsverfahren verwenden neben anderen Methoden diese Austauschtechnik.

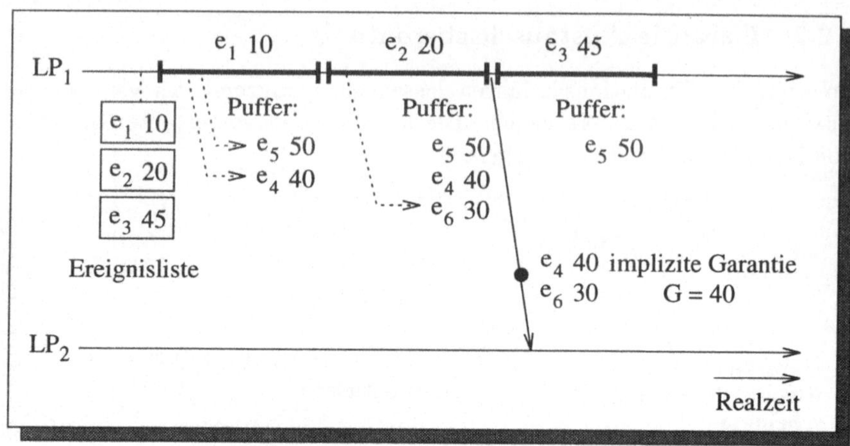

Abbildung 2.7: Versenden impliziter Garantien.

Beispiel. Abb. 2.7 verdeutlicht das Versenden impliziter Garantien für einen aus zwei LPs bestehenden Simulator, bei dem nur der logische Prozeß LP_1 Ereignisse für LP_2 einplanen kann. Die Ereignisliste von LP_1 enthalte die drei Ereignisse e_1, e_2, e_3 mit den Eintrittszeiten 10, 20 bzw. 45. Da LP_1 keine Ereignisse von anderen LPs eingeplant bekommen kann, kann LP_1 die Ereignisse in seiner Ereignisliste chronologisch ausführen, ohne auf weitere Garantien zu warten. Infolgedessen setzt LP_1 zunächst seine Uhrzeit auf die Eintrittszeit von e_1, entfernt das Ereignis e_1 aus der Ereignisliste und führt es aus. Im Beispiel werden dabei die Ereignisse e_4 und e_5 mit Zeitstempel 40 bzw. 50 für LP_2 erzeugt. Diese Ereignisse werden LP_2 jedoch nicht sofort gesendet, da ihre Zeitstempel noch nicht als Garantien gewertet werden können. Anschließend setzt LP_1 seine Uhr auf 20 und führt e_2 aus. Bei der Ausführung von e_2 werde das Ereignis e_6 mit Eintrittszeit 30 für LP_2 generiert. Da LP_1 jedoch noch Ereignisse für LP_2 mit einer Eintrittszeit kleiner als 30 erzeugen könnte, wird auch dieses Ereignis noch nicht an LP_2 gesendet, sondern zunächst gepuffert. Schließlich setzt LP_1 seine Simulationszeit auf 45. Bevor er jedoch e_3 ausführt, stellt er fest, daß er nun keine Ereignisse mehr mit Eintrittszeit kleiner als 45 erzeugen kann (da die Simulationszeit immer eine lokale Garantie an alle LPs darstellt). Folglich können nun von den gepufferten Ereignissen für LP_2 die Ereignisse mit Eintrittszeit kleiner als 45, also e_4 und e_6, in einer einzigen Nachricht gebündelt versendet werden. ■

Für ein Simulationsverfahren reicht es allerdings nicht aus, ausschließlich implizite Garantie-Austauschschemata zu verwenden. Ein derartiges Simulationsverfahren würde Deadlocks ermöglichen, die bei rein sequentieller Simulation des Modells nicht auftreten könnten[4].

Abb. 2.8 zeigt drei typische Deadlockszenarien. In Abb. 2.8a ist ein verteilter Simulator aus zwei LPs zu sehen. Es sei angenommen, daß das letzte Ereignis, welches LP_1 an LP_2 gesendet hat, den Zeitstempel 5 trug. Potentiell könnte LP_1 weitere Ereignisse (und damit implizite Garantien) mit virtueller Zeit $t \geq 200$ an LP_2 senden. Jedes derartige Ereignis würde LP_2 zusichern, daß er sein Ereignis e_2 ausführen darf. Ob jedoch solche Ereignisse versendet werden sollen, hängt von dem konkreten Simulationsmodell und nicht von dem Simulationsverfahren ab. Falls LP_1 entsprechend der Modellspezifikation keine weiteren Ereignisse an LP_2 senden würde, bliebe das Ereignis e_2 für den Rest der Simulation ungarantiert; e_2 würde nie ausgeführt werden, und LP_2 würde folglich verklemmen.

Selbst wenn ein LP immer hinreichend viele Ereignisse versendet, reichen implizite Garantien alleine oft nicht aus. Das folgende Beispiel zeigt einen solchen Fall, in dem ein Deadlock auftreten kann, wenn der Empfangspuffer für neue Ereignisse beschränkt ist. Durch eine solche Beschränkung kann ein LP nur dann ein Ereignis senden, wenn der Empfänger dieses auch empfangen und in seinem Puffer ablegen kann. Infolgedessen können Wartebedingungen entstehen, die schließlich zu einem Deadlock führen.

Beispiel. Initial seien in Abb. 2.8b die Ereignislisten und Empfangspuffer von LP_2, LP_3 und LP_4 leer. LP_1 führe Ereignisse derart aus, daß zunächst N Ereignisse für LP_2 und *anschließend* ein Ereignis e für LP_3 erzeugt werden. Bei der Ausführung von e werde ein Ereignis e' für LP_4 erzeugt, und aus jedem in LP_2 ausgeführten Ereignis werde ebenfalls genau ein Ereignis für LP_4 erzeugt. Ferner seien die Eintrittszeiten der Ereignisse derart, daß LP_4 erst das Ereignis (und damit die implizite Garantie) des Ereignisses e' von LP_3 empfangen muß, bevor er eines der von LP_2 erzeugten Ereignisse

[4]Natürlich kann bereits das Simulationsmodell einen Deadlock oder auch einen Livelock enthalten. Ersteres wäre beispielsweise in einer Straßenverkehrssimulation der Fall, wenn nicht geklärt ist, welches von vier gleichzeitig an einer Rechts-vor-links-Kreuzung zweier Straßen ankommenden Autos als nächstes weiterfahren soll; ein Livelock entsteht, wenn eine korrekte Ereignisausführung in eine Endlosschleife gerät. Beide Fälle sollen hier jedoch nicht betrachtet werden. Es wird vielmehr angenommen, daß die gleiche Simulation von einem sequentiellen ereignisgesteuerten Simulator ordnungsgemäß beendet werden kann.

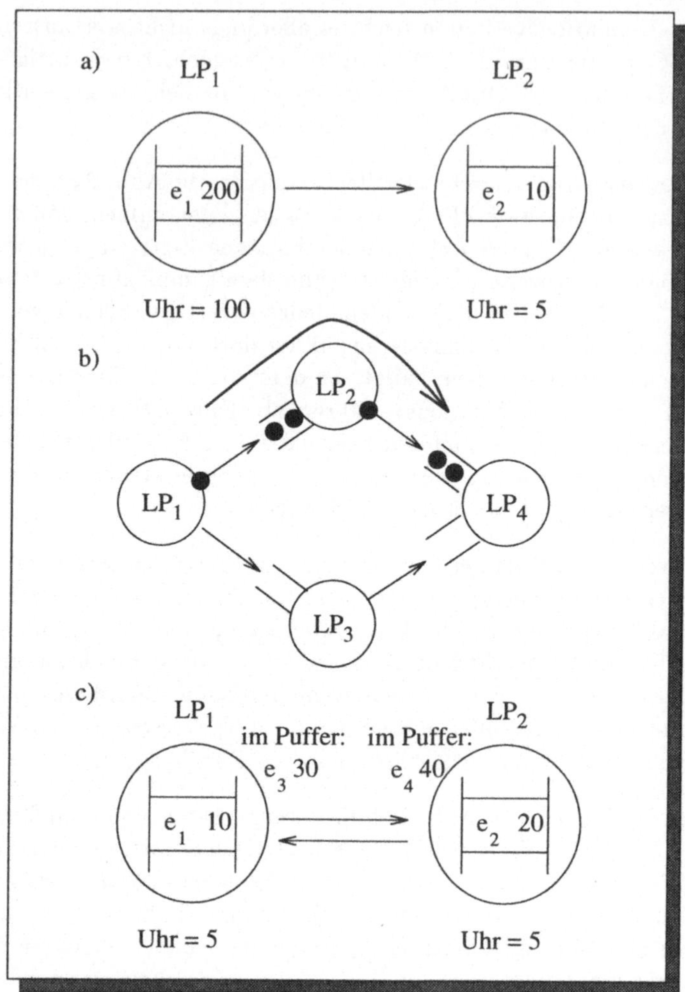

Abbildung 2.8: Typische Deadlockszenarien.

ausführen kann. Ist N hinreichend groß, so wird in diesem Szenario zunächst der Puffer von LP_4 durch Ereignisse von LP_2 voll werden. Daraufhin kann LP_2 keine Ereignisse mehr an LP_4 senden. Aus diesem Grund blockiert LP_2. Schließlich wird auch sein Empfangspuffer durch Ereignisse von LP_1 voll. Infolgedessen blockiert LP_1, weil er keine Ereignisse mehr an LP_2 senden kann. Hat LP_1 zu diesem Zeitpunkt noch nicht alle N Ereignisse an LP_2

gesendet, so hat er auch das Ereignis e noch nicht in LP_3 eingeplant. Deshalb hat auch LP_4 das Ereignis e' noch nicht von LP_3 bekommen. Da LP_4 aber keines der gepufferten Ereignisse von LP_2 ausführen darf, bevor er e' erhalten hat, befindet sich das System in einem Deadlock. Eine genauere Ausführung dieses Beispiels kann [CHM81a] entnommen werden. ■

Der im letzten Beispiel gezeigte Deadlock wäre nicht aufgetreten, wenn die Empfangspuffer unbeschränkt viele Ereignisse hätten aufnehmen können. In diesem Buch wird vorausgesetzt, daß keine Pufferbeschränkungen existieren. Bemerkenswert an den Beispielen aus Abb. 2.8a und 2.8b ist, daß die dort gezeigten Deadlocks bei einer Topologie *ohne* Zykel[5] auftreten.

Abb. 2.8c zeigt ein Deadlockszenario mit Zykel, in dem zwar Ereignisse für den jeweiligen Nachbarn vorliegen, aber diese noch nicht versendet werden, weil deren Eintrittszeiten noch keine Garantien darstellen: Jeweils der andere LP könnte noch Ereignisse mit einer kleineren Eintrittszeit generieren. Eine für einige konservative Simulationsverfahren notwendige Bedingung zur Vermeidung solcher Deadlocks ist, daß die Summe der Lookaheads auf jedem Zykel der Topologie immer positiv ist [FUJ88c]. Dies entspricht der Forderung nach *Vorhersehbarkeit („Predictability“)* in [CHM79b, MIS86a].

2.2.2.2 Explizite Versendung von Garantien

Neben impliziten Garantien können Garantien auch explizit in einer Nachricht versendet oder angefordert werden. Eine *explizite Garantie* wird in der Literatur häufig als *Nullnachricht* bezeichnet, da eine solche Garantie konzeptionell als implizite Garantie eines Pseudoereignisses angesehen werden kann, welches „nichts tut“ (daher „Null“), außer mit seinem Zeitstempel die Garantie weiterzuleiten [CHM78a].

Frühestmögliche Versendung

Explizite Austauschschemata lassen sich weiter danach unterscheiden, *wann* die Garantien versendet werden. Der höchste Parallelitätsgrad, aber leider auch der höchste Nachrichtenaufwand, wird erreicht, wenn explizite Garantien *frühestmöglich* versendet werden. Da die Uhrzeit eines LP immer eine

[5]Unter einem *Zykel* wird ein Folge $(LP_{i1}, LP_{i2}), (LP_{i2}, LP_{i3}), \ldots, (LP_{in}, LP_{i1})$ von Kanälen der Topologie verstanden.

lokale Garantie darstellt, bedeutet frühestmögliche Versendung i.a. die Versendung von Garantien bei jeder Erhöhung der lokalen Uhr[6] und damit vor fast jeder Ereignisausführung. In der Regel führt ein solches Verhalten daher zu einem „Überfluten“ des Kommunikationsmediums mit Garantienachrichten. Beispiele für solche Verfahren werden in [MIS86a, PWM79a] gegeben.

Versendung bei Blockaden

Das Überfluten des Kommunikationsmediums mit Nachrichten läßt sich abschwächen, indem explizite Garantien nur noch „sporadisch“ versendet werden. Beispielsweise könnte ein LP nur dann seine bestmöglichen Garantien an alle Nachbarn senden, wenn er blockiert, d.h., wenn er selbst keine weiteren garantierten Ereignisse in seiner Ereignisliste besitzt, die er ausführen kann. Die Grundidee solcher Verfahren, die bestmögliche Garantien erst beim Eintreten von Blockaden (von LPs oder Prozessoren) versenden, besteht darin, daß spätestens vor Eintreten einer globalen Blockade (Deadlock) alle LPs ihre bestmöglichen Garantien ausgetauscht haben. Ist die Vorhersehbarkeitsforderung erfüllt, so können alleine durch dieses Garantie-Austauschschema Deadlocks vermieden werden. Ein solches Verfahren senkt zwar den potentiell erreichbaren Grad an Parallelität, da die besten Garantien nicht sofort weitergeleitet werden. Es hat jedoch dennoch gute Performanzeigenschaften, da der Nachrichtenaufwand nicht so hoch ist. Beispiele für solche Verfahren werden in [FUJ88b, SUS89a] beschrieben.

Der Nachrichtenaufwand läßt sich noch weiter auf Kosten des potentiell erreichbaren Grades an Parallelität drücken, indem Garantien noch „seltener“ gesendet werden. Anstelle Garantien zu senden, wenn ein einzelner LP oder ein Prozessor [APE93a] blockiert, werden Garantien erst ausgetauscht, wenn LPs verklemmen, d.h. in einen Deadlock geraten. Die Berechnung und Versendung von Garantien zur Behebung eines Deadlocks wird als Deadlock-Behebungsphase bezeichnet. Solche Verfahren werden in der Literatur aus diesem Grund manchmal auch *DR-Verfahren* genannt, wobei die Abkürzung für Deadlock-recovery steht. DR-Verfahren sind sowohl für lokale Deadlocks [GRT91a, LIT90a, PRR88a] als auch für globale Deadlocks [CHM81a] vorgeschlagen worden. Nach Erkennen eines Deadlocks wird meist durch globale Garantien wenigstens einer der LPs in die Lage versetzt, ein weiteres Ereignis auszuführen. Durch Ausnutzung von Topologie- und Lookaheadinforma-

[6] Es sei denn, es wurde bereits vorher eine bessere Garantie versendet.

tionen können in der Behebungsphase oft auch weitere Ereignisse garantiert werden, so daß anschließend mehrere LPs die Simulation fortsetzen können.

Gelegentlich wird behauptet, DR-Verfahren könnten eine größere Klasse von Simulationsmodellen ausführen als alle bekannten Nicht-DR-Verfahren. Beispielsweise wird in [LLB90a, S. 144] argumentiert „*The DR algorithm has been recognized, up to this point, as the only conservative approach for simulating systems with no lookahead prediction*". Dies stimmt jedoch nicht. So können i.a. Verfahren, die Garantien anfordern (s.u.) oder aber GVT-Garantien austauschen (etwa [CHS89a]), auch Modelle ohne Lookahead ausführen. Es kann dabei kein globaler Deadlock eintreten, weil mindestens das Ereignis mit kleinstem Zeitstempel garantiert wird. Für jedes Nicht-DR-Verfahren muß also explizit überprüft werden, ob hinreichend Garantien ausgetauscht und somit Deadlocks vermieden werden.

Garantien auf Anfrage

Das „blinde" Versenden bestmöglicher Garantien eines LP, wie es zum Teil bei Versendung bei Blockaden, vor allem aber bei frühestmöglicher Versendung expliziter Garantien vorherrscht, birgt auch das Problem, daß viele der versendeten Garantien überhaupt nicht benötigt werden [WLB88a]. Wartet ein LP z.B. auf eine Garantie $G \geq 1000$ von einem logischen Prozeß LP_i, um sein nächstes Ereignis auszuführen, so nutzen ihm von LP_i versendete Garantien 1, 2, 3,..., 999 nichts; diese Garantien erhöhen lediglich die Anzahl versendeter Nachrichten. Aus diesem Grund wurden Verfahren vorgeschlagen, die jeweils nur die wirklich benötigten Garantien anfordern [BAS88a, MIS86a, SOG91a, SUS89a].

Kann ein LP in einem solchen Verfahren eine Anfrage nach einer Garantie nicht direkt erfüllen, so kann er seinerseits entsprechende Garantien anfordern. Eine Idee, dabei auftretende Zykel von Garantieanforderungen zu behandeln, ist die folgende. Konzeptionell werden alle LPs des gleichen Zykels zu einem „Superknoten" vereint[7]. LPs innerhalb eines Superknotens brauchen sich offensichtlich bzgl. der die Vereinigung auslösenden Garantieanfrage nicht weiter zu synchronisieren. Ein Superknoten kann daher abstrakt als ein einzelner logischer Prozeß verstanden werden, der alle LPs, die er vereint, nach außen vertritt. Er kann die Garantieanfrage beantwor-

[7]Graphentheoretisch stellt die Vereinigung eine *Kontraktion* [JUN87a] der am Zykel beteiligten Knoten (LPs) dar.

ten, sobald alle nach außen gestellten Folgegarantieanfragen beantwortet wurden.

Beispiel. Abb. 2.9 zeigt sechs LPs eines Simulators. Die durchgezogenen Pfeile deuten die Topologie des Simulators an. Danach kann beispielsweise LP_1 nur Ereignisse von LP_2 (oder sich selbst) eingeplant bekommen. Es sei angenommen, daß LP_1 ein Ereignis mit Eintrittszeit 10 in seiner Ereignisliste enthalte, alle anderen Ereignislisten jedoch leer sind. Die lokale Uhrzeit aller LPs sei jeweils 5. Um sein nächstes Ereignis mit Eintrittszeit 10 ausführen zu können, fordert LP_1 von LP_2 eine Garantie von mindestens 10 an. Der logische Prozeß LP_2 kann die Garantie nicht geben, ohne vorher eine entsprechende Garantie von LP_3 erhalten zu haben. Also sendet LP_2 eine Garantieanfrage an LP_3. Analog sendet LP_3 je eine Garantieanfrage an LP_6 und LP_4, LP_4 an LP_5 und schließlich LP_5 an LP_2. LP_2 erkennt einen Zykel, der durch die von ihm gestellte Garantieanfrage entstanden ist. Konzeptionell werden daher die am Zykel beteiligten logischen Prozesse LP_2, LP_3, LP_4 und LP_5 zu einem Superknoten vereint. Der Superknoten ist jedoch nur noch von LP_6 abhängig. Er kann die Garantie 10 an LP_1 geben, sobald er von LP_6 eine Garantie von mindestens 10 erhalten hat. ■

Durch dieses Vorgehen werden die bei der Versendung von Folgegarantieanfragen auftretenden Zykel nach und nach eliminiert. Für eine azyklische Topologie ist jedoch leicht einzusehen, daß Garantieanfragen letztendlich immer beantwortet werden können. Infolgedessen werden auf diese Weise globale Deadlocks (auch in Simulationsmodellen ohne Lookahead) immer vermieden. Ein Nachteil solcher Verfahren ist allerdings, daß neben Garantien nun auch Garantieanfragen (also weitere Nachrichten) erforderlich werden.

2.2.2.3 Hybride Austauschschemata

Die meisten konservativen Simulationsalgorithmen sind hybrid in dem Sinne, daß sie implizite und explizite Austauschschemata kombinieren. Es sind jedoch nicht beliebige Kombinationen möglich. Vielmehr muß der Austausch von Garantien immer ausreichen, damit Deadlocks vermieden oder behoben werden können. Für Verfahren, die explizite Garantien frühestmöglich oder bei Blockieren einzelner LPs versenden, ist dies beispielsweise i.a. nur der Fall, wenn das Simulationsmodell die Vorhersehbarkeitsforderung erfüllt, d.h., wenn die Summe der Lookaheads auf jedem

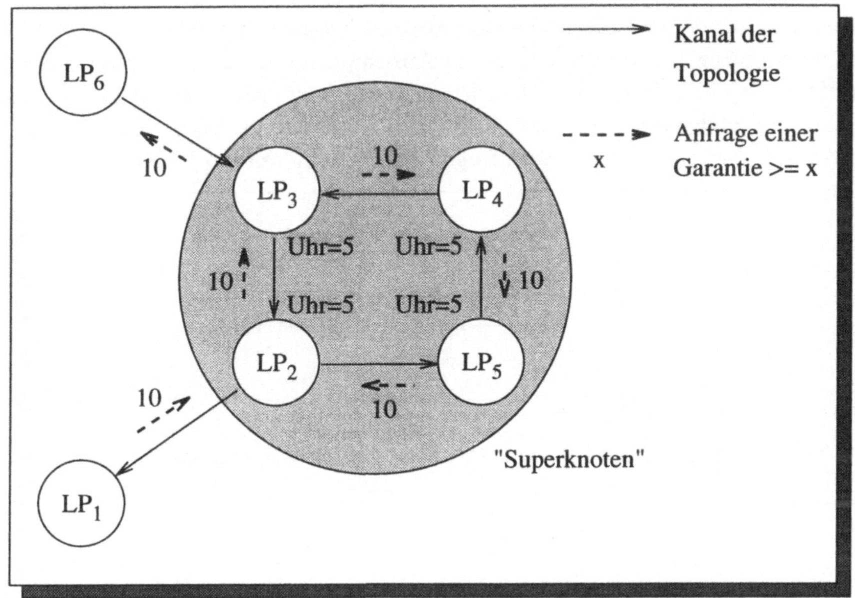

Abbildung 2.9: Versenden von Garantien auf Anfrage.

Zykel der Topologie immer positiv ist. Modelle, in denen derartige Lookaheads nicht spezifiziert werden können, lassen sich mit diesen Verfahren daher nicht simulieren. Ein Beispiel für solche Modelle stellen zyklische Warteschlangennetze mit exponentialverteilten Bedienzeiten dar.

Dieser Sachverhalt läßt sich allerdings auch positiv ausdrücken. Solange sichergestellt werden kann, daß Deadlocks letztendlich behoben werden, können zusätzlich beliebig kombinierte Garantie-Austauschschemata eingesetzt werden. Dies stellt den Ansatzpunkt für eine ganze Klasse neuer, in der Literatur bisher noch nicht diskutierter, hybrider Verfahren dar.

Grundidee hierbei ist die Kombination von Garantie-Austauschschemata mit einem Verfahren, welches entweder Deadlocks erkennt und behebt (bspw. [CHM81a]) oder aber Deadlocks vermeidet (bspw. durch periodische Berechnung von GVT-Garantien, wie etwa in [CHS89a]). Da Deadlocks in einem solchen hybriden Verfahren bereits vermieden oder behoben werden, dienen die zusätzlich verwendeten Garantie-Austauschschemata ausschließlich dafür, den Grad an potentiell erreichbarer Parallelität zu erhöhen.

Die zusätzlichen Austauschschemata können beliebig abgeschwächt werden, um einen guten Kompromiß zwischen Aufwand und erhöhtem Parallelitätsgrad zu erreichen. Bei einem Garantieanfrageschema kann beispielsweise die Nachfrage nach Garantien und damit der Gesamtaufwand an Garantieanfragen auf einige wenige Folgeanfragen beschränkt werden (Abb. 2.10).

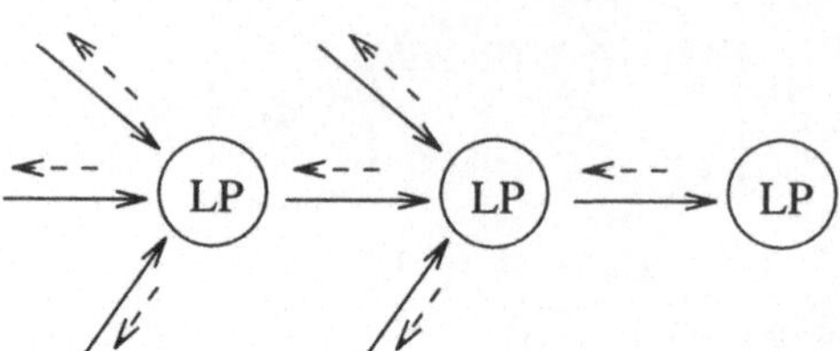

jede Garantieanfrage kann eine Lawine von Folgeanfragen auslösen

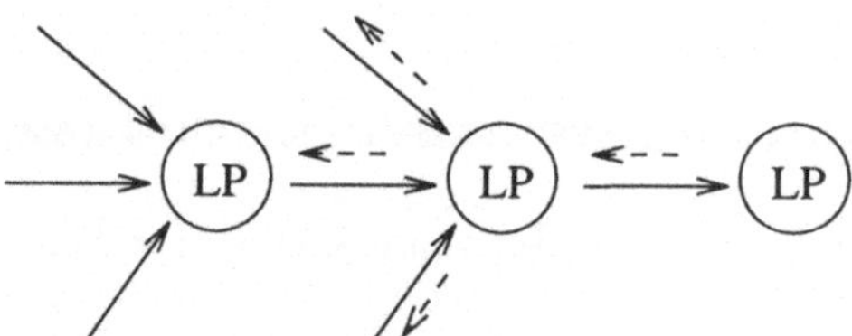

kombiniertes Verfahren: Folgegarantien auf 2 "Hops" beschränkt
+ Deadlock-Erkennung und -Behebung

<- - - eine Garantieanfrage
⟶ Richtung potentieller Ereigniseinplanung

Abbildung 2.10: Ein hybrides konservatives Verfahren.

Außerdem könnten mehrere *verschiedene* Austauschschemata in abgeschwächter Form kombiniert werden, z.B. ein Deadlock-Erkennungs- und -Behebungsverfahren zusammen mit abgeschwächten Varianten des frühestmöglichen Versendens expliziter Garantien und des Versendens expliziter Garantien bei Blockade von LPs. Schließlich bietet gerade die erlaubte Abschwächung eine Möglichkeit, das Verfahren sinnvoll adaptiv an das bisherige Systemverhalten anzupassen. Durch die Adaption könnte der Aufwand an Garantiennachrichten an den Erfolg gekoppelt werden. Beispielsweise könnte ein LP einen anfänglichen Kredit von 2^N expliziten Garantien haben, die er im Sinne des gewählten zusätzlichen Austauschschemas an einen Nachbarn versenden darf. Ist der Kredit aufgebraucht, fragt der LP bei diesem Nachbarn nach, wieviel Prozent der versendeten 2^N Garantien direkt zum Ausführen eines lokalen Ereignisses führten. Liegt der Prozentsatz oberhalb eines Schwellwertes k_{oben}, wird der Kredit auf 2^{N+1} Garantien aufgestockt, liegt er unterhalb eines Schwellwertes $k_{unten} < k_{oben}$, so wird der neue Kredit auf 2^{N-1} halbiert, andernfalls bleibt er gleich.

2.2.3 Kritik an konservativen Verfahren

Konservative Verfahren vermeiden Verletzungen der Kausalordnung. Da die Kausalordnung vor Ausführung der Ereignisse in der Regel nur teilweise bekannt ist, führt das Bestreben, solche Verletzungen von vornherein zu vermeiden, oft zu einer starken Einschränkung der potentiell ausnutzbaren Parallelität. Fujimoto charakterisiert das Problem treffend an einem Beispiel einer Flughafensimulation, in der konservative LPs ständig damit rechnen, daß im nächsten simulierten Moment ein Flugzeug abstürzen könnte. Ein solches potentiell zwar mögliches Ereignis „Absturz eines Flugzeugs“ kommt aber tatsächlich nur selten oder überhaupt nicht vor [FUJ88c]. Das Warten auf „*Nicht-Ereignisse*“ senkt jedoch die Parallelität. Je mehr Garantien aufgrund externem Wissen (Topologieinformationen, Lookahead) vorhanden sind, desto weniger muß auf Nicht-Ereignisse gewartet werden. Empirische Messungen, beispielsweise in [FUJ88b, FUJ88c, NIC88a], bekräftigen diese Hypothese. Externes Wissen muß jedoch i.a. durch den Benutzer spezifiziert werden[8]. Dies erfordert vom Benutzer eine zielgerichtete Strukturierung des verteilten Modells, so daß möglichst gute externe Garantien gegeben werden können. Beispiele für Erfahrungen bei der Erstellung solcher verteilten Simulationsmodelle sind etwa in [NIC88a, NIR90a] beschrieben. Leider führt die Abhängigkeit von externem Wissen auch dazu, daß aus kleinen Änderungen am Simulationsmodell möglicherweise große Änderungen in der Performanz resultieren [FUJ88c, LCL89a]. Dies macht effiziente verteilte Simulationsanwendungen schwerer wartbar. Ein anderer Nachteil konservativer Verfahren ist ihre nur beschränkte Eignung für dynamisch-verteilte Simulatoren, d.h. für Simulatoren, in denen die Anzahl der LPs während der Simulation vergrößert werden kann. Das folgende Beispiel verdeutlicht die-

[8] Eine Ausnahme stellt etwa das „Orakel“ in [SWF87a] dar (vgl. Seite 27).

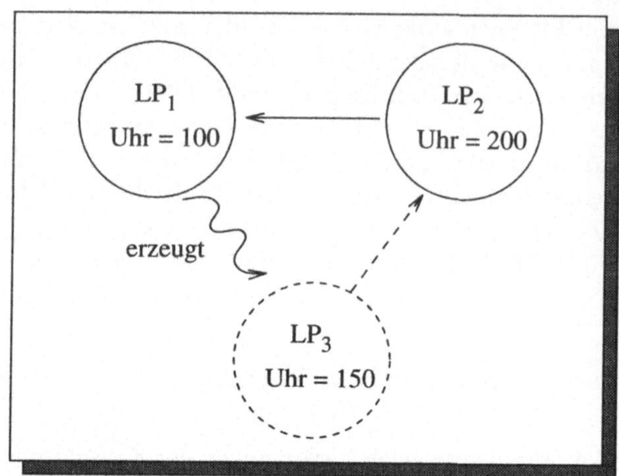

Abbildung 2.11: Konservative dynamisch-verteilte Simulation.

ses Problem, zu dem es vermutlich allenfalls Kompromißlösungen gibt (etwa [JHB93a, RAT93a]).

Beispiel. Abb. 2.11 zeigt einen initial aus zwei logischen Prozessen (LP_1 und LP_2) bestehenden konservativen Simulator. LP_2 habe gerade ein Ereignis e mit Eintrittszeit 200 ausgeführt. LP_1 sei erst bis zur Zeit 100 vorangeschritten. Angenommen LP_1 führt als nächstes ein Ereignis mit Eintrittszeit 150 aus, welches einen neuen logischen Prozeß LP_3 erzeugt. Falls LP_3 dem logischen Prozeß LP_2 Ereignisse einplanen können soll, so könnte nun LP_2 Ereignisse in seiner Vergangenheit erhalten, d.h. Ereignisse mit einer Eintrittszeit $t \in [150, 200)$, die alle vor dem Ereignis e hätten ausgeführt werden müssen. ∎

2.2.4 Performanz konservativer Verfahren

2.2.4.1 Speedup: Ein Maß für die Performanz

Bei Performanzbetrachtungen verteilter Simulationsverfahren interessiert man sich vor allem dafür, ob die Simulation schneller durchgeführt werden kann als mit Methoden sequentieller Simulation. Zur Beantwortung dieser Frage wurden sowohl mathematisch-analytische Methoden als auch empirische Untersuchungen durchgeführt. Aufgrund der Komplexität der Abläufe lassen sich analytische Untersuchungen jedoch nur bis zu einem eng begrenzten Grad, meist nur anhand von kleinen künstlichen Simulationsmodellen, durchführen (für konservative Simulationsverfahren siehe etwa [FEK92a, LLB90a, WAL88a]). Infolgedessen stehen empirische Betrachtungen weit mehr im Vordergrund.

Das wichtigste Maß bei den Untersuchungen stellt der durch das Verhältnis $\frac{T_{seq}}{T_n}$ definierte *Speedup* dar, wobei T_{seq} die Durchlaufzeit einer sequentiellen Simulation und T_n die Durchlaufzeit der zu untersuchenden verteilten Simulation auf n Prozessoren bezeichnet. Hierbei wird vorausgesetzt, daß die Simulation nach endlicher Zeit terminiert. Für Modelle, in denen dies nicht der Fall ist, könnte etwa die Ausführungszeit von Beginn der Simulation bis zu dem Zeitpunkt, zu dem alle LPs eine vorgegebene virtuelle Zeit erreicht haben, betrachtet werden. Idealerweise müßten zur Berechnung des Speedups jeweils optimierte sequentielle und verteilte Modelle betrachtet werden: Der sequentielle Simulator müßte ein für sequentielle Simulation optimiertes Simulationsmodell ausführen, und für jeden n-Prozessorfall müßte der verteilte Simulator ein für die verteilte Simulation auf n Prozessoren optimiertes Modell ausführen. Alle $n + 1$ Simulationsmodelle sind in der Regel verschieden. Die verteilten Modelle könnten beispielsweise mehr Ereignisse ausführen als das sequentielle Modell, um replizierte Datenstrukturen konsistent zu halten. Dagegen könnten sich die n verteilten Modelle untereinander hinsichtlich der optimalen Partitionierung des Zustandsraum und der Granularität einzelner Ereignisse unterscheiden (siehe etwa [SMW92a, WRJ92a]). Da bereits der Realisierungsaufwand für ein einzelnes realistisches Modell generell sehr hoch ist, wird für die empirische Untersuchung häufig nur ein einziges verteiltes Modell spezifiziert. Die verteilte bzw. sequentielle Ausführungszeit dieses Modells wird als Approximation der Ausführungszeiten der optimierten Modelle verwendet. Diese Überlegungen führten auch bei der Entwicklung des DSL-Systems (siehe Kapitel 3) dazu, Implementierungen verteilter Modelle zu unterstützen, welche ohne Modelländerung jeweils durch alle sequentiellen und verteilten Simulationsverfahren ausgeführt werden können. Zusätzlich hat diese Vorgehensweise den Vorteil, daß man sicher sein kann, alle Verfahren bei der Ausführung eines funktionell identischen Modells zu vergleichen.

Der Vereinfachung auf Modellebene stehen Vereinfachungen auf der Simulator-Ebene gegenüber. So sind für verteilte Simulatoren i.a. die Anzahl möglicher Mapping- und Scheduling-Strategien für ein gegebenes Modell viel zu hoch, um alle Varianten durchzumessen, und den Meßwert T_n bei „optimalem“ Mapping oder Scheduling zu ermitteln. In der Regel werden die Messungen allenfalls mit einigen wenigen, verschiedenen Mapping- und Scheduling-Stategien durchgeführt. Auch kann nicht erwartet werden, zur Berechnung von T_{seq} einen für *alle* Modelle „optimalen“ sequentiellen Simulator einsetzen zu können. Die Existenz eines solchen Simulators ist eher fraglich. Ist von einem Modell beispielsweise bekannt, daß die Ereignisliste zu jedem Zeitpunkt maximal ein Ereignis enthalten wird, so kommt ein für dieses Modell optimaler Simulator ganz ohne Ereignislistenverwaltung aus. (Ein Puffer für ein einziges Ereignis reicht.) Für beliebige Modelle ist diese Aufwandsoptimierung jedoch nicht möglich. Zur fairen Ermittlung von T_{seq} sollte daher ein optimierter sequentieller Simulator verwendet werden, der mit den besten in der Praxis verwendeten sequentiellen Simulatoren vergleichbar ist. Dieser Ansatz wird auch in diesem Buch verfolgt. Ein entsprechender sequentieller Simulator ist im DSL-System verfügbar; er wird in Kapitel 3 vorgestellt.

Der mitunter in der Literatur angetroffene Ansatz, T_{seq} durch T_1 (der Durchlaufzeit einer verteilten Simulation auf einem einzelnen Rechner) zu approximieren, erspart zwar die Implementierung eines guten sequentiellen Simulators, liefert jedoch in der Regel viel zu optimistische Schätzungen des Speedups. Gründe dafür stellen das jeweils nur im verteilten Fall notwendige Auswählen des als nächstes von einem Rechner zu bedienenden LP (Scheduling) sowie die Synchronisation zwischen den LPs dar. Die Synchronisation würde entfallen, wenn alle LPs eines Rechners jeweils zu einem einzigen LP „verschmolzen“ würden. Die Grundidee des Verschmelzens einzelner LPs eines verteilten Simulators (und damit indirekt im Extremfall das Verschmelzen aller LPs eines verteilten Simulators zu einem einzigen sequentiellen Simulator) wurde in der Literatur bereits vielfältig vorgeschlagen [MUD86a, RIC90a, RIW89a, SOG92a, SUS89a, WAL88a]. Aus Platzgründen kann hier nicht näher darauf eingegangen werden. Eine kurze Diskussion kann jedoch einer anderen Arbeit des Autors entnommen werden [MEH93b].

2.2.4.2 Ergebnisse empirischer Untersuchungen

Die meisten Untersuchungen über konservative Simulationsverfahren wurden auf Mehrprozessorsystemen mit gemeinsamem Speicher (im folgenden

Shared-memory-Multiprozessoren genannt) durchgeführt. Die Algorithmen für verteilte Simulation lassen sich direkt zur parallelen Simulation auf Shared-memory-Multiprozessoren anwenden. Der Aufwand zum Versenden von Nachrichten ist bei der parallelen Simulation allerdings wesentlich geringer, weil das dazu nötige Erwerben einer Sperre auf einen Teil des Speichers und das dortige Ablegen der Nachricht typischerweise viel effizienter durchgeführt werden kann. Die Meßergebnisse paralleler Simulation können daher i.a. als obere Schranke der Performanz verteilter Simulation betrachtet werden.

In ersten veröffentlichten Messungen über die Performanz konservativer Algorithmen wurden Verfahren verglichen, die neben impliziten Garantien entweder explizite Garantien bei Blockade [CHM79b] oder bei Verklemmung von LPs [CHM81a] austauschten. Als Modelle wurden dabei verschiedene meist zyklische Warteschlangennetze verwendet. Die Ergebnisse waren sehr enttäuschend, da selbst bei fünf Prozessoren sich kaum ein Speedup größer als eins einstellte [REE85a, REM88a, RMM88a]. Fujimoto wiederholte diese Messungen später, wobei er die Simulationsmodelle so änderte, daß sie zwar funktionell identisch blieben, aber wesentlich mehr Lookahead enthielten. Dadurch stellte sich ein Speedup von 2–3 auf einem 5-Prozessor BBN-Butterfly-Multiprozessor mit physisch gemeinsamem Speicher ein. Su und Seitz haben eine Reihe verschiedener konservativer Algorithmen (darunter Versendung expliziter Garantien auf Anfrage, frühestmöglich und bei Blockade von LPs) u.a. auf einem 128-Knoten Intel-iPSC/1- und einem 16-Knoten iPSC/2-Rechnersystem durchgeführt [SUS89a]. Als Simulationsmodelle wurden verschiedene VLSI-Schaltkreise auf Gatterniveau in der Größenordnung bis 4000 Gatter simuliert. Solche Modelle können durchaus als Härtefall für verteilte ereignisgesteuerte Simulation betrachtet werden. Dies gilt insbesondere, wenn die Gatter einen hohen Fan-in und Fan-out besitzen und einzelne Ereignisse, außer dem Einplanen einiger Folgeereignisse, kaum Berechnungen durchführen. Als Ergebnis ihrer Messungen zeigte sich bis zu 8 Prozessoren meist nur ein Slowdown gegenüber sequentieller Simulation; bis zu 16 Prozessoren jedoch schon ein Speedup von 2–3 und bei 128 Prozessoren ein Speedup von etwa 10. Es wurde also trotz des schwierigen Modells ein Speedup erreicht, auch wenn dieser anbetracht der Zahl der Prozessoren geringer ausfällt, als man vielleicht gehofft hatte.

Generell läßt sich festhalten, daß in Messungen, die einen hohen Speedup erreichten, oft nicht nur der verfügbare Parallelitätsgrad im Modell hoch war, sondern auch der Synchronisationsaufwand niedrig. In Experimenten von Fujimoto wurden bei niedrigem Speedup etwa 10–20 explizite Garantien pro Ereignis versendet, bei gutem Speedup im Mittel aber weniger als eine explizite Garantie [FUJ88b]. Weitere Messungen zeigten, daß hohe Lookaheads und geringer Vernetzungsgrad in der Topologie sich äußerst günstig auf den Speedup auswirken [FUJ88c]. Bei Verfahren, die explizite Garantien nur bei Verklemmung aller LPs propagierten, wurden außerdem zwei weitere interessante Effekte beobachtet [FUJ88c]. Wird in einem Modell, in dem alle LPs permanent einen hohen Lookahead besitzen, dieser bei nur einigen wenigen reduziert, so steigt die Anzahl der Deadlocks und die Performanz sinkt deutlich. Für die Performanz ist daher wichtig, daß der Lookahead in *allen* LPs jederzeit möglichst gut ist. Zum anderen wurde bei verschie-

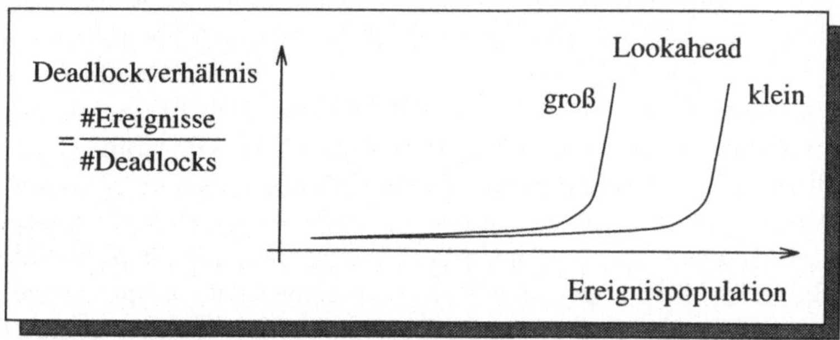

Abbildung 2.12: Lawineneffekt bei Deadlock-Erkennungs- u. -Behebungsverfahren.

denen Modellen ein sogenannter *Lawineneffekt* festgestellt: Bis zu einer gewissen „kritischen Masse“ an für die nahe Zukunft eingeplanten, aber noch nicht ausgeführten Ereignissen (der sogenannten *Ereignispopulation*), tritt fast nach jedem ausgeführten Ereignis ein Deadlock auf; steigt die Ereignispopulation über diese kritische Masse hinaus, so steigt plötzlich auch das Verhältnis von ausgeführten Ereignissen pro Deadlock stark an. Des weiteren wurde festgestellt, daß bei kleinem Lookahead eine höhere Ereignispopulation notwendig ist als bei großem, um den Lawineneffekt auszulösen. Abb. 2.12 veranschaulicht diesen Effekt qualitativ. Wagner und Lazowska führten Messungen mit konservativen Verfahren auf einem Shared-memory-Multiprozessor (Sequent-Symmetry) durch. Dabei erwiesen sich Verfahren, die Garantien nur dann austauschen, wenn LPs in einen Deadlock geraten, zwar als weniger empfindlich gegenüber dem vorhandenen Lookahead, führten aber allgemein zu deutlich schlechteren Speedups als Verfahren, die häufiger Garantien austauschten [WLB89a].

2.3 Optimistische Simulationsverfahren

2.3.1 Grundidee

Die bisher diskutierten konservativen Verfahren lassen sich als Verfahren charakterisieren, die eine Verletzung der Kausalordnung durch Austausch von Garantien vermeiden. Sowohl das Warten, bis hinreichend gute Garantien erzeugt werden können, als auch das Versenden der Garantien durch Nachrichten stellt in diesen Verfahren einen erheblichen Aufwand dar. Demgegenüber steht die Idee optimistischer Verfahren, mögliche Verletzungen der Kausalordnung zunächst zuzulassen und diese später ggf. zu beheben. Anstatt zu warten, d.h. *nichts* zu tun, führt ein optimistischer LP prinzipiell immer sein lokal nächstes[9] Ereignis e aus. Er hofft dabei, daß ihm im restlichen Verlauf der Simulation kein weiteres Ereignis mehr eingeplant werden wird, welches er entsprechend der Kausalordnung vor e auszuführen hat. Erweist sich diese Hoffnung als unberechtigt, so werden die Effekte verfrüht ausgeführter Ereignisse rückgängig gemacht. Der Aufwand optimistischer Verfahren liegt daher im Verwalten von Rücksetzinformationen und im Durchführen von Rücksetzungen.

In diesem Abschnitt werden typische Probleme und Lösungsideen optimistischer Verfahren vorgestellt. Um einen Rahmen für die Diskussion zu schaffen, wird zunächst die erste und bis heute am meisten untersuchte Methode in der Klasse optimistischer Simulationsmethoden, das sogenannte *Time-warp*-Verfahren, kurz skizziert [JEF85a, JES82a, LEW93a].

2.3.2 Time-warp

Ein LP im Time-warp-Verfahren verhält sich zyklisch nach folgendem Muster. Nach Ausführung eines Ereignisses wählt er das als nächstes auszuführende Ereignis e aus. Dies ist dasjenige Ereignis, welches unter allen Ereignissen der Ereignisliste momentan den kleinsten Zeitstempel t besitzt[10]. Anschließend trifft er Maßnahmen, die ihm prinzipiell ein späteres

[9] Wie weiter oben eingeführt wurde, wird unter dem *nächsten* Ereignis eines LP dasjenige Ereignis verstanden, welches unter allen gegenwärtig in der Ereignisliste des LP eingefügten Ereignissen den kleinsten Zeitstempel trägt.

[10] Ist die Ereignisliste leer, so setzt der LP seine lokale Uhrzeit auf ∞ und blockiert, bis ihm ein weiteres Ereignis eingeplant wird.

Rücksetzen auf den Zustand vor Ausführen des Ereignisses e ermöglichen. Dazu gehören das Anlegen einer Kopie des aktuellen Zustands und das Abspeichern dieser Kopie in einer *Zustandsliste*. Ferner wird (zumindest konzeptionell) das Ereignis e aus der Ereignisliste entfernt und in einer Liste bereits ausgeführter (oder mit der Ausführung begonnener) Ereignisse abgespeichert[11]. Schließlich wird die lokale Uhrzeit auf t gesetzt und das Ereignis e ausgeführt (Abb. 2.13).

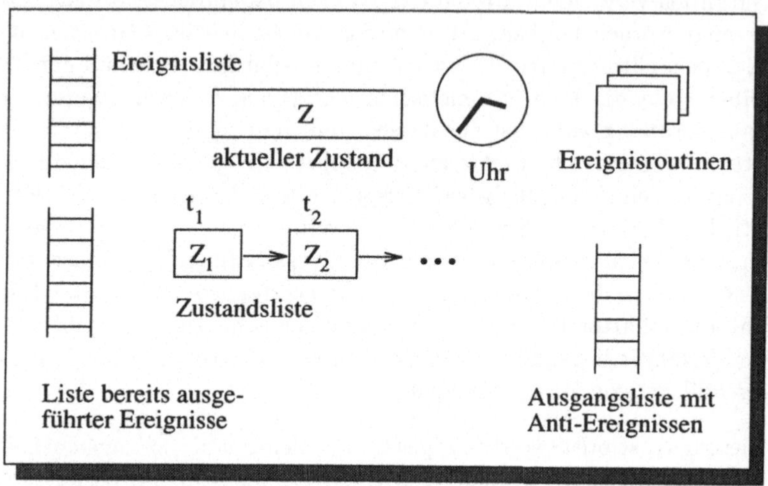

Abbildung 2.13: Datenstrukturen eines LP bei Time-warp.

Durch das Ausführen von e kann der lokale Zustand verändert werden, und es können neue Ereignisse erzeugt werden. Wenn ein neues Ereignis e_{neu} für einen logischen Prozeß LP_x eingeplant wird, wird gleichzeitig ein Duplikat des erzeugten Ereignisses in die lokale *Ausgangsliste* des erzeugenden LP eingefügt. Zusammen mit dem Duplikat wird nicht nur die Eintrittszeit des Ereignisses (die sogenannte *Receive-time*), sondern auch die Eintrittszeit des erzeugenden Ereignisses (die sogenannte *Send-time*) abgespeichert. Müssen später alle erzeugten Ereignisse rückgängig gemacht werden, welche von einem LP zu oder nach einer virtuellen Zeit t' erzeugt wurden, so hilft die Ausgangsliste im Finden dieser Ereignisse. Es sind gerade diejenigen Ereignisse, deren Send-time größer oder gleich t' ist. Um ein erzeugtes Ereignis, welches einem logischen Prozeß LP_x eingeplant wurde, später rückgängig

[11] In einer Implementierung wird in der Regel nur eine einzige Liste verwaltet sowie ein Pointer, der die Grenze zwischen bereits begonnenen und noch unausgeführten Ereignissen markiert.

zu machen, wird in Time-warp einfach das Duplikat dieses Ereignisses an LP_x gesendet. In einer Implementierung könnte natürlich anstelle des Duplikates auch nur eine global eindeutige Kennung des Ereignisses verwaltet und versendet werden. Mit Empfang eines Duplikats wird ein logischer Prozeß implizit angewiesen, das zugehörige Originalereignis zu annullieren. Um Duplikate, die eine Annullierung anzeigen, und Originale, die auszuführende Ereignisse darstellen, unterscheiden zu können, wird das Duplikat konzeptionell mit einem „-" markiert und das Original mit einem „+". Empfängt LP_x ein Ereignis e^-_{neu}, so sind die folgenden drei Fälle zu unterscheiden.

1. e^+_{neu} wurde bereits empfangen und ausgeführt. In diesem Fall macht LP_x alle von ihm verursachten Effekte seit der Ausführung von e^+_{neu} wie weiter unten beschrieben rückgängig (*Rollback*) und löscht vor dem Fortsetzen der Simulation die beiden Ereignisse e^+_{neu} und e^-_{neu}. Aufgrund dieser neutralisierenden Wirkung des Duplikats wird es auch als *Anti-Ereignis* bezeichnet. (Häufig wird auch mehr implementierungsnah von einer *Anti-Nachricht* gesprochen.)

2. e^+_{neu} wurde empfangen, aber noch nicht ausgeführt. Hier ist kein Rollback nötig; es wird lediglich e^+_{neu} zusammen mit e^-_{neu} gelöscht.

3. e^+_{neu} wurde noch nicht empfangen. In diesem Fall hat das Anti-Ereignis das Ereignis e^+_{neu} auf dem Kommunikationsmedium „überholt". LP_x merkt sich e^-_{neu} in der Ereignisliste und annulliert e^+_{neu} und e^-_{neu} sofort nach Empfang von e^+_{neu}. Da in diesem Fall e^+_{neu} noch nicht ausgeführt wurde, ist ebenfalls kein Rollback nötig.

Ein Rollback in einem logischen Prozeß LP_x von seiner aktuellen Simulationszeit t auf die Zeit t' wird in Time-warp immer dann durchgeführt, wenn ein Ereignis e (sei es ein Anti-Ereignis e^- oder ein „normales" Ereignis e^+) mit Zeitstempel $t' \leq t$ in die lokale Ereignisliste eingefügt wird. Diese Regelung sorgt dafür, daß in einem LP immer alle bisher ausgeführten Ereignisse in chronologischer Reihenfolge wirksam werden. Bei der Durchführung eines Rollbacks auf die Zeit t' wird zunächst der lokale Zustand zur Zeit t' wieder restauriert. Dies geschieht, indem aus der Zustandsliste die zur Zeit t' gültige Zustandskopie herausgesucht und der aktuelle Zustand damit überschrieben wird. Alle Zustandskopien mit einem größerem Zeitstempel als t' können anschließend aus der Zustandsliste gelöscht werden. Des weiteren werden alle Ereignisse rückgängig gemacht, die durch lokale Ereignisausführungen zu einer virtuellen Zeit $t'' \geq t'$ erzeugt wurden. Dies geschieht durch Versenden der entsprechenden Anti-Ereignisse. Durch dieses Verfahren wird sichergestellt, daß rekursiv in allen LPs alle Effekte rückgängig gemacht werden, die durch eine anachronistische Ereignisausführung in einem einzelnen LP verursacht wurden. Letzlich wird dadurch auch erreicht, daß alle Ereignisse in allen LPs chronologisch ausgeführt werden und somit die Kausalordnung eingehalten wird.

In Abhängigkeit davon, *wann* Anti-Ereignisse versendet werden, lassen sich zwei Strategien unterscheiden. Die oben vorgestellte Methode wird *Aggressive-cancellation* genannt. Bei ihr wird mit Auslösen eines Rollbacks auf die Zeit t' in einem logischen Prozeß LP_i mit Simulationszeit $t'' \geq t'$ für alle durch LP_i im Zeitraum $[t', t'']$ erzeugten Ereignisse *sofort* ein Anti-Ereignis versendet. Wird eines dieser Ereignisse nach dem Rücksetzen erneut erzeugt, so war jedoch das Versenden des Anti-Ereignisses (und der gegebenenfalls dadurch ausgelösten Folgerollbacks) unnötig. Bei der *Lazy-cancellation*-Variante führt LP_i zunächst alle Ereignisse im Intervall $[t', t'']$ erneut aus, ohne zuvor Anti-Ereignisse zu versenden. Beim Überschreiten der Zeit t'' werden lediglich für in $[t', t'']$ *nicht* mehr erzeugte Ereignisse entsprechende Anti-Ereignisse gesendet [GAF88a, LIL91a]. Ereignisse, die vor dem Rollback in $[t', t'']$ erzeugt wurden und die während der wiederholten Ausführung erneut *erzeugt* wurden, werden einfach nicht erneut *eingeplant*.

Durch Lazy-cancellation werden u.U. viele Rollbacks eingespart, die bei Aggressive-cancellation durch das sofortige Versenden von Anti-Ereignissen unnötigerweise ausgelöst werden. Ist dagegen das Senden eines Anti-Ereignisses notwendig, weil das zugehörige Ereignis tatsächlich falsch ist, so wird das Anti-Ereignis bei Lazy-cancellation erst später als bei Aggressive-cancellation gesendet. Dadurch wird das falsche Ereignis auch erst später annulliert, so daß sich falsche Folgeereignisse weiter ausbreiten können als bei Aggressive-cancellation. Welches Verfahren besser ist, hängt vom Modell ab. Es lassen sich Modelle konstruieren, bei denen Aggressive-cancellation deutlich Lazy-cancellation überlegen ist, aber auch andere, in denen das Umgekehrte der Fall ist. Für viele Modelle unterscheidet sich die Performanz jedoch nicht signifikant [FUJ90a, RFB90a].

Interessanterweise ist es mit Lazy-cancellation theoretisch sogar möglich, eine Simulation in kürzerer Zeit korrekt zu beenden, als es nötig wäre, um alle Ereignisse auf dem *kritischen Pfad* [BEJ85a] auszuführen. Die Ursache hierfür liegt darin, daß *falsche* Ereignisse möglicherweise *korrekte* Folgeereignisse erzeugen können, die durch die Verwendung von Lazy-cancellation nicht annulliert werden. Aus diesem Grund können Ereignisse bereits erzeugt werden, bevor sie bei der schnellstmöglichen verteilten Ausführung, die zu keinem Zeitpunkt die Kausalität verletzt, erzeugt werden würden. Das folgende Beispiel verdeutlicht diesen Effekt, der in Anlehnung an den Begriff *superlinearer Speedup* [FLW86a, FLW87a, JAN87a] auch *superkritischer Speedup* genannt wird [JER91a].

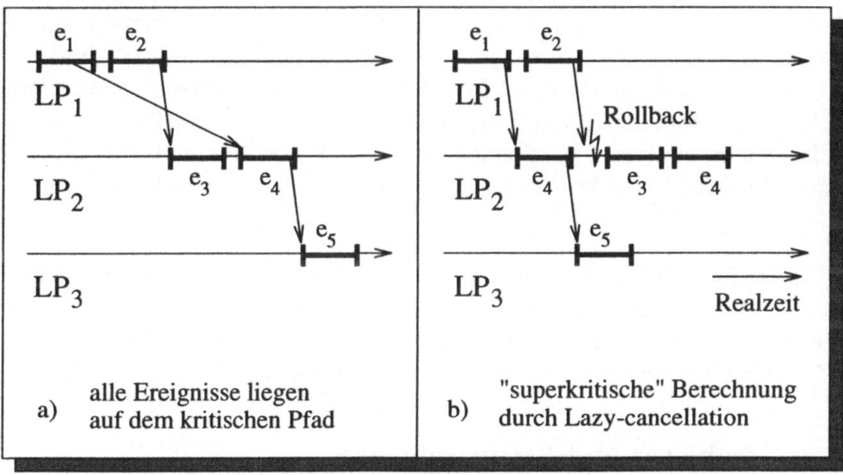

Abbildung 2.14: Superkritischer Speedup in Time-warp.

Beispiel. Sei das folgende künstliche Simulationsmodell mit den fünf Ereignissen e_1, e_2, e_3, e_4, e_5 und den Eintrittszeiten 1, 2, 3, 4 bzw. 5 gegeben. Ferner sei das Ereignis e_2 kausal von e_1 abhängig, und e_4 sei kausal von e_3 abhängig. Die Pfeile in der Abb. 2.14 geben an, welches Ereignis von welchem anderen erzeugt wird. Die Erzeugung sei jeweils unabhängig vom aktuellen Zustand.

Abb. 2.14a zeigt die Ausführung dieses Modells durch einen optimalen, die Kausalität nie verletzenden verteilten Simulator (etwa mit der auf Seite 27 angesprochenen Orakelmethode). Die Ereignisse e_1 bis e_5 bilden den kritischen Pfad. Dauert jede Ereignisausführung 1 Zeiteinheit und wird der Aufwand zum Einplanen von Ereignissen vernachlässigt, so dauert die verteilte Ausführung insgesamt 5 Zeiteinheiten.

Abb. 2.14b zeigt die Ausführung des gleichen Modells durch Time-warp mit Lazy-cancellation. Sei angenommen, daß das Ereignis e_4 wie in der

Abbildung gezeigt in LP_2 verfrüht ausgeführt wird. Dabei wird das korrekte Ereignis e_5 erzeugt, da die Erzeugung unabhängig vom aktuellen Zustand ist. Bei Empfang des Ereignisses e_3 (mit kleinerem Zeitstempel als e_4) wird die Ausführung von e_4 wieder rückgängig gemacht. Durch die Verwendung von Lazy-cancellation wird allerdings das bei der verfrühten Ausführung von e_4 erzeugte und eingeplante Ereignis e_5 zunächst nicht annulliert. Bei erneuter Ausführung von e_4 wird das Ereignis e_5 wieder erzeugt und so erkannt, daß das durch die verfrühte Ausführung von e_4 erzeugte Ereignis e_5 korrekt war. Es wird deswegen weder das erneut erzeugte Ereignis e_5 noch ein Anti-Ereignis für e_5 in LP_3 eingeplant. Vernachlässigt man neben der Zeit zum Einplanen von Ereignissen auch die Zeit zur Durchführung des Rollbacks, so dauert die Simulation diesmal nur 4 Zeiteinheiten. Sie ist damit schneller als die Ausführung aller Ereignisse auf dem kritischen Pfad. ■

In [JER91a] wird gezeigt, daß neben Lazy-cancellation auch das weiter unten skizzierte Jump-forward und zwei andere Schemata prinzipiell in der Lage sind, superkritischen Speedup zu erzeugen. In realistischen Modellen wird superkritischer Speedup allerdings so gut wie nie erreicht [LIN92c].

2.3.3 Probleme und Lösungsansätze

Im folgenden werden typische Probleme optimistischer Simulationsalgorithmen systematisch dargelegt und einige existierende Lösungsansätze skizziert. Grob lassen sich zwei Arten von Problemen unterscheiden. Solche, die im wesentlichen nur einen einzelnen LP betreffen, und solche, die mehrere LPs betreffen.

2.3.3.1 Bewältigung lokaler Probleme

Ereignisausführungen auf potentiell „falschen" Zuständen

Ein Großteil der Probleme optimistischer Verfahren läßt sich auf das verfrühte Ausführen von Ereignissen zurückführen. Sei etwa ein Ereignis e_2 ausgeführt worden, obwohl später noch ein Ereignis e_1 empfangen wird, welches vor e_2 auszuführen ist. Falls e_1 einen Teil des Zustandsraums verändert, welcher von e_2 gelesen wird, so wurde e_2 auf einem „falschen" Zustand ausgeführt. Solche verfrühte Ausführungen können zu unerwarteten Effekten führen. Beispielsweise können illegale arithmetische Operationen (Division durch Null, Logarithmus einer negativen Zahl etc.), Feldbereichsüberschreitungen oder Referenzierung von noch nicht initialisierten Pointer auftreten. Auch könnte ein Ereignis erzeugt werden, dessen Eintrittszeit beliebig weit in der „Vergangenheit" liegt (d.h. Receive-time kleiner als Send-time). Alle diese Effekte müssen durch einen LP bei der Ausführung von Ereignissen geeignet abgefangen werden. Wie das folgende Beispiel zeigt, kann eine verfrühte Ereignisausführung insbesondere auch zu einer Endlosschleife führen, die bei Ausführung auf dem richtigen Zustand nicht aufgetreten wäre. Dieses Beispiel demonstriert gleichzeitig, daß Kausalitätsverletzungen in optimistischen Verfahren i.a. asynchron zur Ereignisausführung festgestellt werden müssen, damit laufende Ereignisausführungen gegebenenfalls abgebrochen werden können (vergleiche hierzu auch [LIL91a]).

Beispiel. Abb. 2.15 zeigt zwei Ereignisroutinen, die bei Eintritt der Ereignisse e_1 mit Zeitstempel 10 bzw. e_2 mit Zeitstempel 20 in einem logischen Prozeß LP_i auszuführen sind. Es wird angenommen, daß die Zustandsvariable x initial den Wert Null habe, die Ereignisliste von LP_i leer ist und daß LP_i Ereignisse nach dem Time-warp-Verfahren ausführt.

bei Eintritt von e_1 auszuführende Ereignisroutine:	bei Eintritt von e_2 auszuführende Ereignisroutine:

<pre>begin
x := 1;
end;</pre>
	<pre>begin
	i := 0;
	loop do
	  i := i+1;
	  schedule e3 on self at (time+i);
	  schedule e4 on otherLP at (time+i);
	  if (x = 1) then ExitLoop end;
	endloop;
	end;</pre>

Abbildung 2.15: Verfrühtes Ausführen von Ereignissen auf einem falschen Zustand.

Zunächst wird der Fall betrachtet, daß LP_i von einem anderen logischen Prozeß zuerst das Ereignis e_1 eingeplant bekommt. Nach dem Empfang von e_1 wird LP_i dieses Ereignis ausführen und dabei die Variable x auf 1 setzen.

Erhält LP_i nach Ausführung von e_1 das Ereignis e_2 eingeplant, wird er die lokale Uhrzeit von 10 auf 20 erhöhen und e_2 ausführen. Dabei wird ein Ereignis e_3 mit Eintrittszeit (20+1) und ein Ereignis e_4 mit Eintrittszeit (20+1) erzeugt und anschließend die Schleife verlassen. Die Ausführung ist kausal korrekt, da beide Ereignisse in ihrer Zeitstempelreihenfolge ausgeführt wurden.

Nun sei der Fall betrachtet, in dem LP_i aufgrund der asynchronen Ausführung aller LPs zuerst e_2 eingeplant erhält und später e_1. Das folgende Szenario kann sich ergeben. Sobald e_2 empfangen wird, setzt LP_i seine lokale Uhr auf 20 und führt e_2 aus. Da x noch den initialen Wert Null hat und in e_2 nicht mehr verändert wird, wird die Ausführung von e_2 in eine Endlosschleife gelangen und permanent neue Ereignisse erzeugen. Können LPs asynchron zu ihren Ereignisausführungen keine Ereignisse empfangen oder keine Rollbacks auslösen, so würde LP_i mit der Ausführung von e_2 nie abbrechen; die Simulation würde nicht terminieren. Andernfalls würde LP_i schließlich jedoch das Ereignis e_1 mit Zeitstempel 10 empfangen. Durch einen Vergleich des Zeitstempels mit der aktuellen Uhrzeit könnte er eine potentielle Kausalitätsverletzung feststellen und einen Rollback auf die Zeit 10 auslösen. Die Ausführung von e_2 wird abgebrochen, der Zustand zur Zeit 10 mittels der Zustandsliste wieder hergestellt und alle Anti-Ereignisse mit einer Send-time größer oder gleich 10 den zugehörigen normalen Ereignissen hinterhergeschickt. Schließlich wird auch die Ereignisliste restauriert, indem alle Ereignisse mit Zeitstempel $t \geq 10$ aus der Liste bereits ausgeführter oder begonnener Ereignisse (in diesem Beispiel nur e_2) wieder in die Ereignisliste eingefügt werden. Diese Ereignisse müssen nach Ausführung von e_1 erneut chronologisch ausgeführt werden. Die Ereignisliste enthält daher nun die Ereignisse e_1 und e_2, und die chronologische Ausführung beider Ereignisse wird das gleiche Ergebnis wie im obigen Fall liefern. ∎

Erkennen von Kausalitätsverletzungen

Optimistische LPs (d.h. logische Prozesse, die nach einer optimistischen Simulationsstrategie arbeiten) führen zyklisch das jeweils nächste Ereignis ihrer Ereignisliste aus. Weil dadurch die Kausalität verletzt werden kann, muß ein Mechanismus zum Erkennen von Kausalitätsverletzungen bereitgestellt werden, der asynchron zu Ereignisausführungen arbeitet.

Wie oben beschrieben wird in Time-warp ein einfacher, wenngleich etwas pessimistischer Mechanismus angewendet, welcher lediglich *potenti-*

elle Kausalitätsverletzungen erkennt. Eine potentielle Verletzung wird angenommen, wenn einem LP ein Ereignis e eingeplant wird, welches eine kleinere Eintrittszeit hat als ein lokal bereits ausgeführtes (oder mit der Ausführung begonnenes) Ereignis e'. Ein solches Ereignis e wird oft *Straggler* („Nachzügler") genannt. Da vor Ausführung eines Ereignisses mit Eintrittszeit t die Simulationszeit auf t erhöht wird, braucht in diesem Verfahren lediglich bei jedem Empfang eines Ereignisses dessen Zeitstempel mit der aktuellen Simulationszeit verglichen zu werden. Hierbei handelt es sich jedoch nur dann tatsächlich um eine Verletzung der Kausalität, wenn eines der bereits ausgeführten Ereignisse e' mit größerem Zeitstempel als e kausal von e abhängig ist. Dieser Fall lag im letzten Beispiel (Abb. 2.15) vor, da e_1 die Variable x verändert hat, die e_2 liest, und e_1 aufgrund seines kleineren Zeitstempels vor e_2 auszuführen ist. Der Vorteil dieses Erkennungsverfahrens ist seine bestechende Einfachheit: Es brauchen lediglich zwei Zeitstempel verglichen zu werden.

Alternativ zu diesem bei Time-warp angewendeten Schema könnte ein Straggler mit Zeitstempel t auch nur auf einer Zustandskopie, die zur Zeit t gültig war, ausgeführt werden. Bei einer anschließenden Überprüfung müßte dann festgestellt werden, ob der Straggler bei seiner Ausführung Teile des Zustandsraums verändert hat, die von einem der bereits ausgeführten Ereignisse mit größerem Zeitstempel gelesen wurden. Ist dies nicht der Fall, waren die bisher ausgeführten Ereignisse korrekt ausgeführt worden, und ein zeitaufwendiger Rollback (der möglicherweise auch weitere LPs betrifft) kann eingespart werden. Diese Alternative wird in der Literatur als *Jump-forward* (oder manchmal auch als *Lazy-rollback* oder *Lazy-re-evaluation*) bezeichnet [JER91a, FUJ90a, WES88a]. Kausalitätsverletzungen werden damit genauer erkannt und unnötige (und möglicherweise kostspielige) Rollbacks eingepart. Andererseits wird jedoch nach der Ausführung von Stragglern ein aufwendiger Vergleich von Zuständen notwendig. Daher ist es fraglich, ob dieses Verfahren besser als das in Time-warp verwendete ist. Im TWOS-System [JBW87a] wurde der Jump-forward-Mechanismus zunächst eingebaut, aufgrund der schlechteren Performanz später aber wieder entfernt.

Anlegen von Rücksetzinformationen

In Time-warp wird üblicherweise vor Ausführung eines jeden Ereignisses eine Kopie des kompletten lokalen Zustandes angelegt. Dies ist besonders dann aufwendig, wenn der lokale Zustandsraum mehrere Megabytes groß ist oder etwa Pointer auf dynamisch angelegte Speicherbereiche enthält [JBW87a]. So fand Fujimoto bei einer Messung an einem Warteschlangennetz-Simulator, daß die Performanz von Time-warp halbiert wurde, wenn der Zustandsraum von ca. 100 Bytes auf 2000 Bytes vergrößert wird [FUJ89b]. Zur Abhilfe dieses Problems wurden zwei Alternativen vorgeschlagen.

Die erste sieht vor, vor jeder Ereignisausführung nicht den ganzen Zustandsraum zu kopieren, sondern möglichst nur den Teilzustand, der sich gegenüber der letzten Kopie geändert hat. Eine interessante Realisierungsmöglichkeit dieser Alternative wurde in [STE91a, STE92a] vorgeschlagen. Dabei wird zu Beginn einer Ereignisausführung eine Kopie der durch das Ereignis potentiell zu lesenden oder zu schreibenden Zustandsvariablen angelegt und mit den aktuellen Werten initialisiert. Anschließend wird das Ereignis auf dieser Kopie ausgeführt. Nach der Ereignisausführung wird der Inhalt der Kopie mit dem entsprechenden Teil des aktuellen Zustands vertauscht. Auf diese Weise ist der Zustand des LP aktualisiert, und die Kopie enthält erneut den relevanten Teilzustand vor der Ereignisausführung. Die Kopie wird zusammen mit dem Ereignis in der Liste bereits ausgeführter Ereignisse abgespeichert. Im Falle eines Rollbacks in einem logischen Prozeß LP_i auf die Zeit t wird der Zustand zur Zeit t dadurch rekonstruiert, daß die Zustandsänderungen durch in LP_i ausgeführten Ereignissen mit Eintrittszeit $t' \geq t$ in umgekehrter Ausführungsreihenfolge sukzessive rückgängig gemacht werden. Die Zustandsänderung eines einzelnen Ereignisses wird rückgängig gemacht, indem die mit dem Ereignis abgespeicherte Kopie (also der Teilzustand vor der Ereignisausführung) wieder in den aktuellen Zustand zurückgeschrieben wird. Diese Technik *inkrementeller Zustandssicherung* bedarf i.a. entweder einer Codeanalyse durch den Compiler oder der Hilfe des Benutzers, der für jedes Ereignis den Teilzustandsraum spezifizieren muß, der durch ein Ereignis potentiell gelesen oder verändert wird. Ist der Zustandsraum sehr groß und werden nur wenige Bytes durch jedes Ereignis verändert, so wird allerdings sehr viel Speicherplatz eingespart. Neben der Einsparung von Speicherplatz kann diese Methode oft auch ein gutes Zeitverhalten aufweisen. Dies ist etwa dann der Fall, wenn der lokale Zustandsraum sehr groß ist, und in einem Rollback typischerweise nur wenige Ereignisse, die jeweils auch nur einen kleinen Teil des Zustands veränderten, rückgängig gemacht werden müssen. Varianten dieser inkrementellen Technik wurden in [BAS92a, BRI90a] vorgeschlagen.

Eine inkrementelle Technik, die ohne Codeanalyse und Benutzerwissen auskommt, wurde in [FTG88a] vorgeschlagen und unter dem Namen *Rollback-chip*[12] in Hardware realisiert [BRF90a, FUJ89a]. Der Rollback-chip verhält sich nach außen wie ein gewöhnlicher Speicher mit den Zugriffsoperationen `read` und `write` sowie den zusätzlichen Operationen `mark`, `rollback`, `advance` und `reset`. Intern wird bei einem `write` jedoch nicht wie bei einem konventionellen Speicher der alte Wert des zu aktualisierenden Datenobjekts überschrieben, sondern der neue Wert *zusätzlich* abgespeichert. Dabei wird zusammen mit dem neuen Wert die aktuelle Simulationszeit assoziiert, die dem Rollback-chip bereits vorher über die `mark`-Operation[13] mitgeteilt wurde. Bei einem Lesezugriff zu einer virtuellen Zeit t kann so der Wert der letzten vor t durchgeführten Aktualisierung ermittelt werden. Mit der `rollback`-Operation kann der Speicher auf einen Zustand zu einer früheren Simulationszeit zurückgesetzt werden. Dazu werden intern die gespeicherten Aktualisierungen gelöscht, die zu oder nach der virtuellen Rücksetzzeit geschrieben wurden. Nicht mehr benötigte Aktualisierungen werden ähnlich dem weiter unten beschriebenen Fossil-collection-Mechanismus erkannt und können mit der `advance`-Operation freigegeben werden. Der Rollback-chip wurde prototypisch mit Standard-Hardwarebausteinen realisiert; eine kommerzielle Version ist in Planung [GOF93a].

Eine vielversprechende Alternative, Speicherplatz für Zustandskopien einzusparen, besteht darin, nicht vor *jedem* auszuführenden Ereignis eine Sicherungskopie anzulegen, sondern nur vor je k Ereignisausführungen. Bei einem Rollback in einem LP wird dessen lokaler Zustand zunächst auf der letzten Sicherungskopie vor der Rücksetzzeit wieder aufgesetzt. Im schlimmsten Fall müssen anschließend höchstens $k-1$ Ereignisse auf dieser Kopie erneut ausgeführt werden, um den zur Rücksetzzeit gültigen Zustand zu reproduzieren. In [LIL90a] wird aus analytischen Betrachtungen eine Formel hergeleitet, aus der sich gute Werte für k berechnen lassen. Empirische Messungen in [PML92a] an verschiedenen geschlossenen stochastischen Warteschlangennetz-Simulationen bestätigten diese analytischen Untersuchungen. Ergebnisse von [BEL92a] deuten darauf hin, daß sich die Zeitersparnis durch das Nichtanlegen von $k-1$ Zustandskopien allerdings zunehmend weniger in Speedup niederschlägt, je mehr die Anzahl der Prozessoren

[12] Der Name wurde so gewählt, weil das Chip die Durchführung von Rollbacks in Timewarp effizient unterstützt.

[13] Der interne Algorithmus wird hier von seiner Idee und daher etwas vereinfacht wiedergegeben. Für eine genaue Beschreibung der Operationen sei der interessierte Leser auf die angegebene Literatur verwiesen.

erhöht wird. Als Grund dafür vermutet Bellenot, daß durch Erhöhung der Anzahl der Prozessoren zur Ausführung des gleichen Modells die Wahrscheinlichkeit steigt, Ereignisse auszuführen, die die Kausalität verletzen. Damit steigt die Rollback-Wahrscheinlichkeit und somit die Wahrscheinlichkeit, häufiger Zustände rekonstruieren zu müssen.

In [PAW93a] wird obige Methode „weniger Zustandskopien" mit der Methode inkrementeller Zustandssicherungen analytisch verglichen. Dabei wurde festgestellt, daß keines der Verfahren immer besser ist als das andere. In [LPL93a] wird eine adaptive Variante periodischer Zustandssicherungen vorgestellt, in der zyklisch eine gewisse Anzahl von Ereignissen ausgeführt und anschließend jeweils ein neuer Wert für k ermittelt wird. Gerade solche adaptiven Varianten scheinen sinnvoll zu sein, da die Qualität eines Verfahrens typischerweise stark von dem Modellverhalten abhängt.

Ohne weitere Maßnahmen wird jedoch der Speicherplatzbedarf optimistischer Verfahren (an Sicherungskopien, bereits ausgeführten Ereignissen und Anti-Ereignissen eines LP) in jedem Fall zu groß werden, wenn eine Simulation nur hinreichend viele Ereignisse ausführt. Deshalb werden Protokolle zum Freigeben von Speicherplatz benötigt. In optimistischen Simulationsverfahren lassen sich zwei Arten von solchen Protokollen unterscheiden. Zum einen gibt es *Garbage-collection*-Protokolle, die nicht mehr benötigten Speicherplatz erkennen und sofort freigeben. Zum anderen gibt es jedoch auch „Speicherengpaß-Protokolle", die von den noch benötigten Daten solche identifizieren, die sich wieder generieren lassen und auf die im Falle eines Speicherengpasses am ehesten verzichtet werden kann. Im folgenden werden zunächst drei Protokolle der letzteren Art skizziert, bevor anschließend auf das Problem des Garbage-collection eingegangen wird.

Freigeben von Speicherplatz

A. Speicherengpaß-Protokolle

1. Gafni's Protokoll

Das von Gafni vorgeschlagene Protokoll arbeitet wie folgt [GAF85a]. Wird in einem logischen Prozeß LP_i Speicherplatz benötigt, etwa zum Einfügen eines neuen Ereignisses in die lokale Ereignisliste, so wird zunächst überprüft, ob es noch freien Speicher gibt oder ob sich durch Garbage-collection noch Speicher freigeben läßt. Ist dies nicht der Fall, so wird in LP_i dasjenige *Ob-*

jekt (Sicherungskopie des lokalen Zustands, Ereignis oder Anti-Ereignis) zur Freigabe ausgewählt, welches den höchsten Zeitstempel t besitzt. Je nach Art des Objekts wird dann wie folgt verfahren.

(a) Handelt es sich bei dem ausgewählten Objekt um ein noch nicht ausgeführtes *Ereignis* mit Eintrittszeit t, welches von einem logischen Prozeß LP_j erzeugt wurde, so wird dieses Ereignis an LP_j zurückgesendet (*Message-sendback*). Dadurch wird in LP_i Platz frei. LP_j hingegen führt bei Empfang des Ereignisses einen Rollback durch und wird dieses Ereignis später erneut erzeugen.

(b) Handelt es sich bei dem ausgewählten Objekt um ein *Anti-Ereignis*, welches zur Zeit t erzeugt wurde, so führt LP_i einen lokalen Rollback auf die Zeit t durch. Dadurch wird unter anderem auch das Anti-Ereignis an den Empfänger des zugehörigen normalen Ereignisses gesendet und somit lokal Speicherplatz freigegeben.

(c) Handelt es sich bei dem ausgewählten Objekt um eine *Zustandskopie*, die unmittelbar vor Ausführung eines Ereignisses mit Zeitstempel t gültig war, so führt LP_i ebenfalls einen Rollback auf die Zeit t durch. Dadurch wird u.a. der aktuelle Zustand durch die Zustandskopie überschrieben und die Kopie freigegeben.

Gafni gibt drei Gründe an, weshalb es vorteilhaft ist, das Objekt mit dem höchsten Zeitstempel t freizugeben [GAF88a]:

- Im Falle von (a) hindert die Befreiung dieses Objektes das Voranschreiten von LP_i in virtueller Zeit am wenigsten.
- Das Objekt mit dem höchsten Zeitstempel ist von allen Objekten des LP am wahrscheinlichsten inkorrekt, d.h. es ist am wahrscheinlichsten, daß dieses Objekt später ohnehin zurückgesetzt werden muß.
- Im Falle eines Ereignisses oder eines Anti-Ereignisses wird der empfangende LP einen Rollback durchführen. Dieser LP hat zumindest bzgl. der Simulationszeit von LP_i schon weit in die „Zukunft" gerechnet, wo Kausalitätsverletzungen wahrscheinlicher sind.

Im Fall (a) wird die Speichernot des logischen Prozesses LP_i zwar gelindert, sie muß aber noch nicht behoben sein, bis schließlich das zurückgesendete Ereignis e erneut von LP_i empfangen wird. Möglicherweise wird so aufgrund eines andauernden Speichermangels das Ereignis e erneut als das Objekt mit dem größtem Zeitstempel ausgewählt und zurückgesendet. (a) kann also zu *Busy-waiting* führen, bis schließlich mittels Garbage-collection nicht mehr benötigter Speicherplatz freigegeben werden kann. Auch (b) und (c) können unter gewissen Bedingungen zu Busy-waiting führen. Beispielsweise wenn der Fall (b) durch Empfang eines Ereignisses e eintritt und als eine Folge des dann durchzuführenden Rollbacks ein Anti-Ereignis für e generiert wird.

Das generelle Problem für *verteilte* Simulation ist hierbei jedoch, daß möglicherweise alle LPs wegen Speicherplatzmangel ihre Berechnung abbrechen, obwohl die Summe des noch freien Speicherplatzes aller LPs ausreichen würde, um die Simulation zu Ende zu führen. Das folgende aus [LIP91b] entnommene Beispiel illustriert dieses *Fragmentierungsproblem* anhand von Gafni's Protokoll.

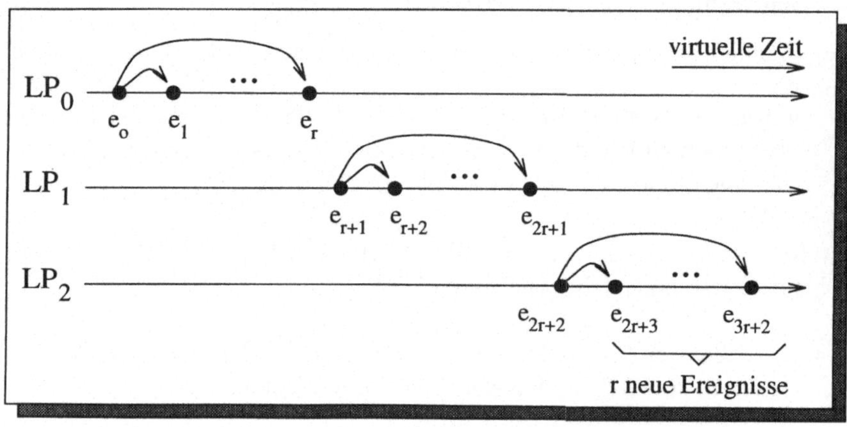

Abbildung 2.16: Fragmentierung des Speicherplatzes bei optimistischer verteilter Simulation.

Beispiel. In Abb. 2.16 sind drei Ereignisse dargestellt (e_0, e_{r+1}, e_{2r+2}), die konkurrent in drei verschiedenen LPs ausgeführt werden. Jedes dieser Ereignisse erzeugt r weitere lokale Ereignisse. Es wird angenommen, daß jedes Ereignis 1 Speicherplatzeinheit benötigt und daß jeder LP auf einem eigenen Rechner mit insgesamt $0,5r$ Speicherplatzeinheiten ausgeführt wird. In diesem Fall kann keiner der LPs sein erstes Ereignis ganz ausführen, obwohl auf allen drei Rechnern insgesamt $1,5r$ Speicherplatzeinheiten vorhanden sind. ■

2. Das Cancelback-Protokoll

Obiges Fragmentierungsproblem läßt sich durch das von Jefferson vorgeschlagene *Cancelback*-Protokoll für *parallele* Simulation vermeiden [JEF89a]. Dieses Protokoll ist identisch zu Gafni's Protokoll, mit der Ausnahme, daß das Objekt mit dem höchsten Zeitstempel unter *allen* LPs ausgewählt wird. In [DAF93a] wird eine Variante des Cancelback-Protokolls beschrieben, bei dem mit jedem Aufruf des Speicherengpaß-Protokolls die N Objekte mit den höchsten Zeitstempeln freigegeben werden. Es zeigte sich, daß für die untersuchten Modelle und für $N > 1$ Time-warp mit begrenztem Speicherplatz nur etwa 10 % langsamer lief als Time-warp mit unbegrenzt viel Speicherplatz. Performanzeinbußen aufgrund kurzzeitiger Speicherknappheit mögen für viele Anwendungen also durchaus tolerierbar sein. Für eine analytische Untersuchung des Cancelback-Protokolls unter gewissen vereinfachenden Annahmen siehe [ACD93a].

3. Das Artificial-rollback-Protokoll

Ein naheliegender weiterer Ansatz zur Lösung des Speicherplatzproblems ist schließlich das in [LIN92a, LIP91b] vorgeschlagene *Artificial-rollback*-Protokoll. Hierbei wird im wesentlichen der am weitesten in virtueller Zeit vorangeschrittene LP durch einen Rollback auf die virtuelle Zeit des am zweitweitesten vorangeschrittenen LP zurückgesetzt und dadurch Speicherplatz freigegeben. Ein detailierter Vergleich von Gafni's Protokoll, Cancelback und Artificial-rollback kann in [LIP91b] gefunden werden.

Trotz dieser Speicherfreigabeprotokolle stellt sich die Frage, ob es Simulationsmodelle gibt, die durch optimistische Verfahren aufgrund von Speicherplatzmangel nicht mehr ausgeführt werden können, obgleich bei gleichem Speicherplatz ein sequentieller Simulator das Modell noch ausführen könnte. Die Antwort auf diese Frage wird in [JEF89a] gegeben. Jefferson zeigt, daß jedes Modell, daß durch einen sequentiellen Simulator ausgeführt werden kann, auch durch einen parallelen Simulator mit Time-warp ausgeführt werden kann. Erstaunlicherweise läßt sich sogar weiter zeigen, daß dies für konservative Verfahren nicht gilt. Hier lassen sich Simulationsmodelle konstruieren, für die eine konservative Simulation exponentiell mehr Speicherplatz benötigt als eine äquivalente sequentielle Simulation [LIP91b].

B. Ein Garbage-collection-Protokoll

Im allgemeinen müssen Rollbacks in optimistischer verteilter Simulation nicht beliebig weit in die virtuelle Vergangenheit durchgeführt werden[14]. In Time-warp wird beispielsweise ein Rücksetzen eines LP von dessen aktueller Simulationszeit t auf die Zeit t' durchgeführt, wenn ein Ereignis mit Zeitstempel $t' \leq t$ empfangen wird. Glücklicherweise kann jedoch gezeigt werden, daß die Zeit t' nicht beliebig klein sein kann [JEF85a], denn:

Lemma 2.1 *Für jeden Realzeitpunkt τ gilt, daß alle im restlichen Verlauf der Simulation noch auszuführenden Ereignisse einen Zeitstempel $t' \geq GVT(\tau)$ haben.*

Die Global-virtual-time (GVT) wurde bereits auf Seite 21 eingeführt[15]. Aus Lemma 2.1 kann gefolgert werden, daß Time-warp aufgrund des Empfangs von Ereignissen nie einen Rollback auf eine Zeit vor der aktuellen GVT durchführen wird. Auch die anderen Fälle, in denen Rollbacks in Time-warp ausgelöst werden (wie beispielsweise ein Rollback aufgrund des oben vorgestellten Artificial-rollback-Protokolls) sind so ausgelegt, daß kein Rollback auf eine Zeit vor GVT möglich ist. Aus diesem Grund können alle Zustandskopien, die zur Zeit $t <$ GVT gültig waren, Ereignisse mit Zeitstempel $t <$ GVT sowie Anti-Ereignisse, die zu einer Zeit $t <$ GVT erzeugt wurden, gelöscht werden[16]. Diese Art des *Garbage-collection* wird in der Literatur meist als *Fossil-collection* bezeichnet.

2.3.3.2 Bewältigung globaler Probleme

Im vorangegangenen Abschnitt wurde die Bewältigung lokaler Probleme in optimistischen Simulationsverfahren diskutiert. Dazu gehörten das

[14] Eine Ausnahme mögen sogenannte „What-if"-Analysen darstellen, die sich durch optimistische Simulationen bei ausreichend viel Speicherplatz einfach unterstützen lassen [TIA90a].

[15] In der Literatur gibt es zwei verschiedene Definitionen der GVT [FUJ90a, JEF85a]. Die in diesem Buch verwendete entspricht jedoch der heute weithin akzeptierten Definition.

[16] Genau genommen müssen aus technischen Gründen in jedem LP mindestens eine zu einer Zeit $t < GVT$ gültige Zustandskopie und alle im zugehörigen Zeitintervall $[t, GVT)$ lokal ausgeführten Ereignisse gespeichert bleiben. Dies ist notwendig, um sich gegebenenfalls den lokalen Zustand zur Zeit GVT durch erneute Ausführung der lokalen Ereignisse zu rekonstruieren.

Ausführen von Ereignissen auf einem potentiell „falschen" Zustand, das Erkennen von Kausalitätsverletzungen, das Anlegen von Rücksetzinformationen und das Verhalten bei Speicherengpässen. In diesem Abschnitt wird auf zwei eher globale (d.h. mehrere LPs betreffende) Aspekte eingegangen. Wegen der Bedeutung der GVT für optimistische Verfahren wird zunächst die GVT und ihre Berechnung ausführlich angesprochen. Anschließend werden Probleme der Fehlerfortpflanzung und Möglichkeiten zu ihrer Eindämmung aufgezeigt.

A. Bedeutung und Berechnung der GVT

Die Bedeutung der GVT für optimistische Verfahren wird konkret anhand des Time-warp-Verfahrens erläutert. Hat in Time-warp die GVT einmal einen Wert t angenommen, kann es nicht mehr zu einem Rollback auf eine virtuelle Zeit $t' < t$ kommen. Wegen dieser Eigenschaft können auch nicht mehr zurücksetzbare Aktionen, wie etwa Ausgaben, die von einem Ereignis mit einem Zeitstempel t' generiert wurden, durchgeführt werden, sobald $t' <$ GVT gilt. GVT wird in Time-warp für folgende Aufgaben herangezogen:

- Fossil-collection
- Behandlung nicht mehr zurücksetzbarer Aktionen (z.B. E/A)
- Erkennen der verteilten Terminierung (bei GVT $= \infty$)
- Erstellen von Statistiken

Leider läßt sich der genaue aktuelle Wert der GVT i.a. nicht ermitteln, da die Simulation auf einem verteilten Rechnersystem abläuft und somit die LPs weder Zugriff auf einen physisch gemeinsamen Speicher noch Zugriff auf eine gemeinsame Realzeituhr haben. Für die oben angegebenen Aufgaben reicht es jedoch aus, eine möglichst gute untere Schranke der GVT ermitteln zu können. Neben spezieller Hardware, die solche GVT-Approximationen berechnen können (siehe beispielsweise [FGP91a, FIL91a, LIM85a, PAN92a, REY91a]), wurden vor allem viele Software-GVT-Approximationsalgorithmen vorgeschlagen. Auf einige dieser Algorithmen soll im folgenden kurz eingegangen werden.

GVT-Algorithmen

Der erste GVT-Approximationsalgorithmus wurde in [SAM85a, SAM87a] angegeben und eine Variante davon in [BEL90a]. In diesem Algorithmus wird jedes versendete Ereignis bei Empfang quittiert. Eine *Kontrollwelle* akkumuliert das Minimum aller lokalen Uhrzeiten und der Zeitstempel aller noch unquittierten Ereignisse. Unter einer Kontrollwelle wird in diesem Buch eine auf einem (der Topologie überlagerten) Ring zirkulierende Nachricht verstanden, die sukzessive alle LPs des verteilten Simulators besucht und dabei Daten akkumuliert[17]. Dies alleine würde jedoch noch eine Täuschung der Kontrollwelle zulassen, wie das folgende Beispiel andeutet.

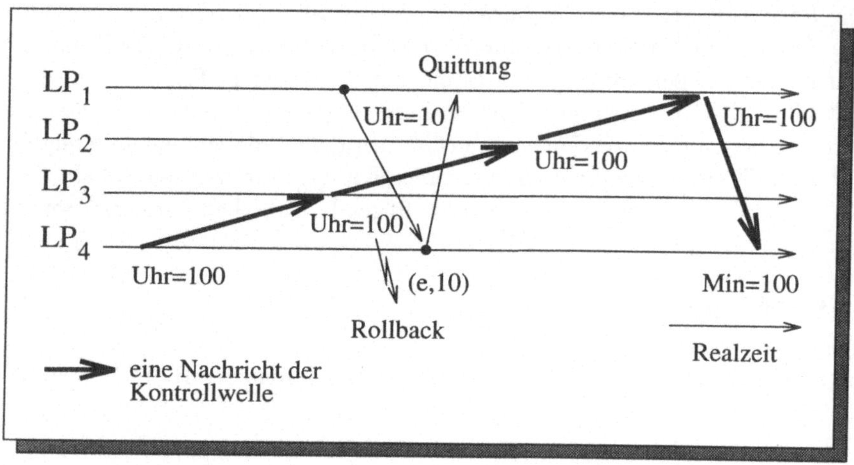

Abbildung 2.17: Täuschung einer Kontrollwelle.

Beispiel. In Abb. 2.17 bekommt die Kontrollwelle zwar die Quittung über den Empfang des Ereignisses e mit Zeitstempel 10 mit, nicht aber den Empfang von e und den dadurch in LP_4 ausgelösten Rollback von der Zeit 100 auf die Zeit 10. Dadurch liefert die Kontrollwelle als akkumuliertes Minimum den Wert 100, obwohl die GVT erst 10 ist. ■

Im GVT-Algorithmus von Samadi wird das im Beispiel gezeigte *Behind-the-back*-Problem [MAT89d] durch eine Färbung aller Nachrichten vermie-

[17] Eine Verallgemeinerung von Kontrollwellen zu Algorithmen, die auf prinzipiell beliebigen Verbindungsnetzen alle Knoten mindestens einmal besuchen und aufgrund der dabei akkumulierten Daten eine bestimmte Entscheidung treffen, führt auf das von Tel eingeführte Konzept der *totalen* Algorithmen [TEL91a].

den: Durch den Zeitpunkt des Besuchs der Kontrollwelle wird in jedem LP eine Grenze zwischen „Vergangenheit" und „Zukunft" definiert. Quittungen aus der Zukunft entsprechen Ereignissen, die durch die Kontrollwelle noch nicht erfaßt wurden. Daher behandelt der Empfänger ein Ereignis, für das eine Quittung aus der Zukunft empfangen wurde, konzeptionell als noch unquittiert, bis die Kontrollwelle das nächste Mal passiert. Das folgende Beispiel veranschaulicht diese Idee.

Beispiel. Alle Nachrichten, die in der „Vergangenheit" gesendet wurden, seien weiß gefärbt; alle Nachrichten, die in der „Zukunft" gesendet werden, seien rot. Durch die Trennung zwischen Vergangenheit und Zukunft erkennt LP_1 in Abb. 2.18 bei Empfang der rot gefärbten Quittung für das Ereignis e, daß der Empfang von e von der Kontrollwelle noch nicht registriert wurde. Konzeptionell wird deswegen der Empfang der Quittung in LP_1 solange ignoriert, bis die Kontrollwelle LP_1 besucht hat. Dadurch gilt das Ereignis e mit Zeitstempel 10 bei Empfang der Kontrollwelle in LP_1 noch als unquittiert und der Zeitstempel 10 fließt in das akkumulierte Minimum mit ein. Als Ergebnis wird die Kontrollwelle das korrekte Minimum 10 liefern. ■

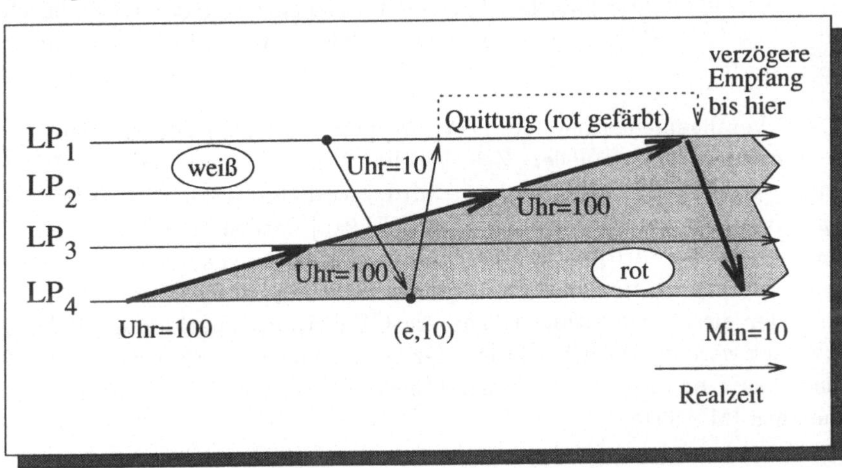

Abbildung 2.18: Eine Kontrollwelle im Verfahren von Samadi.

Wesentlicher Nachteil dieses Verfahrens ist die Quittierung jedes Ereignisses, wodurch die Kommunikationslast allein wegen der GVT-Approximation quasi verdoppelt wird. Das in [LIL90d] vorgeschlagene Verfahren vermeidet diesen Nachteil, indem jeweils nur Blöcke von mehreren versendeten Ereignissen quittiert werden. In [MAT93a] wird das GVT-Approximationsproblem als Schnappschußproblem (siehe [MAT89d]) aufgefaßt und gezeigt, wie beispielsweise durch eine Anpassung des Schnappschußalgorithmus von Chandy und Lamport [CHL85a] das GVT-Problem noch effizienter gelöst werden kann. Insbesondere kommt dieser Algorithmus ganz ohne Quittungen des Empfangs von Ereignissen aus.

Eine interessante, wenn auch nur eingeschränkt praktikable Idee zur GVT-Approximation wurde in [MUE90a] vorgeschlagen. In diesem Ansatz teilt jeder LP jedes ausgeführte und jedes neu erzeugte Ereignis allen anderen LPs durch einen Broadcast mit. Dadurch verwaltet jeder LP konzeptionell eine vollständige Ereignisliste *aller* Ereignisse und kennt somit auch den Zeitstempel des kleinsten noch unverarbeiteten Ereignisses, welcher gerade der GVT entspricht.

Ein weiterer Software-GVT-Algorithmus wird in Kapitel 4 zusammen mit dem SPEEDES-System skizziert [STE91a]. Andere Algorithmen werden in [BAS92a, BCC91b, BSK91a, COK91a, PRE89a, TOG93a] diskutiert. Die meisten dieser Algorithmen sind allerdings sehr kompliziert und nicht als korrekt bewiesen. Von manchen Verfahren ist sogar bekannt, daß sie falsch sind (etwa [PRE89a], in dem das obige Behind-the-back-Problem nicht gelöst wurde).

Eine Verallgemeinerung des GVT-Approximationsproblems, bei der der Wertebereich virtueller Zeit (reelle Zahlen) durch eine beliebig partiell geordnete Menge ersetzt wird, wird als *verteiltes Infimum-Approximationsproblem* bezeichnet. In [TEL91a] werden mehrere Infimum-Approximationsalgorithmen vorgeschlagen, die teilweise gewisse Eigenschaften des Kommunikationsmediums (synchron, asynchron, FIFO etc.) ausnutzen. Jeder dieser Algorithmen kann als GVT-Approximationsalgorithmus verwendet werden. Die Korrektheit der vorgeschlagenen Algorithmen wird formal bewiesen. Für weitere Korrektheitsbeweise von GVT-Algorithmen siehe auch [MMS91a].

Häufigkeit der GVT-Berechnung

Neben der Frage, wie eine untere Schranke der GVT berechnet werden kann, muß für eine Implementierung die Frage geklärt werden, in welchen Abständen jeweils eine GVT-Berechnung gestartet werden soll. Wird die GVT zu selten berechnet, werden z.B. nicht mehr benötigte Ereignisse und Zustandskopien entsprechend spät durch Fossil-collection erkannt und der

Speicherplatz lange Zeit nicht freigegeben. In der Regel scheitert zwar die Simulation in diesem Fall nicht an Speichermangel, aber sie wird möglicherweise länger dauern, etwa wenn häufig der Aufruf von Speicherengpaß-Protokollen erforderlich wird. Wird andererseits die GVT (bzw. genauer eine Approximation der GVT) zu häufig berechnet, steht der Nutzen in keinem Verhältnis zu dem Aufwand für die GVT-Berechnung. In den in der Literatur beschriebenen Verfahren variiert der gewählte Abstand zwischen zwei aufeinanderfolgenden GVT-Berechnungen drastisch. Zeitabstände im Mikrosekundenbereich [REY91a, RPS93a] bis hin zum Sekundenbereich [HBD89a] werden genannt. Eine Berechnung der GVT im Mikrosekundenbereich ist jedoch für die oben genannten Anwendungsfälle unnötig. Um ein Beispiel zu geben, sei die Durchführung von Ausgaben angesprochen. Ausgaben werden in Time-warp so lange gepuffert, bis das die Ausgabe erzeugende Ereignis (und damit auch die Ausgabe) nicht mehr zurückgesetzt werden kann. Dies ist der Fall, wenn die Eintrittszeit dieses Ereignisses kleiner als die GVT ist. Sei nun angenommen, die GVT würde anstatt im Mikrosekundenbereich viel seltener, etwa nur alle 100 ms, berechnet. Erscheint die Ausgabe dadurch 100 ms später auf dem Bildschirm, so fällt dem Benutzer der zeitliche Unterschied in aller Regel überhaupt nicht auf. Ähnliche Argumente lassen sich für die anderen oben genannten Anwendungsfälle der GVT in Time-warp finden. Für viele Anwendungen scheinen infolgedessen GVT-Berechnungen im Sekundenbereich auszureichen, so daß auch der Gesamtaufwand für GVT-Berechnungen entsprechend niedrig gehalten werden kann.

In dem im Kapitel 3 beschriebenen DSL-System wird der Abstand aufeinanderfolgender GVT-Berechnungen sogar bewußt verzögert. Dazu wird nach Berechnung einer GVT-Approximation zu einem beliebigen LP eine Verzögerungsnachricht mit einem ganzzahligen Parameter $k > 0$ gesendet. Bei Empfang dieser Nachricht wird diese gepuffert und der Parameter k mit jedem in diesem LP ausgeführten Ereignis um eins dekrementiert. Sobald $k = 0$ gilt, wird die nächste GVT-Berechnung begonnen. Falls der LP blockiert, bevor k gleich Null ist (z.B. weil keine weiteren Ereignisse in seiner lokalen Ereignisliste vorhanden sind), wandert die Verzögerungsnachricht zu dem nächsten LP auf einem logischen Ring. Dort versucht die Verzögerungsnachricht, die verbleibenden k Ereignisausführungen abzuwarten. Die nächste GVT-Berechnung wird jedoch spätestens nach einem Ringdurchlauf gestartet. Dieses neue Verfahren stellt einen Kompromiß zwischen Gesamtnachrichtenaufwand zur GVT-Berechnung und erzieltem Vorteil einer frühen Neuberechnung der GVT dar. Es paßt sich adaptiv an das

Modellverhalten an, vermeidet zu hohen unnötigen Aufwand und ist einfach zu implementieren. Ein anderes Verfahren, welches adaptiv den Zeitpunkt für die nächste GVT-Berechnung bestimmt, wird in Kapitel 4 zusammen mit dem SPEEDES-Verfahren [STE91a] vorgestellt.

Ein Anwendungsfall, in der eine schnelle GVT-Approximation allerdings sinnvoll sein kann, stellen sogenannte *risikolose* optimistische Simulationsverfahren dar [REY88a]. In diesen Verfahren wird ein Teil der Rollbacks vermieden, indem erzeugte Ereignisse für andere LPs erst dann in die entsprechenden Ereignislisten eingeplant werden, wenn sicher ist, daß die Einplanung nicht mehr zurückgezogen werden muß. Daher erfolgt die Einplanung erst dann, wenn der Zeitstempel des erzeugenden Ereignisses kleiner als die GVT ist und dieses Ereignis somit nicht mehr rückgängig gemacht werden kann.

GVT und das Problem der verteilten Terminierung

In [MMS91a] wird gezeigt, daß das Problem der GVT-Approximation im wesentlichen nicht „schwerer" oder „leichter" ist als das allgemeine Problem der Feststellung der Programmterminierung in verteilten Systemen: Schon Jefferson [JEF85a] erkannte, daß sich mittels eines GVT-Algorithmus leicht die verteilte Terminierung feststellen läßt, indem ein aktiver Prozeß als ein Prozeß mit virtueller Zeit Null betrachtet wird und ein passiver Prozeß als ein Prozeß mit virtueller Zeit ∞. Sobald zu einem Realzeitpunkt die GVT ∞ wird, ist das verteilte System terminiert. (Zu diesem Zeitpunkt sind alle Prozesse passiv, und es sind keine Nachrichten mehr unterwegs, die einen Prozeß wieder aktivieren könnten. Daher ändert sich an diesem Zustand auch nichts mehr.) Umgekehrt wird in [MMS91a] gezeigt, wie aus einem Algorithmus, der die verteilte Terminierung feststellt, systematisch ein GVT-Approximationsalgorithmus konstruiert werden kann. Die wesentliche Idee hierzu besteht darin, zunächst für jeden möglichen virtuellen Zeitwert t, den die GVT potentiell annehmen kann, eine Instanz des vorgegebenen Terminierungserkennungsalgorithmus zu starten. Eine solche Instanz stellt dabei fest, ob es noch unverarbeitete Nachrichten (Ereignisse) e mit Zeitstempel $t_e < t$ gibt.

In der Terminologie von verteilten Terminierungsalgorithmen läßt sich dies genauer wie folgt ausdrücken. Ein logischer Prozeß gilt als (t-)*aktiv*, wenn er ein Ereignis e in seiner Ereignisliste besitzt oder gerade ausführt, dessen Zeitstempel $t_e < t$ ist. Andernfalls ist der Prozeß (t-)*passiv*. Nachrichten, die einen Prozeß wieder (t-)aktivieren, entsprechen erzeugten, aber noch nicht ausgeführten Ereignissen e mit Zeitstempel $t_e < t$. Ein Terminierungsalgorithmus meldet (t-)*Terminierung*, wenn zu einem Realzeitpunkt alle Prozesse (t-)passiv sind und keine Nachrichten mehr unterwegs sind, die einen Prozeß wieder (t-)aktivieren könnten.

Es zeigt sich, daß zu jeder Realzeit τ eine scharfe Grenze t' existiert, derart daß alle Instanzen, die Terminierung bzgl. einer virtuellen Zeit $t \leq t'$ feststellen sollten, bereits „Terminierung" gemeldet haben und alle Instanzen die Terminierung bzgl. $t > t'$ feststellen sollten, noch nicht „Terminierung" meldeten. Da diese Grenze t' gerade dem kleinsten Zeitstempel aller zum Realzeitpunkt τ noch unverarbeiteten Ereignisse entspricht, ist intuitiv klar, daß t' =GVT(τ) gilt. Durch Zusammenfassung der unendlich vielen Instanzen des vorgegebenen Terminierungserkennungsalgorithmus zu einem einzigen (endlich langen) Algorithmus erhält man schließlich eine implementierbare Version des GVT-Approximationsalgorithmus. Als Beispiel wird in dem genannten Artikel diese Transformation für zwei verschiedene Terminierungserkennungsalgorithmen durchgeführt. Tatsächlich stellt sich einer der auf diese Weise konstruierten GVT-Approximationsalgorithmen gerade als der oben skizzierte Algorithmus von Samadi heraus.

B. Fehlerfortpflanzung und ihre Eindämmung

Wie bereits weiter oben erläutert, werden in Time-warp die durch verfrühte Ereignisausführungen erzeugten Ereignisse durch das Versenden von Anti-Ereignissen zurückgezogen. Tatsächlich kann es oft vorkommen, daß Anti-Ereignisse zugehörige normale Ereignisse erst dann neutralisieren, wenn diese bereits ausgeführt wurden und dabei neue Ereignisse erzeugt haben. Löst jedes Anti-Ereignis in diesem Fall einen Rollback im empfangenden LP aus, so entstehen ganze *Kaskaden* von Rollbacks. Denkbar ist sogar, daß eine einzige verfrühte Ereignisausführung auf diese Weise eine endlose Kette von Rollbacks hervorruft und die Simulation infolgedessen nicht terminiert. Abb. 2.19 illustriert diesen *Dog-chasing-its-tail* genannten Effekt [ABR88a, FUJ90a]. (Für Lösungen zu diesem Problem siehe auch [LEW93a].)

Um den Dog-chasing-its-tail-Effekt zu vermeiden, aber vor allem auch, um die Ausbreitung potentiell falscher Folgeereignisse[18] einzudämmen, wurden

[18]Ein Ereignis e' heißt *Folgeereignis* eines Ereignisses e, wenn e' bei der Ausführung

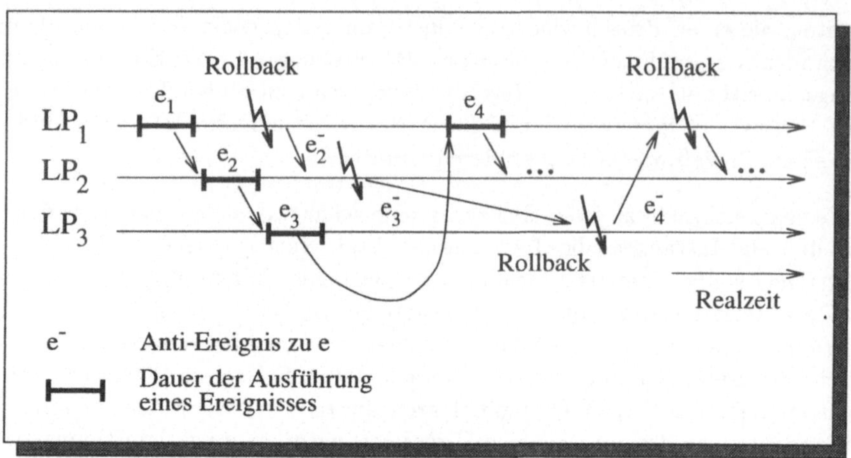

Abbildung 2.19: Eine endlos sich fortsetzende Rollbackkaskade in Time-warp.

viele Ansätze vorgeschlagen. Die Vielfalt der Vorschläge erklärt sich aus dem stark performanzhemmenden Einfluß, der durch die Ausbreitung falscher Folgeereignisse und ihrer Rückgängigmachung hervorgerufen wird. Im folgenden sollen daher die wichtigsten Ideen aufgezeigt werden, mit denen versucht wird, der Ausbreitung entgegenzuwirken.

Ansätze zur Behebung von Rollbackkaskaden

In [MWM88a, MWM89a] wird vorgeschlagen, bei der Auslösung eines Rollbacks die Ausführung aller logischen Prozesse anzuhalten, die potentiell ein zurückzusetzendes Folgeereignis erhalten haben könnten. Anschließend neutralisieren Anti-Ereignisse die zugehörigen normalen Ereignisse und die Simulation kann fortgesetzt werden. Dieses Verfahren wird *Wolf*-Algorithmus genannt. Einerseits begrenzt es das Auftreten von Rollbackkaskaden, da das Einfrieren endlich vieler LPs in endlicher Zeit erfolgt, Rollbackkaskaden sich jedoch prinzipiell endlos fortsetzen könnten. Andererseits reduziert es jedoch die Performanz durch das typischerweise häufige Einfrieren vieler (oft sogar aller) logischer Prozesse.

---

von *e* oder aber bei der Ausführung eines der Folgeereignisse von *e* erzeugt wurde. Unter einem *falschen Folgeereignis* wird ein Folgeereignis verstanden, welches in der restlichen Simulation wieder rückgängig gemacht wird.

Ein alternativer Vorschlag wurde im TWOS-System [JBW87a] realisiert. Hier werden die bei Rollbackkaskaden auftretenden Anti-Ereignisse mit einer höheren Priorität bedient als normale Ereignisse [FUJ89b]. Dadurch kann man hoffen, daß nach endlicher Zeit alle Folgeereignisse verfrühter Ereignisausführungen von ihren Anti-Ereignissen eingeholt und neutralisiert wurden.

Für parallele Simulation läßt sich das Problem aufgrund des physisch gemeinsamen Speichers eleganter mit der *Direct-cancellation*-Methode lösen: Eine Pointerstruktur im physisch gemeinsamen Speicher verwaltet sowohl die Ereignislisten aller LPs als auch die Erzeugungshierachie der Ereignisse. Muß ein Ereignis zurückgesetzt werden, so können atomar alle Folgeereignisse als fehlerhaft markiert und so eine weitere Ausbreitung von Folgeereignissen vermieden werden [FUJ89b].

Ansätze zur Eindämmung von Rollbackkaskaden

Es wurden mehrere Verfahren vorgeschlagen, die die Wahrscheinlichkeit für Rollbackkaskaden durch Senkung des Optimismusgrades zu reduzieren versuchen. Die Grundidee hinter den Verfahren beruht auf der Annahme, daß die Wahrscheinlichkeit der Fehlerfortpflanzung um so höher ist, desto weiter ein LP in der virtuellen Zeit anderen LPs voraus ist. Die Verfahren versuchen auf verschiedenste Weise dafür zu sorgen, daß ein LP nicht beliebig weit in die Zukunft Ereignisse ausführen darf, die Asynchronität andererseits aber auch nicht zu stark eingeschränkt wird.

Im *Moving-time-window*-Verfahren (MTW) beispielsweise wird durch $[GVT, GVT + L]$ ein *Fenster* konstanter Länge L definiert. Jeder LP darf nur Ereignisse mit einem Zeitstempel t ausführen, wenn t in diesem Fenster liegt [SSH89a]. Ein Problem bei diesem Ansatz ist jedoch, eine geeignete Fensterlänge L zu finden. Offensichtlich kann es keine konstante optimale Länge L für alle Modelle geben: Ein einfacher Austausch aller Zeitstempel des Modells durch ein Vielfaches (wie etwa beim Ändern der virtuellen Zeiteinheit von Stunden auf Millisekunden) ändert nichts an dem funktionalen Verhalten des Modells, sorgt aber dafür, daß im Mittel wesentlich weniger Ereignisse Zeitstempel haben, die innerhalb des Fensters liegen [RWJ89a].

Eine naheliegende, aber unveröffentlichte Lösung dieses Problems besteht darin, die Fenstergröße nicht über virtuelle Zeitabstände festzulegen, sondern über die *Anzahl* der Ereignisse. Einem Simulator könnte beispielsweise erlaubt werden, maximal k Ereignisse mit einem Zeitstempel größer als die aktuelle GVT auszuführen. Die Variable k könnte Teil des Zustandsraums jedes LP sein, so daß im Falle von Rollbacks der Wert von k automatisch korrekt zurückgesetzt wird. Natürlich könnte der Wert von k auch adaptiv vom Systemverhalten abhängig gemacht werden.

Im *Filtered-bounded-lag*-Verfahren wird — wie beim MTW-Verfahren — das Zurückhinken („Lag") einzelner LPs durch eine virtuelle Zeitspanne begrenzt [LSW89a]. In *Probabilistic-synchronization* (auch *Concurrent-resynchronization* genannt) lösen LPs in zufällig bestimmten Realzeitabständen einen Rollback einer ganzen Gruppe von LPs aus [MHF92a, MHF93a, MWM91a]. Eine Gruppe von LPs könnte aus allen LPs des Simulators oder auch nur aus solchen LPs bestehen, die häufig miteinander interagieren. Natürlich findet nur dort tatsächlich ein Rollback statt, wo die Simulationszeit des Empfängers größer als die Rücksetzzeit ist. Bei der Durchführung eines Rollbacks auf die Zeit t kann auf das Versenden von Anti-Ereignissen an LPs der gleichen Gruppe verzichtet werden, da bekannt ist, daß alle LPs der Gruppe auf die gleiche Zeit zurücksetzen. Jeder LP der Gruppe löscht lediglich alle Ereignisse, die von LPs der Gruppe zu einer virtuellen Zeit $t' \geq t$ erzeugt wurden. Können während des Gruppenrollbacks Nachrichten unterwegs sein, so muß (etwa durch eine Färbung wie bei dem weiter oben beschriebenen GVT-Algorithmus von Samadi) erkannt werden können, ob diese Nachricht vor oder nach dem Gruppenrollback im sendenden LP erzeugt wurde. Nachrichten, die vor dem Gruppenrollback von einem LP der Gruppe mit Simulationszeit $t' \geq t$ erzeugt wurden, werden ignoriert. Dieses Schema unterscheidet sich von MTW und Filtered-bounded-lag vor allem dadurch, daß LPs durch die Synchronisation nicht blockiert werden.

Ein anderer Ansatz wurde in [AGT91a] für Time-warp vorgeschlagen. Dabei können sich einzelne LPs periodisch Ereignisse einplanen, welche wie eine *Schranke* mit Zeitstempel t wirken. Solange eine solche Schranke in einem LP eingeplant ist, führt dieser keine Ereignisse mehr mit Zeitstempel $t' \geq t$ aus, bis $t = GVT$ gilt. Implementierungstechnisch ist eine Schranke ein Spezialfall sogenannter *NRE-Ereignisse* (*Non-retractable-events*). Ein NRE-Ereignis ist ein Ereignis, dessen Ausführung nicht rückgängig gemacht werden kann; etwa ein Ereignis, welches eine Eingabe vom Benutzer anfordert. Es wird daher erst ausgeführt, wenn seine Eintrittszeit der GVT entspricht. Solange ein NRE-Ereignis mit Zeitstempel t in einem LP eingeplant ist, führt dieser LP keine Ereignisse mehr mit Zeitstempel $t' \geq t$ aus (sie würden in Time-warp ohnehin bei Beginn der Ausführung des NRE-Ereignisses aufgrund des größeren Zeitstempels rückgängig gemacht). Ein NRE-Ereignis, welches bei seiner Ausführung nichts tut, wirkt also wie eine Schranke. Das Einplanen von solchen Schranken könnte leicht an das Systemverhalten gekoppelt werden.

Ein weiteres, adaptives Verfahren stellt das *Penalty-throttling* dar. Bei diesem Verfahren wird immer derjenige LP eines Rechners bevorzugt bedient, der in der Vergangenheit am wenigsten Anti-Ereignisse gesendet hat. Überraschenderweise wurde mit diesem Verfahren jedoch keine nennenswerte Beschleunigung gegenüber reinem Time-warp nachgewiesen [RWJ89a]. Schließlich wurde auch vorgeschlagen, Rollbackkaskaden durch ein geeignetes statisches Mapping-Verfahren (zumindestens geringfügig) einzudämmen [SOS93a]. Bei diesem Verfahren werden möglichst alle diejenigen LPs auf den gleichen Rechner plaziert, die gemäß der Topologie-Beschreibung von dem gleichen LP direkt ein Anti-Ereignis eingeplant bekommen könnten. Die Idee hierbei ist, daß während der Durchführung eines (von einem Anti-Ereignis ausgelösten) Rollbacks in einem LP die anderen LPs des gleichen Prozessors nicht gleichzeitig weitere (möglicherweise falsche) Ereignisse generieren können.

Ansätze zur Vermeidung von Rollbackkaskaden

Die Anzahl der Rollbacks kann drastisch reduziert werden, indem Rollbackkaskaden vermieden werden. Dies läßt sich dadurch erreichen, daß *anderen* LPs immer nur sichere Ereignisse eingeplant werden. Unter einem *sicheren* Ereignis wird ein Ereignis verstanden, welches durch eine Ereignisausführung erzeugt wurde, die bis zum Ende der Simulation nicht mehr rückgängig gemacht wird. Wird ein Ereignis e von einem Ereignis e' erzeugt, so ist e z.B. sicher, sobald die GVT größer ist als die Eintrittszeit von e'. Werden ausschließlich sichere Ereignisse in andere LPs eingeplant, müssen also überhaupt keine Anti-Ereignisse mehr versendet werden. Ohne Anti-Ereignisse können jedoch auch keine Rollbackkaskaden auftreten. Rollbacks hingegen können noch auftreten, etwa wenn zwei sichere Ereignisse in umgekehrter Zeitstempelreihenfolge im gleichen LP eingeplant werden. Beispiele auf dieser Idee beruhender Verfahren sind etwa Time-warp-ohne-Risiko [BEL93a], SRADS/LR [DIR90a], SPEEDES [STE91a, STE92a], LTW [RAT93a] (vgl. Kapitel 4.2.1) sowie spekulative Simulation [MEH91a] (vgl. Kapitel 4.3).

2.3.4 Performanz optimistischer Verfahren

Als typischer Repräsentant optimistischer Verfahren ist die Performanz von Time-warp viel untersucht worden (z.B. [GIL88a, HBD89a, LCU88a, PEW89a, WHF89a]). Aufwand entsteht bei Time-warp vor allem für das Anlegen von Rücksetzinformationen sowie bei der Durchführung von Rollbacks.

Erste analytische Untersuchungen beschränkten sich auf Zweiprozessorsimulationen [FEK91a, MIM84a]. Ein wesentlicher Grund dafür stellten die Schwierigkeiten dar, Rollbackkaskaden zu modellieren. Später kamen k-Prozessor Modelle hinzu [ACD92a, GAF91a, FEK91b, MWM90b]. Ein kurzer Vergleich der analytischen Methoden und Ergebnisse kann in [FUJ90a] gefunden werden. Fujimotos Fazit ist jedoch eher ernüchternd und stellt die Aussagekraft analytischer Methoden zur Untersuchung von Time-warp in Frage [FUJ90a, S. 47]: *„Thus, we see that analytical models can predict anything from extremely good to extremely poor performance depending on what is assumed about the cost of rollback.“*

Empirische Messungen mit Time-warp zeigen in der Regel eine recht gute Performanz. Beispielsweise wurden auf Mark-III-Hypercube-Rechnern ein Speedup von 16 bei 32 Prozessoren für eine Rechnernetzsimulation (*Warpnet*) [PEW89a], ein Speedup von 28 bei 60 Prozessoren für eine Gefechtsfeldsimulation (*STB88*) [WHF89a] oder ein Speedup von 12 bei 32 Prozessoren für eine vereinfachte Verhaltensstudie aus dem Bereich der Biologie (*Antopia*) [EDP89a] erreicht. Diese wie auch die meisten anderen Modelle haben jedoch den Charakter von Spielbeispielen. Eine Ausnahme stellt die in [WRJ92a] beschriebene Untersuchung dar, bei der eine Gefechtsfeldsimulation[19] (CTLS) mit einem Modell in der Größenordnung von 60 000 Zeilen C-Code zweimal funktionell identisch realisiert wurde. Die erste Realisierung wurde speziell auf sequentielle Simulation zugeschnitten; die zweite auf eine parallele Simulation. Für $n = 70$ Prozessoren ergab sich bei diesem Modell ein Speedup von etwa 4 gegenüber sequentieller Simulation. Time-warp kann also für realistische Modelle eine beträchtliche Beschleunigung ermöglichen, auch wenn diese für die Anzahl der Prozessoren vergleichsweise gering ausfällt. In gewissen Grenzen scheint die Performanz von Time-warp auch mit Erhöhung der Prozessorzahl zuzunehmen. So fand

[19] Der Grund dafür, daß in den USA so viele Modelle für verteilte Simulation aus dem militärischen Bereich stammen, ist darauf zurückzuführen, daß viele dieser Untersuchungen von Auftraggebern aus dem Militärbereich gefördert werden.

Fujimoto für ein Hypercube-Simulationsmodell auf einer bis zu 64 Prozessoren großen Butterfly-Maschine einen zunehmenden Speedup bis hin zu einem Wert von 56.8 [FUJ89b]. Natürlich sollte dieser Effekt nicht darüber hinwegtäuschen, daß selbst bei einer beliebig großen Anzahl von Prozessoren der maximal erreichbare Speedup letztendlich durch die im Modell vorhandene Parallelität beschränkt ist.

In vielen Messungen wurde Time-warp mit konservativen Verfahren verglichen. Untersuchungen auf einem Transputer-basierten Mehrprozessorsystem deuten an, daß Time-warp für die meisten Modelle den konservativen Verfahren überlegen ist [PRE90a]. In den Modellen, in denen jedoch viele externe Garantien gegebenen werden können, zeigten sich konservative Verfahren Time-warp überlegen. Diese Ergebnisse wurden ebenfalls für parallele Simulation bestätigt [FUJ89b]. Auch können konservative Verfahren besonders dann besser sein als optimistische, wenn das Modell einen großen Zustandsraum besitzt. Wie weiter oben bereits angesprochen wurde, kann in diesem Fall das häufige Anlegen von Zustandskopien die Performanz optimistischer Simulation erheblich reduzieren.

Kapitel 3

Realisierung verteilter Simulationsexperimente

3.1 Überblick

Unter einem *verteilten Simulationsexperiment* wird die Ausführung eines verteilten Simulationsmodells mit einem verteilten Simulationsverfahren verstanden. Die im Zusammenhang mit diesem Buch durchgeführten Simulationsexperimente dienten vor allem der empirischen Bewertung verschiedener verteilter Simulationsverfahren. Zu diesem Zweck wurde im Fachbereich Informatik der Universität Kaiserslautern in der Zeit von 1989–1993 ein Simulationssystem realisiert. Den Kern des Systems bildet eine leicht erweiterbare Bibliothek mit den zu untersuchenden Simulationsverfahren. Zur Implementierung dieser Verfahren wurde die unter Mithilfe des Autors realisierte verteilte höhere Programmiersprache *CSSA (Computing System for Societies of Agents)* [MAT88c, MEH85a, MEH89a] eingesetzt. Mit der Sprache CSSA stehen zur Beschreibung verteilter Simulationsverfahren neben einer reichen Auswahl von Pascal-ähnlichen programmiersprachlichen Konstrukten vor allem flexible Befehle zum Erzeugen und Verteilen von Prozessen und dem synchronen und asynchronen Versenden von Nachrichten zur Verfügung.

Eine direkte Verwendung von CSSA zur Realisierung von Simulations*modellen* wäre jedoch eher modellierungsunfreundlich: Das Simulationsprogramm müßte an geeigneten Stellen mit Teilen des Simulationsverfahrens sowie mit Code zur Erzeugung der logischen Prozesse und der Verwaltung der Ereignislisten versehen werden. Um den Modellierer von diesem unnötigen Ballast zu befreien, wurde für die Erstellung von verteilten Simulationsmodellen eine eigene Sprache entwickelt. Diese *DSL* (*Distributed Simulation Language*) genannte verteilte Simulationssprache wird mittels eines ebenfalls realisierten Compilers auf CSSA abgebildet.

Bei der Konzeption des Simulationssystems wurde besonders darauf geachtet, daß jedes in DSL spezifizierte verteilte Simulationsmodell von allen Simulationsverfahren ohne Änderung ausgeführt werden kann. Dies ermöglicht einen fairen Vergleich verschiedener Simulationsverfahren bei Ausführung *desselben* Modells. Darüber hinaus erlaubt die Konzeption des DSL-Systems Simulationsmodelle und -verfahren unabhängig voneinander zu realisieren. Beides zusammen macht es zur Untersuchung und Entwicklung verteilter Simulationsverfahren zu einer geeigneten Plattform.

In diesem Kapitel wird das DSL-System und ein Teil der damit durchgeführten Messungen beschrieben. Am Anfang steht eine kurze Einführung in DSL. Begleitend zu den Erläuterungen wird ein kleines Beispielmodell vollständig in DSL spezifiziert, um einen ersten Eindruck von der neu entwickelten Sprache zu vermitteln. Eine ausführliche Beschreibung von DSL einschließlich der vollständigen Syntax kann einer anderen Arbeit des Autors entnommen werden [MEH93b]. Im zweiten Teil dieses Kapitels wird die Meßumgebung beschrieben, die den in diesem Buch angesprochenen Untersuchungen verteilter Simulationsverfahren zugrunde liegt. Dabei wird ein Überblick über die derzeit im DSL-System implementierten Simulationsverfahren und -modelle gegeben. Im dritten Teil dieses Kapitels werden Meßergebnisse zu einigen der in Kapitel 2 skizzierten Simulationsverfahren diskutiert. Weitere mit dem DSL-System durchgeführte Messungen sind in Kapitel 4 und 7 zusammen mit den dort vorgestellten Verfahren und Konzepten zu finden sowie in unter Anleitung des Autors durchgeführten Projekt- und Diplomarbeiten [APE93a, ARM93a, BOC93a, LEO93a, SIM93a, STE93b].

3.2 Die verteilte Simulationssprache DSL

3.2.1 Präambel

Ein DSL-Programm besteht aus zwei Teilen: Einer Menge von *Modelltypbeschreibungen* und einer *Präambel*. Modelltypbeschreibungen spezifizieren das Verhalten logischer Prozesse. Abstrakt kann jeder logische Prozeß als Instanz genau eines Modelltyps verstanden werden. Die Präambel hingegen erlaubt die Beschreibung globaler Aspekte eines Simulationsexperiments. Dazu gehören die Erzeugung von Instanzen von Modelltypen (LPs), deren Plazierung auf Rechner (Mapping) und die Beschreibung der erlaubten Kommunikationsbeziehungen durch Ereignisaustausch (Topologie) oder durch gemeinsame Variablen. Ferner kann optional die Start- und Endezeit der Simulation angegeben werden. Um die Übersetzungszeit größerer Simulationsmodelle zu reduzieren, wurde auf die *getrennte Übersetzbarkeit* von Modelltypbeschreibungen und Präambel geachtet. Soll die Simulation beispielsweise erst zu einer späteren virtuellen Zeit enden, so reicht es, die neue Zeit in der Präambel anzugeben und nur diese neu zu übersetzen.

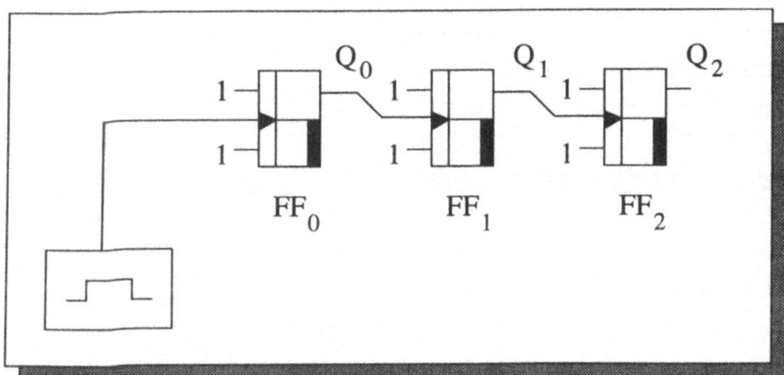

Abbildung 3.1: Eine einfache Schaltung mit drei Flip-Flops.

Beispiel. Die in Abb. 3.1 gezeigte einfache Taktteiler-Schaltung aus drei in Serie geschalteten rückflankengesteuerten J-K-Flip-Flops wird in diesem Kapitel exemplarisch in DSL spezifiziert. Ziel der Simulation sei es, daß Zeitverhalten an den Q-Ausgängen der Flip-Flops unter der Annahme anzuzeigen, daß jedes Flip-Flop nach einer Signallaufzeit von 1 Zeiteinheit bei fallenden Flanken seinen vorigen Zustand ändert. Dies entspricht einem J-K-Flip-Flop mit entsprechender Signallaufzeit, bei dem die J- und K-Eingänge jeweils permanent auf dem logischen Wert 1 liegen. Die Spezifikation der Präambel könnte etwa wie folgt aussehen ('$' leitet eine Kommentarzeile ein; Schlüsselwörter von DSL werden in diesem Buch klein geschrieben):

```
$=============================================================$
$ Praeambel (Datei ff.pre)                                    $
$=============================================================$

$-------------------------------------------------------------$
$ Namen aller Modelltypen                                     $
$-------------------------------------------------------------$
models: TAKT, FLIPFLOP;

$-------------------------------------------------------------$
$ Lokale Deklarationen                                        $
$-------------------------------------------------------------$
const real: SIM_ENDE := 50.0;   $ Endezeit der Simulation
const int : ANZAHL   := 3;      $ Anzahl der Flip-Flops
var   int : I;                  $ Hilfsvariable

$-------------------------------------------------------------$
$ Erzeugung von logischen Prozessen                           $
$-------------------------------------------------------------$
simulator TAKT     : T (SIM_ENDE);
simulator FLIPFLOP : FF[0..ANZAHL-1] (ANZAHL);

$-------------------------------------------------------------$
$ Erlaubte Kommunikationsbeziehungen und Mappings             $
$                                                             $
$ mapm X on I  bewirkt die Zuordnung des logischen Prozesses $
$              X auf denjenigen Rechner, dessen Name in einer$
$              Konfigurationsdatei in der I-ten Zeile steht  $
$ addlink(X,Y) erlaubt dem logischen Prozess X, Ereignisse   $
$              fuer den logischen Prozess Y einzuplanen      $
$-------------------------------------------------------------$
addlink(T,FF[0]);
loop for I in 0 .. (ANZAHL-2) do
   mapm FF[I] on I+1;
   addlink(FF[I], FF[I+1]);
endloop;
```

```
mapm FF[ANZAHL-1] on ANZAHL;
mapm T on ANZAHL+1;

$-----------------------------------------------------------$
$ Sonstiges                                                 $
$-----------------------------------------------------------$
simulation starts at 0.0 ends at SIM_ENDE;
```

In der Präambel werden zunächst die Namen aller zum Gesamtmodell gehörenden Modelltypen benannt (`models`-Klausel). Dieses Modell besteht aus zwei Modelltypen: einem Taktgenerator-Typ (TAKT) und einem Flip-Flop-Typ (FLIPFLOP). Es folgt ein nur innerhalb der Präambel sichtbarer Deklarationsteil. Hier können Konstanten, Variablen, benutzerdefinierte Typen sowie Funktionen und Prozeduren spezifiziert werden. Damit lassen sich komplexe Ausdrücke eines Typs X bilden, die in der restlichen Präambel überall dort stehen dürfen, wo eine Konstante oder Variable des Typs X stehen dürfte. Anschließend können in der `simulator`-Klausel Instanzen aller in der `models`-Klausel genannten Modelltypen erzeugt werden. Wie weiter oben erwähnt wurde, kann jede Instanz als ein logischer Prozeß aufgefaßt werden. Im Beispiel wird daher zunächst ein logischer Prozeß T des Modelltyps TAKT generiert und diesem als Parameter die Endezeit der Simulation übergeben. In der zweiten `simulator`-Klausel wird ein eindimensionales *Feld* von Instanzen des Typs FLIPFLOP angelegt. In DSL werden bis zu dreidimensionalen Feldern von LPs unterstützt. Im Gegensatz zu der folgenden Spezifikation

```
simulator FLIPFLOP: FF0(ANZAHL), FF1(ANZAHL), FF2(ANZAHL);
```

läßt sich durch die Benutzung eines Feldes das gesamte Simulationsmodell *generisch* für ANZAHL viele in Serie geschaltete Flip-Flops realisieren. Der Parameter ANZAHL wird jedem Element des Feldes übergeben[1]. Schließlich folgt ein optionales Mapping der erzeugten logischen Prozesse auf Rechner (`mapm`-Befehle), die Spezifikation der Topologie (`addlink`-Befehle) und die Angabe der Anfangs- und Endezeit der Simulation. ■

[1] Alternativ könnte jeder LP auch selbst die Anzahl der Flip-Flops aus den Feldgrenzen des Feldes $FF[\ ]$ ableiten; Dimension und Feldgrenzen von Feldern sind in DSL über spezielle Sprachkonstrukte direkt zugreifbar.

3.2.2 Modelltypbeschreibung

3.2.2.1 Definitionsmodule

Ein verteilter Simulator besteht aus einer Menge von logischen Prozessen, deren Verhalten in Modelltypbeschreibungen festgelegt wird. Eine *Modelltypbeschreibung* besteht aus einem *Definitionsmodul* und einem *Implementierungsmodul.* Analog zu *Modula-2* [WIR83a] stellt ein Definitionsmodul eine Schnittstellenbeschreibung dar. Eine Schnittstelle zu einem ereignisgesteuert arbeitenden LP besteht im wesentlichen aus einer Beschreibung der diesem LP einplanbaren Ereignisse. Das Verhalten der Ereignisse spielt hierbei jedoch keine Rolle; es wird erst im Implementierungsmodul beschrieben.

Beispiel. In der Simulation der Schaltung aus Abb. 3.1 werden FLANKE_1_0-Ereignisse vom Taktgenerator T an das Flip-Flop $FF[0]$ sowie von $FF[i]$ an $FF[i+1]$ eingeplant. Jedes dieser Ereignisse repräsentiert das Eintreten eines Flankenwechsels vom logischen Wert 1 nach 0 am Takteingang des empfangenden Flip-Flops. Die bei Erhalt eines solchen Flankenwechsels durchzuführenden Aktionen sind in der Ereignisroutine „FLANKE_1_0“ im Implementierungsmodul FLIPFLOP spezifiziert. Da einem Flip-Flop solche Ereignisse von anderen LPs eingeplant werden sollen, wird im Definitionsmodul des Modelltyps FLIPFLOP der Name (und gegebenenfalls die Parameterliste und die dabei verwendeten benutzerspezifizierten Typen) dieses Ereignisses aufgeführt und damit exportiert. Entsprechend muß ein LP, der FLANKE_1_0-Ereignisse an Flip-Flops einplanen will, dieses Definitionsmodul innerhalb seines Implementierungsmoduls importieren.

Das Definitionsmodul für den Modelltyp FLIPFLOP ist unten angegeben. Ein Definitionsmodul für den Modelltyp TAKT ist nicht erforderlich, da kein LP einem LP vom Typ TAKT Ereignisse einplanen kann.

```
$==========================================================$
$ Definitionsmodul des Modelltyps FLIPFLOP                 $
$                                                          $
$ (Datei flipflop.def)                                     $
$==========================================================$
eventhead FLANKE_1_0;
```

■

3.2.2.2 Implementierungsmodule

Ein Implementierungsmodul enthält im wesentlichen die Beschreibung des Zustandsraums eines LP und die Codierung verschiedener Ereignisroutinen. Die zwei speziellen Ereignisroutinen `start` und `finish` werden automatisch vor Beginn bzw. nach Ende der Simulation durch einen LP ausgeführt, sofern diese Routinen in diesem definiert wurden. Dadurch können LPs gezielt initialisiert werden und am Ende der Simulation Statistiken ausgeben. Innerhalb von Ereignisroutinen können allgemeine und simulationsspezifische Sprachkonstrukte verwendet werden.

Allgemeine Sprachkonstrukte. Eine Ereignisroutine kann (mit wenigen Ausnahmen) den vollen Sprachumfang der in [MAT88c] beschriebenen höheren verteilten Programmiersprache CSSA nutzen. Insbesondere stehen Befehle zur Durchführung von Arithmetik, Stringverarbeitung, Mengenverarbeitung, Pointerzugriffen, Prozeduraufrufen, Funktionsaufrufen sowie verschiedene flexible Kontrollstrukturen zur Verfügung. Zur Ein- und Ausgabe werden DSL-eigene Befehle angeboten (`getint`, `getreal`, `getstring` und `out`), da diese Befehle in manchen Simulationsverfahren (wie etwa in Timewarp) besonders behandelt werden müssen. Daneben existiert eine Schnittstelle zu der Programmiersprache C [KER78a], so daß in Ereignisroutinen auch extern definierte C-Funktionen und -Prozeduren aufgerufen werden können.

Simulationsspezifische Sprachkonstrukte. DSL bietet eine Reihe von simulationsspezifischen Sprachkonstrukten an. Grob lassen sich diese in drei Gruppen einteilen. Neben Konstrukten zum Erzeugen und Verwalten von Ereignissen gibt es vielfältige Konstrukte zum Übertragen von Benutzerwissen an den Simulator sowie eine Reihe häufig benötigter Hilfsfunktionen für ereignisgesteuerte Simulation.

Der wichtigste Befehl der ersten Gruppe ist der `schedule`-Befehl. Mit ihm kann ein Ereignis zu einer bestimmten Simulationszeit in einem LP eingeplant werden. Die Simulationszeit ist dabei eine reelle Zahl, die um eine benutzerdefinierte *Priorität* ergänzt werden kann. Von zwei Ereignissen mit der gleichen Eintrittszeit entscheidet diese Priorität über die Ausführungsreihenfolge. Sind Eintrittszeiten und Prioritäten zweier Ereignisse gleich, entscheidet DSL intern über die Ausführungsreihenfolge nach dem in Kapitel 5 vorgestellten deterministischen Tie-breaking-Verfahren. Rückgabewert des `schedule`-Befehls ist eine eindeutige Kennung des neu erzeugten Ereignisses.

Solche Kennungen können über Parameter von Ereignissen an andere LPs weitergeleitet werden. Sie werden benötigt, um ein bereits erzeugtes Ereignis nachträglich wieder zu annullieren (`cancel`-Befehl), oder bereits eingeplante Ereignisse mit einer neuen Eintrittszeit zu versehen (`reschedule`-Befehl).

Die zweite Gruppe simulationsspezifischer Sprachkonstrukte enthält eine Reihe neuartiger Befehle, die es dem Modellierer ermöglichen, dem Simulator Wissen über das Modell mitzuteilen. Hierdurch kann in Experimentserien untersucht werden, inwieweit solches Wissen zur Leistungssteigerung verteilter Simulation beitragen kann. Beispielsweise kann in DSL *Lookaheadinformation* spezifiziert werden, von der für konservative Verfahren bereits bekannt ist, daß sie entscheidenden Einfluß auf die Performanz ausübt (vgl. Kapitel 2). Zu Befehlen der zweiten Gruppe gehören vor allem die `guarantee`-, `mst`- und `link on/off`-Befehle, die im folgenden kurz skizziert werden.

Mit dem `guarantee`-Befehl können LPs explizite Garantien im Sinne des in Kapitel 2 definierten Garantiebegriffs versenden. Im Gegensatz zum `guarantee`-Befehl, der eine *absolute* Garantie erzeugt und versendet, lassen sich mit dem `mst`-Befehl[2] Garantien *relativ* zur aktuellen Simulationszeit eines logischen Prozesses erzeugen. Wird etwa der folgende Befehl in einem Ereignis mit Eintrittszeit t in einem logischen Prozeß LP_i ausgeführt

```
mst 10.0 valid until 100.0 for all;
```

so wird LP_i mitgeteilt, daß alle von ihm zu einer Simulationszeit $t_x \in [t, 100)$ für einen beliebigen anderen LP erzeugten Ereignisse eine Eintrittszeit größer oder gleich $t_x + 10.0$ besitzen werden. Das folgende Beispiel soll die Wirkung des `mst`-Befehls veranschaulichen.

Beispiel. Über ein Fließbandsystem werden Werkstücke von einer Bearbeitungsstation zur nächsten transportiert (Abb. 3.2). Die Station A (Station B) werde durch einen logischen Prozeß LP_A (LP_B) simuliert, der Ereignisse der Art „bearbeite das Werkstück X“ eingeplant bekommen kann. Sei die minimale Bearbeitungszeit der Station A für alle der von ihr zu bearbeitenden Werkstücke m Zeiteinheiten und dauere die Beförderung von Werkstücken von Station A nach Station B mindestens b Zeiteinheiten. Der Modellierer weiß dann, daß LP_A zu einer beliebigen Simulationszeit t keine

[2] `mst` steht für *Minimal-service-time.*

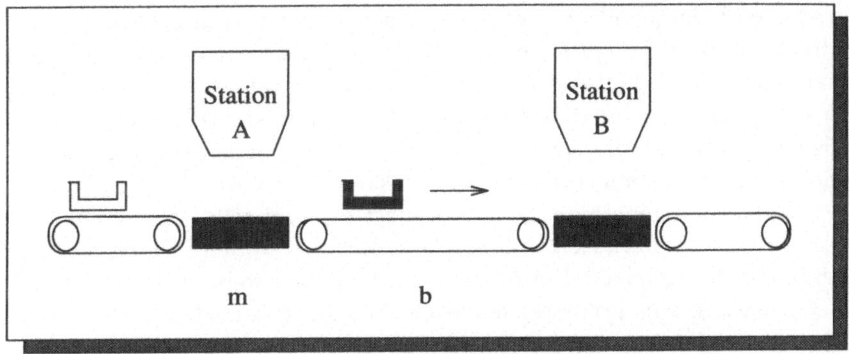

Abbildung 3.2: Ein Beispiel zur Erläuterung des `mst`-Befehls.

weiteren Ereignisse für LP_B erzeugen wird, deren Eintrittszeit $t' < t+(m+b)$ ist. Dies bedeutet, daß zu jedem Simulationszeitpunkt t in LP_A $t + (m + b)$ eine Garantie darstellt, die LP_A an LP_B senden könnte. Um dies dem Simulator mitzuteilen, führt LP_A in einem Ereignis (in diesem Fall am besten im `start`-Ereignis) folgenden `mst`-Befehl aus:

`mst` $(m + b)$ `valid until` ∞ `for` LP_B;

Bemerkenswert an diesem Befehl ist vor allem, daß er auch eine Wirkung zeigt, während ein LP *keine* Ereignisse ausführt. ■

Mit dem `link off`-Befehl können alle Ereignisse, die über einen bestimmten Kanal empfangen werden, ignoriert werden, bis für diesen Kanal ein `link on`-Befehl ausgeführt wird. Ein einfaches Beispiel, bei dem diese Art von Garantie sinnvoll eingesetzt werden kann, ist die Simulation eines ODER-Gatters mit zwei Eingängen. Der Empfang eines Ereignisses an einem Gattereingang repräsentiere einen neuen Signalpegel an diesem Eingang. Solange an einem der Gattereingänge ein logisches 1-Signal anliegt, hängt das Verhalten am Ausgang des Gatters nicht mehr von dem zweiten Eingang ab; Ereignisse am zweiten Gattereingang können daher solange ignoriert werden [SOG92a]. Ähnliche Konstrukte sind in der Literatur vor allem für den Bereich der VLSI-Simulation[3], aber auch für die verteilte Simulation von

[3]Dies wurde unter den verschiedensten Bezeichnungen getan, wie etwa *Register-desensitization* oder *Valid-time* in [SOG91a], *Intervallmethode* in [TOM90a] oder *Ignore-input-until* in [PLH88a].

Petri-Netzen[4] vorgeschlagen worden. Eine neue interessante Idee, Lookaheadinformationen in *optimistischen* Verfahren auszunutzen, ist mit einer Variante des `schedule`-Befehls möglich. Dort kann anstelle eines Zeitpunkts auch ein virtuelles *Eintrittsintervall* angegeben werden. Damit drückt der Modellierer aus, daß die Ausführung eines solchen Ereignisses irgendwann *innerhalb eines Zeitintervalls* stattfinden kann. Diese Art der Einplanung von Ereignissen erinnert an die zeitgesteuerte Simulation, in der *alle* Ereignisse innerhalb gewisser Zeitintervalle ausgeführt werden. Durch die Abschwächung der genauen Eintrittszeit wird beispielsweise bei Time-warp eine Einsparung von Rollbacks erwartet. Allerdings kann bei Verwendung dieses Befehls die Reproduzierbarkeit nicht mehr garantiert werden.

Schließlich enthält die dritte Gruppe simulationsspezifischer Sprachkonstrukte in DSL diverse Unterstützungsfunktionen. Dazu gehört etwa der `terminate`-Befehl, mit dem ein einzelner logischer Prozeß in Abhängigkeit seines lokalen Zustands die Beendigung des gesamten Simulationsexperiments auslösen kann. Des weiteren gibt es Built-in-Funktionen, mit denen etwa die aktuelle Simulationszeit (`time`-, `priority`-Befehl) oder der Index eines LP innerhalb eines Feldes (`index`-Befehl) erfragt werden können. Vor allem sind in dieser Gruppe jedoch verschiedene Zufallszahlengeneratoren für Gleich-, Exponential-, Erlang- und Normalverteilung zu nennen. Für die Realisierung der Zufallszahlengeneratoren wurde auf bewährte Standardverfahren zurückgegriffen [NEE87a, PAG91a, PAM88a] (siehe auch [MSP93a] für eine Diskussion des in [PAM88a] vorgestellten Verfahrens).

Als Beispiel für die Spezifikation von Implementierungsmodulen in DSL sei abschließend eine mögliche Realisierung der Modelltypen TAKT und FLIPFLOP für die Simulation der in Abb. 3.1 gezeigten Schaltung angegeben.

Beispiel. Mit Erhalt einer Rückflanke am Takteingang (Ereignis FLANKE_1_0) plant sich jedes Flip-Flop ein Ereignis REAGIERE mit einer Verzögerung von 1 Zeiteinheit lokal ein. Die Verzögerung entspricht der zu simulierenden Signallaufzeit im Flip-Flop. In dem Ereignis REAGIERE wird der alte Zustand geeignet ausgegeben und der Zustand gewechselt. Falls dieser Wechsel den Q-Ausgang von 1 auf 0 setzt, wird eine Rückflanke an den Takteingang des nächsten Flip-Flops in der Kette propagiert. Das Ereignis REAGIERE wird nur lokal benötigt und wird daher nicht in die Schnittstellenbeschreibung aufgenommen.

---

[4] Etwa das *Selective-receive*-Konstrukt in [THZ91a].

```
$==============================================================$
$ Implementierungsmodul des Teilmodells TAKT (Datei takt.dsl)$
$==============================================================$
modeldef TAKT (real: SIM_ENDE) is

$--------------------------------------------------------------$
$ Importieren der Schnittstellenbeschreibung                   $
$ (Dadurch wird das Ereignis 'FLANKE_1_0' bekannt.)            $
$--------------------------------------------------------------$
import FLIPFLOP;

$--------------------------------------------------------------$
$ Lokale Deklaration                                           $
$--------------------------------------------------------------$
uses instances: FF[];          $ jeder Bezeichner muss deklariert
                               $ werden, bevor er benutzt wird
var int: I;                    $ Hilfsvariable
$--------------------------------------------------------------$
$ START Ereignis                                               $
$--------------------------------------------------------------$
start is
   loop for I in 0..ROUND(SIM_ENDE) do
     schedule FLANKE_1_0 at FLOAT(I) on FF[0];
   endloop;
endstart;
endmodeldef;

$==============================================================$
$ Implementierungsmodul des Teilmodells FLIPFLOP               $
$                                                              $
$ (Datei flipflop.dsl)                                         $
$==============================================================$
modeldef FLIPFLOP (int: ANZAHL_FF) is
import FLIPFLOP;       $ importiere das Definitionsmodul
uses instances: FF[];  $ deklariere die Benutzung des Bezeich-
                       $ ners FF; die offenen Klammern zeigen
                       $ an, dass es sich bei diesem Bezeichner
                       $ um ein Feld handelt
```

```
$-------------------------------------------------------------$
$ Lokale Deklarationen                                        $
$-------------------------------------------------------------$
const real :  FF_DELAY  := 1.0;    $ Verzoegerung in jedem FF
var   int  :  BIT       := 0;      $ initialer Zustand des FF
var   model:  NAECHSTES_FF;        $ naechstes FF in der Kette
var   real :  AB        := 0.0;    $ Zeit, ab der der Zustand
                                   $ des Flip-Flops noch aus-
                                   $ gegeben werden muss
procedure OUTPUT (real: VON; real: BIS; int: WERT) is
var int: I;
-----------                        $ Ende Deklarationsteil
   loop for I in ROUND(VON)..ROUND(BIS) do
      if (WERT=0) then out("  |");
                  else out("     |");
      endif;
   endloop;
endprocedure;
$-------------------------------------------------------------$
$ Zwei Ereignisroutinen                                       $
$-------------------------------------------------------------$
eventdef REAGIERE is
   call OUTPUT(AB, time-1.0, BIT);  $ Ausgabe des bisherigen
                                    $ FF-Zustands
   BIT := BIT+1;                    $ wechsele den FF-Zustand
   out("  +--+  ",time);            $ Ausgabe der Aenderung
                                    $ des Wertes
   if (BIT=2)
      then BIT := 0;                $ Wechsel von 1->0
           schedule FLANKE_1_0 at time on NAECHSTES_FF;
   endif;
   AB := time;
endeventdef;
eventdef FLANKE_1_0 is              $ 1->0 Flankenwechsel am
   schedule REAGIERE at time+FF_DELAY on self; $ Takteingang
endeventdef;
$-------------------------------------------------------------$
$ START/FINISH Ereignisse                                     $
$-------------------------------------------------------------$
```

```
start is
   var int : I1,I2,I3;    $ Felder sind maximal dreidimensional
   var bool: OK;
   -------------------    $ erfrage eigenen Index im Feld FF[]:
   call index(self) -> (I1,I2,I3,OK);
   out("Q[", I1, "]:");
   if I1 < ANZAHL_FF-1    $ initialisiere Variable NAECHSTES_FF
      then NAECHSTES_FF := FF[I1 + 1];
      else NAECHSTES_FF := nomodel;
   endif;
endstart;
finish is
   out("Ende der Simulation erreicht zur Zeit ", time);
endfinish;
endmodeldef;
```

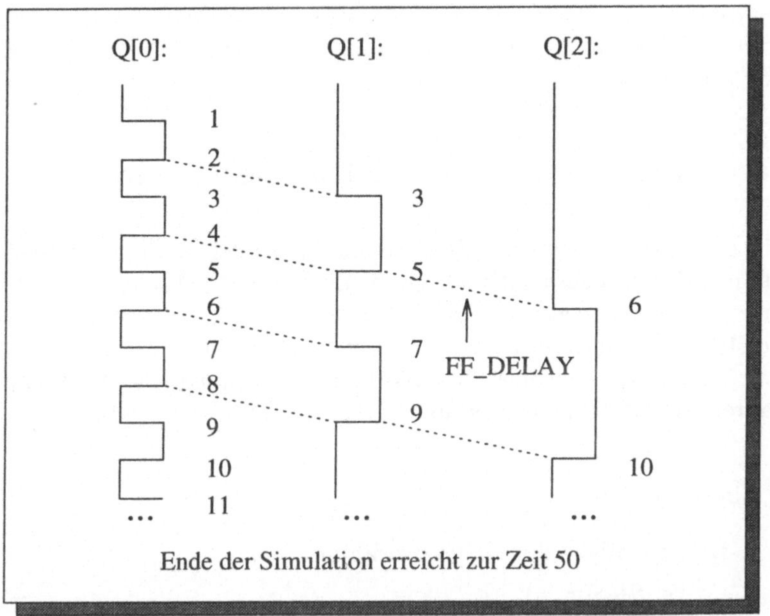

Abbildung 3.3: Ausgaben bei der Simulation obiger Flip-Flop-Schaltung.

Die Ausführung dieses DSL-Programms führt auf die in Abb. 3.3 gezeigten Ausgaben. ■

3.3 Messungen mit dem DSL-System

3.3.1 Die Meßumgebung

Alle mit dem DSL-System durchgeführten Messungen fanden auf ein bis acht SUN-Sparc-Rechnern (ELCs) der Universität Kaiserslautern statt. Diese Rechner sind über ein Ethernet miteinander verbunden und kommunizieren ausschließlich durch Nachrichtenaustausch. Auf diesen Rechnern wurde das Betriebssystem UNIX eingesetzt. Um die Meßergebnisse nicht durch die Arbeiten anderer Benutzer der Rechenanlage zu verzerren, wurden alle Messungen in der Nacht durchgeführt. Zusätzlich wurde die Last[5] der verwendeten Rechner zu Beginn jeder Messung mitprotokolliert. Messungen, bei denen nicht alle verwendeten Rechner eine vernachlässigbare Last (< 0.5) hatten, wurden zu einem späteren Zeitpunkt wiederholt. Außerdem wurden Messungen mehrfach wiederholt, um Streuungen in der ermittelten Gesamtlaufzeit der Simulation zu erkennen, die sich beispielsweise auf unterschiedliche Nachrichtenlaufzeiten zurückführen lassen. Solche Streuungen waren jedoch typischerweise gering.

3.3.2 Verfahrens- und Modellbibliothek für DSL

Ein in DSL spezifiziertes verteiltes Simulationsmodell kann mit verschiedenen sequentiellen, konservativen, optimistischen und hybriden Simulationsverfahren ausgeführt werden. Der folgende Überblick zeigt, welche Verfahren und Simulationsmodelle z.Zt. verfügbar sind. Alle Simulationsverfahren verwenden das in Kapitel 5 vorgestellte deterministische Tie-breaking-Verfahren, so daß Simulationen unter DSL reproduzierbar ablaufen.

A. Simulationsverfahren

1. Sequentielle Simulationsverfahren

   - *SeqSim*
     Um die Effizienz verteilter Simulationsverfahren beurteilen zu können, wurde ein sequentieller Simulator realisiert.

[5] Unter *Last* wird hier die Anzahl der Prozesse verstanden, die sich im Mittel in der letzten Minute um den Prozessor beworben haben. Die Last eines Rechners wurde mittels dem UNIX-Befehl `uptime` ermittelt.

Wie bei verteilten Simulationsverfahren kann dieser alle in DSL spezifizierten Simulationsmodelle ausführen, ohne Änderungen am Modell vornehmen zu müssen. Die generelle Arbeitsweise des sequentiellen Simulators wurde in Kapitel 1 beschrieben. Zur Ereignislistenverwaltung kann wahlweise die gleiche Methode wie bei den verteilten Verfahren verwendet werden oder eines der z.Zt. besten Verfahren zur Ereignislistenverwaltung sequentieller Simulation: das *Calendar-queue*-Verfahren von Brown [BRO88a]. Calendar-queues führen ein dynamisches Hashing durch und erreichen so für die meisten sequentiellen Simulationsmodelle einen Ein- und Ausfügeaufwand von $O(1)$. Im (eher seltenen) schlimmsten Fall ist ihr Aufwand allerdings $O(n)$ [RRA93a].

2. Konservative verteilte Verfahren

   - *LPBlocks*
     Ein LP im LPBlocks-Verfahren versendet bestmögliche Garantien nur dann, wenn er *blockiert*, d.h., wenn er nach Ausführung eines Ereignisses kein neues ausführbares Ereignis vorfindet. Darüber hinaus werden erzeugte Ereignisse erst eingeplant, wenn deren Zeitstempel implizite Garantien darstellen [FUJ88c].
   - *ProcessorBlocks*
     Das ProcessorBlocks-Verfahren unterscheidet sich von LPBlocks, indem LPs bestmögliche Garantien nur dann versenden, wenn der zugrundeliegende Prozessor blockiert, d.h., wenn alle diesem Prozessor zugeordneten LPs blockieren [APE93a].
   - *Flooding*
     Ein LP im Flooding-Verfahren versendet im Gegensatz zu einem LP in LPBlocks frühestmöglich bestmögliche Garantien [MIS86a].
   - *HybridFlooding*
     HybridFlooding ist ein hybrides konservatives Verfahren, bei dem GVT-Garantien versendet werden, wenn sich alle LPs verklemmt haben [CHM81a]. Dies sichert die korrekte Ausführbarkeit der Simulation. Zusätzlich wird der Grad ausnutzbarer Parallelität erhöht, indem dieses Verfahren mit einer Abschwächung des Flooding-Verfahrens kombiniert wird. Bei dieser Abschwächung werden jeweils nur begrenzt

viele bestmögliche Garantien frühestmöglich versendet. Der Grad der Begrenzung läßt sich durch einen *HopCount* genannten Parameter variieren (neu).

- *AdaptiveFlooding*
  Eine Variante des HybridFlooding-Verfahrens, bei dem der HopCount-Parameter sich adaptiv an das Systemverhalten anpaßt (neu).
- *HybridDemandRequest*
  Hybrides konservatives Verfahren, bei dem GVT-Garantien versendet werden, wenn sich alle LPs verklemmt haben [CHM81a]. Zusätzlich werden Garantien angefordert, wenn ein LP blockiert. Kann ein LP eine Garantieanfrage nicht sofort befriedigen, weil er dazu weitere Garantien von anderen LPs benötigt, so werden von diesem LP entsprechende Folgegarantieanfragen gestellt (vgl. Kapitel 2). Das Versenden von Folgegarantieanfragen wird in diesem Verfahren jedoch begrenzt, indem maximal eine einzige Anforderungsnachricht über jeden Kanal versendet werden kann, bis die von diesem LP empfangenen Garantien ausreichen, um das nächste Ereignis auszuführen, oder bis die letzte Anforderungsnachricht beantwortet wurde. Dies vermeidet gleichzeitig das zyklische Weiterleiten von Folgegarantieanfragen (neu).

3. Optimistische verteilte Verfahren
   - Time-warp mit Aggressive-cancellation [JEF85a].
   - In Vorbereitung: Time-warp mit Lazy-cancellation [RFB90a].
4. Hybrid-konservativ-optimistische Verfahren
   - Spekulative Simulation
     Dieses neue Verfahren ist in mehreren Varianten implementiert. So können wahlweise ein oder mehrere der folgenden Optionen eingestellt werden (vgl. Kapitel 4):
     - Wahl des Testverfahrens:
       * Flagtest,
       * TEST B und Flagtest.
     - Aktivierung des Filters (Vorgabe des Parameters α).
     - Bei nicht-spekulativen Ereignisausführungen: Versendung ungarantierter Ereignisse unmittelbar nach ihrer Erzeugung.

- Varianten bei der Behandlung eines in einem logischen Prozeß LP_i während einer spekulativen Ereignisausführung für LP_j erzeugten Ereignisses e. Folgende Alternativen stehen zur Verfügung:
  * Einplanung von e in LP_j, sobald sich die e erzeugende Spekulation als korrekt erweist (d.h., sobald e nicht mehr annulliert werden kann).
  * Einplanung von e unmittelbar nach dessen Erzeugung, falls e in die eigene Ereignisliste eingefügt werden soll (d.h. $LP_i = LP_j$); andernfalls Einplanung von e, sobald sich die e erzeugende Spekulation als korrekt erweist.
  * Einplanung von e in LP_j direkt nach dessen Erzeugung.

B. Simulationsmodelle

1. Generische, realistische Straßenverkehrssimulation [LEO93a]
2. Simulation einer hypothetischen Fabrik [ARM93a]
3. Künstliche Modelle (skalierbare, geschlossene Warteschlangennetze mit Torus- oder zyklischer Baumstruktur) [APE93a]

3.4 Simulationsexperimente

In diesem Abschnitt werden einige typische Messungen hybrid-konservativer Simulationsverfahren an einem Torusmodell diskutiert. Weitere Messungen verteilter Simulationsverfahren werden in den folgenden Kapiteln jeweils zusammen mit den dort vorgestellten Methoden beschrieben. Messungen *konservativer* Verfahren an anderen Modellen können darüber hinaus auch den durch den Autor betreuten Projektarbeiten entnommen werden [APE93a, ARM93a, LEO93a].

Das *Torusmodell* ist ein künstliches Modell aus 16 logischen Prozessen. Jedem LP werden zu Beginn der Simulation 40 Ereignisse in seine Ereignisliste eingeplant. Jedes Ereignis erzeugt jeweils ein weiteres Ereignis für einen gleichverteilt ausgewählten Nachbarn. Abb. 3.4 gibt die Topologie und das gewählte Mapping wieder. Gleiche Zahlen in einem Kreis deuten die Zuordnung der entsprechenden LPs auf den gleichen Rechner an. Die Torustopo-

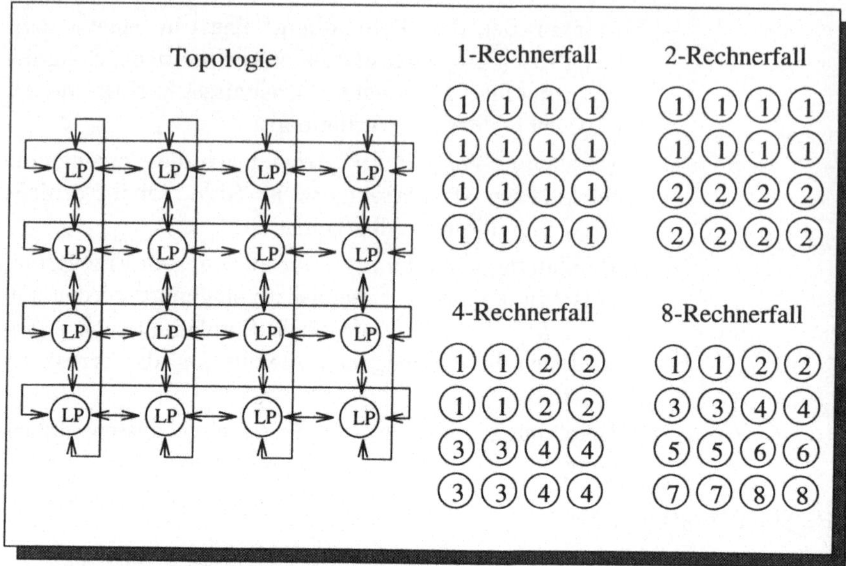

Abbildung 3.4: Topologie und Mapping des Torusmodells.

logie wurde gewählt, da in ihr keine inhärenten Flaschenhälse auftreten, die bei einer Auswertung der Performanzergebnisse zu berücksichtigen wären. Außerdem weist diese Struktur viele Zykel auf und stellt somit vor allem für konservative Simulationsverfahren einen Härtefall dar.

Wie Abb. 3.5 zeigt, führt das konservative LPBlocks-Verfahren das Torusmodell am schnellsten aus. Die Idee, Kontrollnachrichten einzusparen, indem die bestmöglichen Garantien nicht bei Blockade eines LP, sondern bei Blockade eines Prozessors propagiert werden (ProcessorBlocks), schneidet geringfügig schlechter ab als LPBlocks. Hybridflooding und HybridDemandRequest sind meist deutlich schlechter als LPBlocks. Erstaunlicherweise zeigt das Flooding-Verfahren, welches extensiv Garantien versendet, im 8-Rechnerfall gute Ergebnisse. Zum Teil kann dies darauf zurückgeführt werden, daß sich das Versenden von Garantien erst auszahlt, wenn viele Prozessoren verfügbar sind.

Dem Torusmodell liegt ein Lookahead von 0,9 zugrunde. Die Performanz konservativer Verfahren wird in vielen Fällen stark reduziert, wenn der Modellierer weniger externes Wissen an den Simulator weiterreicht. Um diese

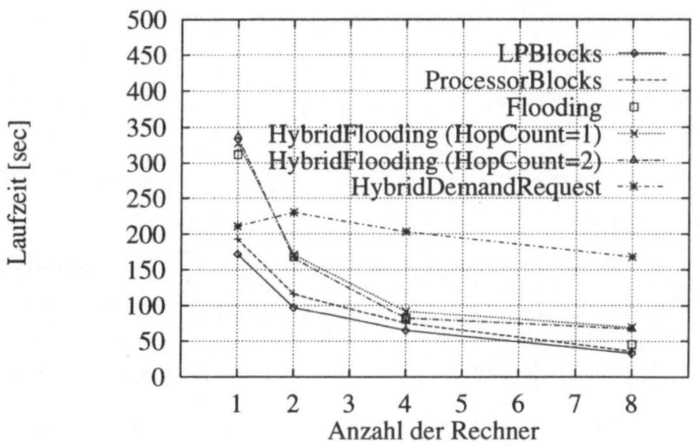

Abbildung 3.5: Konservative Verfahren bei Ausführung des Torusmodells.

Aussage zu bestärken, wurde das gleiche Torusmodell bei einem Lookahead von 0,1 untersucht. Durch die Senkung des Lookaheads können nur noch kleinere Garantien gegeben werden. Dies führt bei den Messungen der Verfahren, die automatisch bestmögliche Garantien versenden, typischerweise dazu, daß wesentlich mehr Garantien versendet werden, die letztlich nicht benötigt werden. Dadurch senkt sich die Performanz. In Verfahren, die nur benötigte Garantien anfordern und daher auch nur benötigte Garantien versenden, muß durch die Senkung des Lookaheads jedoch im Mittel länger gewartet werden, bis eine angeforderte Garantie zugesagt werden kann. Mit dem HybridDemandRequest-Verfahren wurden die größten Performanzeinbußen gemessen (Abb. 3.6, links). Die Senkung des Lookaheads führte hier zu einem relativ häufigen verklemmen der LPs. Wie Abb. 3.6 (rechts) zeigt, trat bei einem Lookahead von 0,9 im Schnitt etwa alle 80 Ereignisse ein Deadlock ein, wohingegen bei einem Lookahead von 0,1 bereits etwa alle 7 Ereignisse ein Deadlock eintrat. Das Warten auf das Eintreten globaler Verklemmungen und deren Behebung erwies sich als relativ teuer. Noch teuerer wird es dadurch, daß nach einer Behebung zunächst einmal nur ein einziger LP weiterrechnet. Da in allen hybrid-konservativen Verfahren im schlimmsten Fall gewartet wird, bis ein Deadlock eintritt, haben diese Verfahren generell schlecht abgeschnitten. Das Reduzieren der Anzahl der

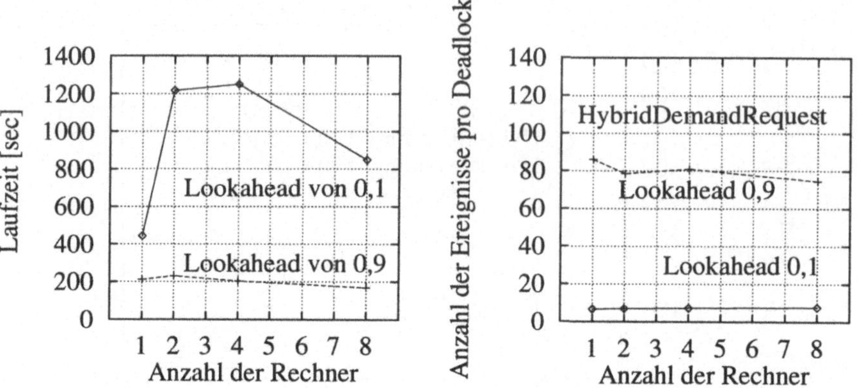

Abbildung 3.6: Laufzeit und Deadlockverhältnis bei Lookahead 0,1 bzw. 0,9.

Garantienachrichten auf Kosten möglicher Deadlocks muß also als ungünstig gewertet werden. Abb. 3.6 (links) zeigt noch einen weiteren Effekt. Die Performanz des HybridDemandRequest-Verfahrens ist auf einem einzigen Rechner besser als auf mehreren Rechnern. Ein Grund dafür könnte sein, daß das Erkennen und Beheben von Verklemmungen auf einem einzelnen Rechner effizienter abläuft als auf mehreren.

Um den Speedup $\frac{T_{seq}}{T_n}$ verteilter Simulation zu ermitteln, wurde ein sequentieller Simulator implementiert, der alle in DSL spezifizierten Modelle ausführen kann. Der Simulator arbeitet wie in Kapitel 1 beschrieben. Er kann wahlweise das gleiche Verfahren wie in den verteilten Simulationsmethoden verwenden, um seine zentrale Ereignisliste zu verwalten (verkette Liste), oder aber das Calendar-queue-Verfahren [BRO88a]. Für logische Prozesse eines verteilten Simulators stellen verkettete Listen eine gute Datenstruktur zur Ereignislistenverwaltung dar, weil die Ereignisliste in einem LP typischerweise nicht viele Ereignisse enthält. Bei sequentieller Simulation hingegen gibt es nur eine einzige zentrale Ereignisliste, die alle Ereignisse aufnimmt. Aus diesem Grund ist bei sequentieller Simulation davon auszugehen, daß die Ereignisliste viele Ereignisse enthält. Für diesen Fall sind verkettete Listen ineffizient; Calender-queues hingegen sehr effizient. Tabelle 3.1 zeigt, welchen großen Einfluß die Wahl der Ereignislistenverwaltung auf die Effizienz sequentieller Simulation ausübt: Die mittlere Einfügelänge eines neuen Ereignisses in die Calendar-queue beträgt für das Torusmodell

12,39. Es müssen als im Mittel zwischen 12 und 13 bereits in der Ereignisliste abgespeicherte Ereignisse angefaßt werden, bevor das neue Ereignis sortiert eingefügt werden kann. Für das Einfügen eines neuen Ereignisses in die verkettete Liste sind dies jedoch im Mittel über 500. So erklärt sich, daß der Simulator mit Calendar-queue in diesem Beispiel um einen Faktor 10 schneller als der auf einer verketteten Liste aufbauende Simulator ist. Die Laufzeit sequentieller Simulation wurde bei Messungen mit dem DSL-System daher immer durch den Simulator mit Calender-queue ermittelt.

	Sequentieller Simulator	
	Calendar-queue	verkettete Liste
Ausführungszeit [Sekunden]	36	360
Anzahl ausgeführter Ereignisse	2752	2752
Anzahl eingefügter Ereignisse	3392	3392
Anzahl ausgefügter Ereignisse	2752	2752
maximale Länge der Ereignisliste	656	656
mittlere Länge der Ereignisliste	590	590
mittlere Einfügelänge	12,39	538,55
mittlere Ausfügelänge	1,05	1
Anzahl Listenreorganisationen	8	0

Tabelle 3.1: Sequentielle Simulation des Torusmodells.

Abb. 3.7 (links) zeigt den aus den Meßdaten der Abb. 3.5 errechneten Speedup verteilter Simulation gegenüber dem sequentiellen Simulator. Der „Speedup" stellt sich für dieses Beispiel tatsächlich als „Slowdown" heraus. Ein wesentlicher Grund für den Slowdown ist in dem Verhältnis des Berechnungsaufwands zum Kommunikationsaufwand zu sehen. In diesem Modell besteht der Berechnungsaufwand eines Ereignisses lediglich im Generieren eines Folgeereignisses für einen zufällig gewählten Nachbarn; demgegenüber steht die verhältnismäßig teuere Synchronisation der Ereignisse mit Nachrichten. Um diese Hypothese zu bestätigen, wurde ein weiteres Experiment mit dem Torusmodell durchgeführt. Hierbei wurde in jedes Ereignis eine Zeitverzögerung eingebaut, die erhöhten Berechnungsaufwand simuliert. Dadurch erhöht sich das Verhältnis von Berechnungs- zu Kommunikationsaufwand. Abb. 3.7 (rechts) zeigt das Ergebnis. Die Laufzeit des verteilten Simulators wurde mit der Laufzeit des sequentiellen Simulators (mit Calendar-queue) verglichen. Es wurde ein Speedup von über 4 bei

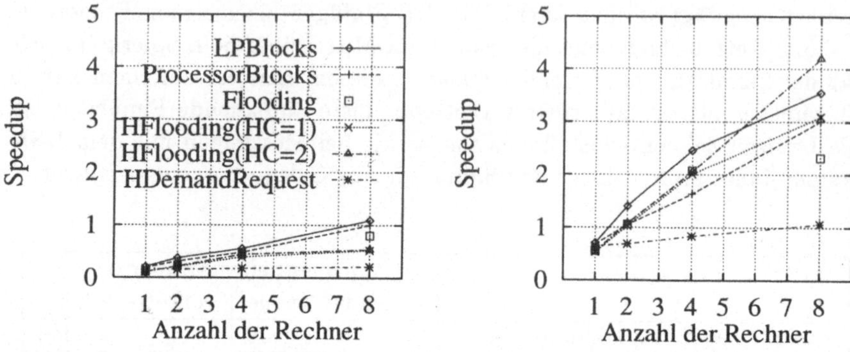

Abbildung 3.7: Speedup bei Ausführung des Torusmodells mit niedrigem bzw. hohem Verhältnis Berechnungsaufwand/Kommunikationsaufwand.

8 Rechnern erhalten, wobei die sequentielle Simulation nun 337 Sekunden benötigte. Das Ergebnis legt den Schluß nahe, daß verteilte Simulation eine erhebliche Beschleunigung sequentieller Simulation leisten kann, falls zum einen der Kommunikationsaufwand im Vergleich zum Berechnungsaufwand einzelner Ereignisse hinreichend klein ist, und zum anderen das Modell hinreichend viel Parallelität enthält. Darüber hinaus scheint bei einer hinreichenden Prozessorzahl und einem Kommunikationsmedium mit hoher Bandbreite eine Beschleunigung auch für solche Modelle möglich, in denen extrem viele Ereignisse kausal unabhängig voneinander sind.

Kapitel 4

Hybride Methoden

4.1 Überblick

In Kapitel 2 wurden grundlegende Verfahren der verteilten Simulation vorgestellt. Es wurde gezeigt, daß konservative Methoden Kausalitätsverletzungen a priori vermeiden und insbesondere dann gute Erfolge liefern, wenn das Modell genügend externes Modellwissen bereitstellt. Optimistische Methoden hingegen kommen auch ohne solches Modellwissen aus. Sie lassen Kausalitätsverletzungen zu, korrigieren sie jedoch a posteriori. Leistungsgewinn ist in optimistischen Verfahren insbesondere dann möglich, wenn im Verlauf der Simulation nur wenige Rücksetzungen auftreten und der Aufwand für Rücksetzvorgänge gering ist. Leistungsmessungen an konkreten Modellen belegen, daß keines dieser Verfahren optimal für *alle* Modelle ist. So gibt es Modelle, die wesentlich schneller mit konservativen Methoden simuliert werden können als mit optimistischen, sowie solche, wo das Umgekehrte zutrifft [LIM90a, PRE90a]. Für ein gegebenes Modell ist es schwierig, im voraus das geeignetste Simulationsverfahren zu wählen. Ein attraktiver Ansatz scheint daher die Suche nach *universellen* Verfahren, welche idealerweise für kein Modell einen „Slowdown", für die meisten Modelle aber einen Speedup gegenüber sequentieller Simulation liefern.

Auf der Suche nach einem solchen Verfahren liegt es nahe, die Vorteile konservativer und optimistischer Verfahren zu übernehmen, aber gleichzeitig zu versuchen, die Nachteile dieser Verfahren zu vermeiden. Dies führt zur Klasse *hybrider* Simulationsverfahren. In diesem Buch werden hybride

Verfahren erstmals weiter als *horizontal-* oder *vertikal-hybrid* charakterisiert. Bei horizontal-hybriden Verfahren koexistieren konservative und optimistische Ansätze. Beispielsweise könnte ein Teil aller LPs konservativ arbeiten, die restlichen LPs jedoch optimistisch. Bei vertikal-hybriden Verfahren verwenden alle LPs das gleiche zwischen rein konservativ und rein optimistisch angesiedelte Simulationsverfahren. Neben einer kurzen Diskussion der wichtigsten hybriden Verfahren und deren Einordnung in dieses neue Schema wird die durch den Autor entwickelte *spekulative Simulation* [MEH91a] ausführlich besprochen und mit konservativen und optimistischen Verfahren verglichen.

4.2 Allgemeine Betrachtungen

4.2.1 Horizontal-hybride Verfahren

In diesem Buch werden zwei Grundformen hybrider Verfahren unterschieden, die als *horizontal-* bzw. *vertikal-hybrid* bezeichnet werden. Horizontal-hybride Ansätze verwenden in der gleichen Simulation mehrere verschiedene Simulationsverfahren nebeneinander. Beispielsweise könnte in einem solchen Simulator ein Teil aller LPs nach einer konservativen Strategie arbeiten, alle übrigen jedoch nach einer optimistischen (Abb. 4.1).

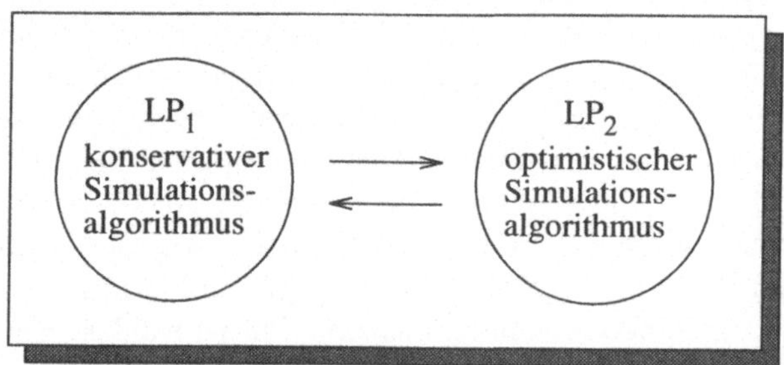

Abbildung 4.1: Ein horizontal-hybrider verteilter Simulator aus zwei LPs.

Für verteilte Simulation wurde die Grundidee horizontal-hybrider Ansätze mehrfach angeregt [ARS92a, PRR88a, REY88a]. Im Prinzip ist diese Idee jedoch schon viel älter. Unter dem Schlagwort „*kombinierte Simulation*" wurden schon seit langem zwei Klassen *sequentieller* Simulationsmethoden — diskrete und kontinuierliche — auf einer Ebene miteinander kombiniert (siehe z.B. [SCH81a]). So ist es auch nicht verwunderlich, daß eines der ersten horizontal-hybriden *verteilten* Simulationsverfahren eine diskret ereignisgesteuerte konservative Methode mit einem Verfahren für kontinuierliche Simulation kombiniert [HAD88a]. Auch Verfahren, die konservative ereignisgesteuerte Simulation mit zeitgesteuerter Simulation kombinieren, wurden vorgeschlagen [CGH93a]. Algorithmisch ist dabei vor allem das Zusammenspiel der jeweils zugrundeliegenden Basismechanismen interessant. Als Beispiel einer der wenigen horizontal-hybriden verteilten Verfahren wird im folgenden die in [RAT93a] kürzlich vorgeschlagene *Local-time-warp*-Methode (*LTW*) kurz skizziert.

Im LTW-Verfahren wird die Menge aller LPs in *Gruppen* von mindestens zwei logischen Prozessen eingeteilt. Alle LPs innerhalb der gleichen Gruppe arbeiten nach dem Time-warp-Verfahren (Abb. 4.2). Jede Gruppe besitzt zwei *Schnittstellen* (*Gateways*) zu anderen Gruppen. Alle Ereignisse, die durch LPs einer Gruppe i für LPs anderer Gruppen erzeugt werden, werden in der *Ausgangsschnittstelle* der Gruppe i gepuffert und später über FIFO-Kanäle an die *Eingangsschnittstelle* der Empfängergruppen versendet. Ereignisse werden erst dann von einer Gruppe an eine andere weitergeleitet, wenn sie sicher (d.h. nicht mehr annullierbar) sind. Zu diesem Zweck wird ein konservatives Synchronisationsprotokoll eingesetzt. Prinzipiell könnte ein beliebiges der in Kapitel 2 vorgestellten konservativen Protokolle verwendet werden. In dem genannten Artikel wurde ein Protokoll vorgeschlagen, welches periodisch bestmögliche Garantien zwischen den Gruppen austauscht. Zusätzlich werden Garantien implizit versendet. Ereignisse werden deshalb solange in einer Ausgangsschnittstelle gepuffert, bis sie kanalweise in monoton steigender Zeitstempelreihenfolge versendet werden können. Um sicherzustellen, daß alle erzeugten Ereignisse auch nach endlicher Zeit gesendet werden, wird angenommen, daß die Vorhersehbarkeitsforderung für zwischen Gruppen versendeten Ereignissen erfüllt ist, d.h., daß die Summe der Lookaheads auf allen Zykeln jederzeit positiv ist.

Bei der Berechnung von Garantien können alle in Kapitel 2 vorgestellten Garantie-Arten berücksichtigt werden. Eine für dieses Verfahren besonders wichtige Garantie-Art ist die gruppeninterne GVT, die sogenannte *CVT* (*Cluster-virtual-time*). Analog der lokalen Uhrzeit eines einzelnen LP in einem konservativen Verfahren kann die CVT der i-ten Gruppe (CVT_i) als „Gruppen-Uhrzeit“ aufgefaßt werden, welche im restlichen Verlauf der Simulation von keinem LP der i-ten Gruppe mehr unterschritten wird. Folglich kann die Ausgangsschnittstelle der i-ten Gruppe den Wert von CVT_i

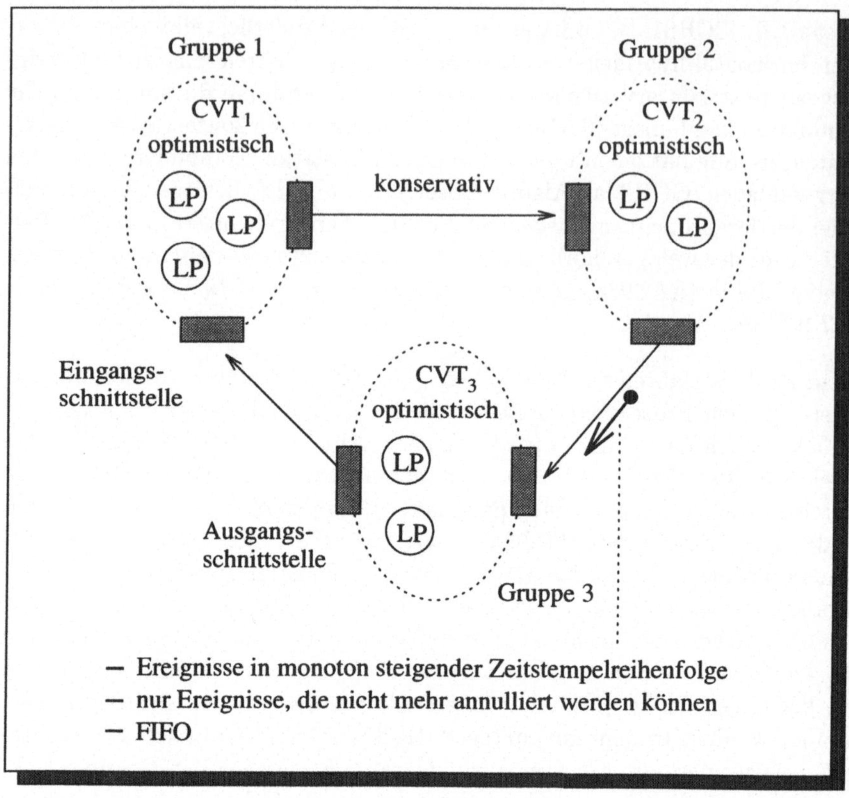

Abbildung 4.2: LTW: Eine horizontal-hybride Simulationsmethode.

jederzeit an alle anderen Gruppen als Garantie versenden. Gleichzeitig kann die CVT_i für alle LPs der i-ten Gruppe die Rolle der GVT des Time-warp-Verfahrens übernehmen. So werden etwa Ausgaben an den Benutzer solange gepuffert, bis ihr Erzeugungszeitpunkt kleiner als die aktuelle CVT_i ist.

Die CVT_i zur Realzeit τ ist definiert als das Minimum der virtuellen Zeiten U_i, E_i, IN_i zur Realzeit τ, wobei

- U_i das Minimum der Uhrzeiten aller LPs der Gruppe i ist,
- E_i das Minimum der Zeitstempel derjenigen Ereignisse ist, die von einem LP der Gruppe i für andere LPs der Gruppe i zur Zeit τ bereits erzeugt, aber noch nicht ausgeführt wurden und

- IN_i das Minimum der Garantien ist, die die i-te Gruppe zur Zeit τ von allen anderen Gruppen bereits empfangen hat.

Ereignisse, die LPs der Gruppe i für LPs anderer Gruppen erzeugen, werden durch CVT_i nicht berücksichtigt, da sie das Voranschalten der Uhren eines LP in der Gruppe i nicht direkt beeinflussen können.

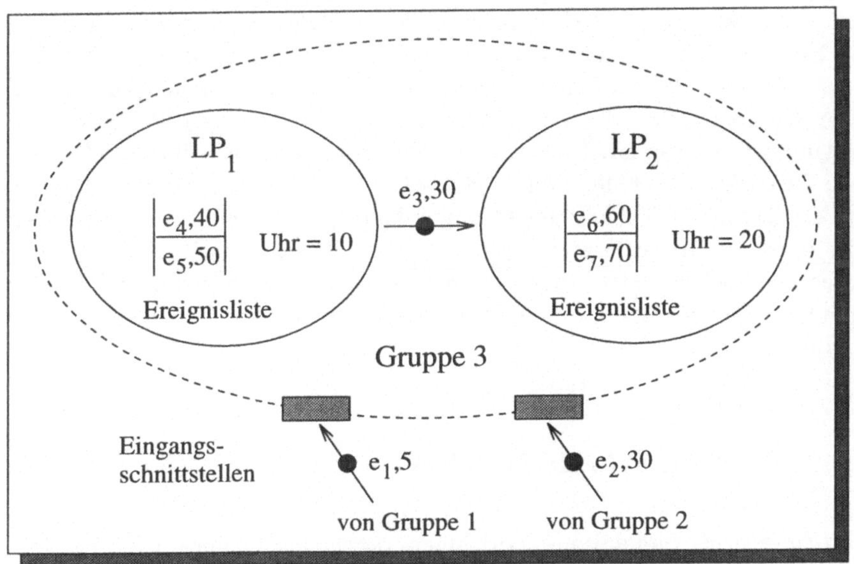

Abbildung 4.3: Ein Beispiel zur Berechnung der CVT.

Beispiel. Abb. 4.3 zeigt die Gruppe 3 eines aus drei Gruppen bestehenden Simulators bei der Ausführung eines Simulationsmodells. Diese Gruppe erhält von anderen Gruppen keine Ereignisse mehr eingeplant mit einer Eintrittszeit kleiner als $min\{5, 30\} = 5$, da die Zeitstempel der empfangenen Ereignisse e_1 und e_2 eine implizite Garantie darstellen. Also ist $IN_3 = 5$. Innerhalb der Gruppe 3 ist lediglich ein einziges Ereignis gerade unterwegs. Das Minimum E_3 aller erzeugten, aber noch unverarbeiteten Ereignisse ist daher $min\{30, 40, 50, 60, 70\} = 30$. Schließlich ist $U_3 = min\{10, 20\} = 10$. Also ist zum betrachteten Realzeitpunkt $CVT_3 = min\{U_3, E_3, IN_3\} = 5$. ■

Wesentlicher Vorteil dieser hybriden Methode ist, daß sich Rollbackkaskaden nicht über Gruppengrenzen hinweg ausbreiten; dadurch kann die Anzahl der an der gleichen Rollbackkaskade beteiligten LPs durch eine geeignete Gruppenbildung begrenzt werden. Dies schließt natürlich noch nicht eine zyklische, sich endlos fortpflanzende Rollbackkaskade innerhalb einer Gruppe aus (Dog-chasing-its-tail-Effekt). Da eine Gruppe in der Regel jedoch nur einen kleinen Teil aller LPs des Simulators umfaßt, könnte hier ein Einfrieren aller LPs einer Gruppe für die Dauer der Annullierung falscher Ereignisse (etwa wie im Wolf-Algorithmus [MWM88a]) durchaus eine sinnvolle Methode sein, um Endlos-Rollbackkaskaden effizient zu vermeiden. Schließlich ist ein weiterer Vorteil dieses hybriden Verfahrens darin zu sehen, daß die Berechnung einer Approximation des Zeitstempelminimums innerhalb einer Gruppe (CVT) wesentlich schneller erfolgen kann, als die Berechnung einer Approximation des Zeitstempelminimums aller LPs (GVT), wie sie in Time-warp nötig ist. Hinzu kommt der positive Nebeneffekt, daß zu einem Realzeitpunkt τ der Wert von $CVT(\tau)$ höher sein kann als der Wert von $GVT(\tau)$, da CVT nur eine Gruppen-Garantie über eine Teilmenge aller LPs darstellt. Beide letztgenannten Aspekte erlauben u.U. durch Fossil-collection Speicherplatz früher als in Time-warp freizugeben, so daß der Simulator für eine Simulation möglicherweise mit weniger Speicherplatz auskommt als Time-warp.

4.2.2 Vertikal-hybride Verfahren

Vertikal-hybride Simulationsalgorithmen verwenden in allen LPs des verteilten Simulators das gleiche hybride Synchronisationsschema. Dieses stellt eine Mischung aus optimistischen und konservativen Verfahren dar. Ohne andere hybride Methoden aufzuzeigen, wird in [AAB89a] die Grundidee hybrider (in unserer Terminologie vertikal-hybrider) Verfahren so beschrieben, daß ein LP nach Ausführung eines Ereignisses solange damit wartet, sein nächstes Ereignis auszuführen, bis eine Boole'sche Bedingung B erfüllt ist. Die beiden Extrema der dadurch beschriebenen Klassen vertikal-hybrider Verfahren ergeben sich für die Fälle: B = „das nächste Ereignis ist garantiert“ (rein konservative Methode) oder B = `true` (rein optimistische Methode). Leider wird in dem genannten Artikel nicht näher auf sinnvolle Bedingungen für B eingegangen. Auch scheint diese Charakterisierung zu rudimentär, um die Vielfalt vertikal-hybrider Verfahren vollständig darstellen zu können.

Im folgenden werden zwei konkrete vertikal-hybride Methoden kurz skizziert, die ausgehend von einem optimistischen Verfahren Ideen konservativer Verfahren einfließen lassen. Anschließend wird ausführlich ein drittes vertikal-hybrides Verfahren diskutiert, die sogenannte spekulative Simulation, welche umgekehrt von einem konservativen Verfahren ausgeht und Ideen optimistischer Methoden einfließen läßt.

In *Adaptive-time-warp* wird zusätzlich zu Time-warp ein Garantie-Austauschschema eingesetzt [BAH90a]. Auf diese Weise können garantierte und ungarantierte Ereignisse unterschieden werden. Dies wird ausgenutzt, indem einem LP für eine reale Zeitdauer B untersagt wird, ungarantierte Ereignisse auszuführen. Für den Fall $B = 0$ würde somit das Time-warp-Verfahren und für $B = \infty$ ein rein konservatives Verfahren resultieren. Der Wert von B wird aus der Anzahl der Rücksetzvorgänge pro Zeiteinheit ermittelt, die in dem LP während der bisherigen Ausführung auftraten. Da B sich üblicherweise zwischen beiden Extremwerten einstellen wird, ist dieses Verfahren als vertikal-hybrid anzusehen. Die Hybridität paßt sich dabei adaptiv an das bisherige Systemverhalten an.

In dem *SPEEDES* oder auch „variable Zeitintervalle" (*Breathing-time-buckets*) genannten Verfahren führt jeder LP fortlaufend alle lokalen Ereignisse chronologisch aus [STE91a, STE92a]. Dabei erzeugte Ereignisse für den eigenen LP werden sofort, erzeugte Ereignisse für andere LPs dagegen erst mit Erhalt der nächsten GVT-Approximation eingeplant. Bis dahin werden die letztgenannten Ereignisse in einer LP-lokalen Liste L gespeichert. Die in SPEEDES notwendige GVT-Berechnung wird von einer Zentrale durchgeführt. Zur Berechnung der GVT erhält diese von jedem logischen Prozeß LP_i eine Mitteilung, sobald die Simulationszeit in LP_i größer oder gleich dem aktuellen Minimum M_i der Zeitstempel aller Ereignisse in dessen Liste L ist. Die Mitteilungsnachricht enthält auch den Wert von M_i. Sobald die Zentrale von allen LPs diese Nachricht empfangen hat, können im restlichen Verlauf der Simulation keine Ereignisse mehr mit Eintrittszeit $t < \min_i\{M_i\}$ erzeugt werden. Dies ist jedoch offensichtlich gleichbedeutend damit, daß die GVT gleich $\min_i\{M_i\}$ ist. Infolgedessen sendet die Zentrale den Wert dieses Minimums als neue GVT-Approximation an alle logischen Prozesse. Bei Empfang der neuen GVT entfernt jeder LP alle Ereignisse mit einer Erzeugungszeit (Send-time) $t < GVT$ aus seiner Liste L und plant diese Ereignisse den empfangenden LPs ein. Die Einfachheit der GVT-Berechnung in dieser Simulationsmethode ist vor allem darauf zurückzuführen, daß während der GVT-Berechnung keine Ereignisse auf dem Kommunikationsmedium unterwegs sein können.

Beispiel. Abb. 4.4 veranschaulicht die Arbeitsweise dieses interessanten Simulationsalgorithmus. Nach einer GVT-Berechnung seien das Ereignis e_1 in LP_1 und die Ereignisse e_2, e_3, e_4 in der Ereignisliste von LP_2 eingeplant. Der Einfachheithalber seien ferner die Indizes gleichzeitig die Eintrittszeiten der Ereignisse. Bei der Ausführung von e_1 werde e_7 für LP_1 und e_8 für LP_2 erzeugt. Da e_7 ein lokales Ereignis ist, wird es direkt lokal eingeplant und schließlich ausgeführt; e_8 hingegen wird in der lokalen Liste L gepuffert. Anschießend blockiert LP_1, da seine Ereignisliste leer ist. Dies bedeutet, daß er seine Simulationszeit auf ∞ setzt und folglich alle Ereignisse mit Eintrittszeit $t < M_1 = 8$ ausgeführt hat. Aus diesem Grund teilt LP_1 „$M_1 = 8$“ an die Zentrale mit.

LP_2 führt e_2, e_3 und e_4 aus und erzeugt dabei das Ereignis e_5 für LP_1 und e_6 für sich selbst. Mit Beginn der Ausführung von e_6 sind in LP_2 alle Ereignisse mit kleinerem Zeitstempel als $M_1 = 5$ ausgeführt worden, und LP_2 teilt „$M_2 = 5$“ an die Zentrale mit.

Die Zentrale berechnet nun die neue GVT-Approximation durch $min\{M_1, M_2\} = min\{8, 5\} = 5$ und propagiert dieses Minimum anschließend an alle LPs. Diese planen daraufhin alle Ereignisse aus ihren Listen L mit kleinerer Send-time als 5 den entsprechenden LPs ein. Mit Erhalt von e_5 führt LP_1 einen Rollback auf die Zeit 5 durch und führt anschließend e_5 und e_7 aus. In LP_2 findet dagegen beim Empfang von e_8 kein Rollback statt. ■

Das Hybride an diesem Verfahren wird wie folgt deutlich. Das Verfahren hat eine entfernte Ähnlichkeit mit konservativen Verfahren, indem es anderen LPs nur sichere (d.h. nicht mehr annullierbare) Ereignisse einplant. Dazu werden GVT-Garantien verwendet, derart daß Verletzungen der Kausalität a priori reduziert werden. Umgekehrt ist das Verfahren aber auch optimistisch, da ein LP immer umgehend das lokal nächste Ereignis ausführt. Wenn der Zeitstempel eines ausgeführten Ereignisses sich im Nachhinein größer als die nächste GVT herausstellt (wie bei e_7 im obigen Beispiel), so sind *lokale* Rücksetzvorgänge notwendig. Daher müssen wie bei Timewarp entsprechende Rücksetzinformationen (wie etwa Kopien des lokalen Zustandsraums) fortlaufend angelegt werden. Anti-Ereignisse sind jedoch nicht erforderlich, da nur sichere Ereignisse ausgetauscht werden. Ein Nachteil dieser Methode offenbart sich für solche Simulationsmodelle, in denen zwischen zwei aufeinanderfolgenden GVT-Berechnungen nur wenige Ereignisse auszuführen sind: Hier muß die GVT unverhältnismäßig oft berechnet

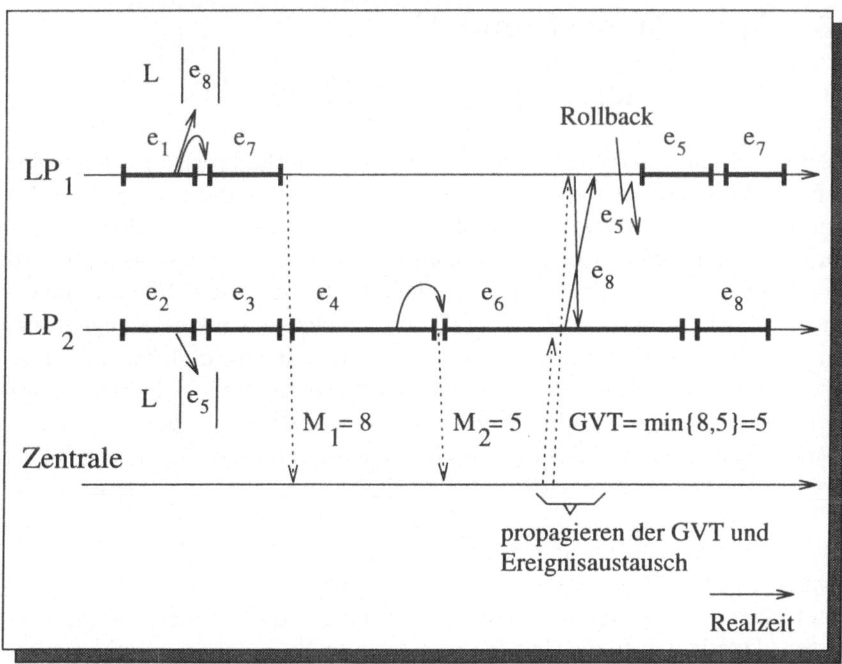

Abbildung 4.4: Ereignisausführung durch das SPEEDES-Verfahren.

werden. Dies kann die Effizienz der Simulation senken, wie in [BEL93a] gezeigt wird. Im Vergleich zu Time-warp unterscheidet sich SPEEDES in folgenden drei Punkten wesentlich:

- Es ist weniger optimistisch, da anderen LPs nur sichere Ereignisse eingeplant werden.
- Es treten keine Rollbackkaskaden auf, weil keine Anti-Ereignisse benötigt werden.
- Der GVT-Approximationsalgorithmus ist einfacher, weil Ereignisse nur zu bestimmten Zeiten über das Kommunikationsmedium ausgetauscht werden können und so das Behind-the-back-Problem (vgl. Seite 62) nicht auftritt.

4.3 Spekulative Simulation

4.3.1 Das Grundprinzip

Als Beispiel einer vertikal-hybriden Simulationsmethode wird im folgenden ausführlich die vom Autor entwickelte spekulative Simulationsmethode diskutiert [MEH91a]. Diese Methode kombiniert Ideen optimistischer Simulation mit einem beliebig wählbaren konservativen Simulationsverfahren. Die Grundidee zu dem Verfahren liefert folgende Beobachtung. Wenn in einem konservativen Verfahren alle LPs, die dem gleichen Prozessor zugeordnet sind, auf bessere Garantien warten, blockiert der zugrundeliegende Prozessor, und Rechenleistung bleibt ungenutzt. Diese Rechenleistung könnte jedoch dazu genutzt werden, in LPs bereits eingeplante, aber noch ungarantierte Ereignisse auf einer privaten Kopie auszuführen. Falls sich bis zu dem Zeitpunkt, an dem ein solches Ereignis garantiert werden wird, die bei seiner vorzeitigen Ereignisausführung referenzierten Teile des lokalen Zustands nicht geändert haben, ist die Ereignisausführung korrekt. Die Ergebnisse der Ausführung können dann in den aktuellen Zustand (bzw. in die Ereignislisten) übernommen werden, ohne das Ereignis erneut ausführen zu müssen. Damit würde die Zeit für eine erneute Berechnung der Ergebnisse eingespart.

Zur Vereinfachung der Diskussion sei im folgenden angenommen, daß jeder Prozessor genau einen logischen Prozeß ausführt. Ferner werde die Zeitspanne, in der ein Prozessor bei Verwendung des gewählten rein konservativen Verfahrens jeweils ununterbrochen blockiert, im folgenden *Untätigkeitsphase* des Prozessors genannt. Entsprechend wird eine „Nicht-Untätigkeitsphase" auch als *Tätigkeitsphase* bezeichnet. Mit diesen Annahmen entsprechen Untätigkeitsphasen eines Prozessors gerade denjenigen Zeitintervallen, in denen der zugeordnete LP auf ausreichende Garantien wartet, um sein nächstes Ereignis (d.h. das Ereignis mit kleinstem Zeitstempel in seiner Ereignisliste, falls vorhanden) ausführen zu dürfen. Spekulative Simulation läßt sich nun wie folgt charakterisieren. Das Simulationsmodell wird mittels einer frei wählbaren konservativen Methode ausgeführt. Zusätzlich werden die Untätigkeitsphasen genutzt, um bereits eingeplante, aber noch nicht garantierte Ereignisse auf einer privaten Zustandskopie auszuführen. Das vorzeitige Ausführen eines noch nicht garantierten Ereignisses wird *spekulative Ereignisausführung* genannt, da spekuliert wird, daß sich die Ereignisausführung als korrekt herausstellen wird. Die bei einer spekulativen Ereignisausführung erzeugten Ereignisse für den eigenen LP werden als „vorläufig“ markiert und in die lokale Ereignisliste eingefügt. Sie stehen so ebenfalls für eine spekulative Ausführung zur Verfügung. Erzeugte Ereignisse für andere LPs werden zunächst in einer privaten Liste gepuffert. Folglich verändert eine spekulative Ereignisausführung weder den aktuellen lokalen Zustand noch die Ereignislisten anderer LPs. Wird später festgestellt, daß eine spekulative Ereignisausführung korrekt war, kann die entsprechende private Zustandskopie und die gepufferte Liste der dabei erzeugten Ereignisse für eine schnelle Aktualisierung des aktuellen Zustands und der Ereignislisten der LPs herangezogen werden.

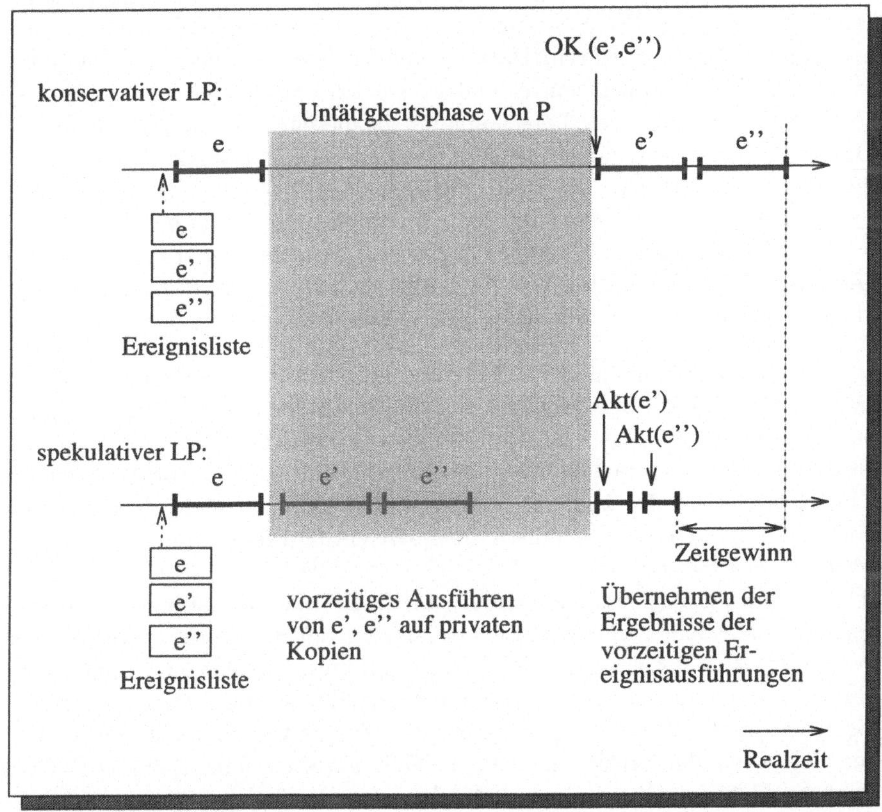

Abbildung 4.5: Ausnutzen von Untätigkeitsphasen eines Prozessors.

Beispiel. Abb. 4.5 verdeutlicht die Grundidee spekulativer Simulation. In der oberen Bildhälfte ist die Arbeitsweise eines rein konservativen LP, in der unteren Bildhälfte die eines spekulativ arbeitenden LP gezeigt. Es sei angenommen, daß das Ereignis e garantiert, die Ereignisse e' und e'' jedoch noch ungarantiert sind. Der konservative LP blockiert nach der Ausführung des Ereignisses e, da er befürchtet, daß ihm weitere Ereignisse eingeplant werden, die aufgrund ihrer Zeitstempel vor den Ereignissen e' und e'' auszuführen sind. Erst zu der mit OK markierten Realzeit erhält der LP die erforderliche Garantie, um die Ereignisse e' und e'' chronologisch auszuführen. Der spekulative LP hingegen nutzt die Untätigkeitsphase aus, um die Ereignisse e' und e'' bereits vorab auf einer privaten Kopie des lokalen Zustandsraums auszuführen. Am Ende der Untätigkeitsphase erkennt er, daß ihm keine weiteren Ereignisse mehr eingeplant wurden, die vor e' und e'' auszuführen gewesen wären. Daraus kann gefolgert werden, daß die spekulativen Ausführungen von e' und e'' korrekt waren; der Test auf Korrektheit der spekulativen Berechnung ist in diesem Fall also sehr einfach. Da die Ereignisausführungen korrekt waren, wird der aktuelle Zustand mit den Werten aktualisiert, die während den spekulativen Ausführungen in die privaten Kopien geschrieben wurden. Außerdem werden die bei der spekulativen Ausführung von e' und e'' gegebenenfalls erzeugten Ereignisse nun versendet. Da in diesem Beispiel die Ausführung von e' und e'' länger dauert als die reine Übernahme der Aktualisierungen, wurde Zeit gewonnen. ■

Die Arbeitsweise spekulativ arbeitender logischer Prozesse soll nun präzisiert werden, damit eine genauere Untersuchung des potentiellen Gewinns beziehungsweise Verlustes durch spekulative Ereignisausführungen möglich wird. Ein spekulativ arbeitender logischer Prozeß LP_i überprüft in einer Untätigkeitsphase des zugrundeliegenden Prozesses, ob seine Ereignisliste noch nicht spekulativ ausgeführte Ereignisse enthält. Ist dies der Fall, wählt er von diesen das Ereignis mit kleinster Eintrittszeit und führt es spekulativ aus. Die Untätigkeitsphase endet, sobald LP_i die Garantie erhält, eines der Ereignisse seiner Ereignisliste *normal* (d.h. nichtspekulativ) ausführen zu dürfen. Zur Bezeichnung des Realzeitpunktes, ab dem ein Ereignis e garantiert ist und als nächstes normal ausgeführt werden dürfte, wird im folgenden immer das Symbol τ_e verwendet. Zur Zeit τ_e setzt LP_i mit einer der zwei folgenden Aktionen fort: (1) Falls e vorher noch nicht spekulativ ausgeführt wurde, beginnt LP_i mit der normalen Ausführung von e. (2) Andernfalls testet er, ob die spekulative Ausführung von e korrekt war oder nicht. Falls in (2) festgestellt wird, daß die Spekulation korrekt war, brauchen lediglich die Ereignislisten und der lokale Zustand mit dem Ergebnis der spekulativen Ereignisausführung aktualisiert zu werden. Andernfalls werden die Ergebnisse der spekulativen Ereignisausführung gelöscht und wie im Fall (1) das Ereignis e auf dem lokalen Zustand ausgeführt. Eine spekulative Ereignisausführung in LP_i kann inkorrekt werden, wenn nach Beginn der spekulativen Ausführung, aber vor τ_e, der LP ein neues Ereignis e' mit einem kleineren Zeitstempel als e in seine Ereignisliste eingeplant bekommt. Modifiziert e' Daten, die bei der spekulativen Ausführung von e bereits gelesen wurden, dann wird das Ergebnis der spekulativen Ausführung von e im allgemeinen falsch sein.

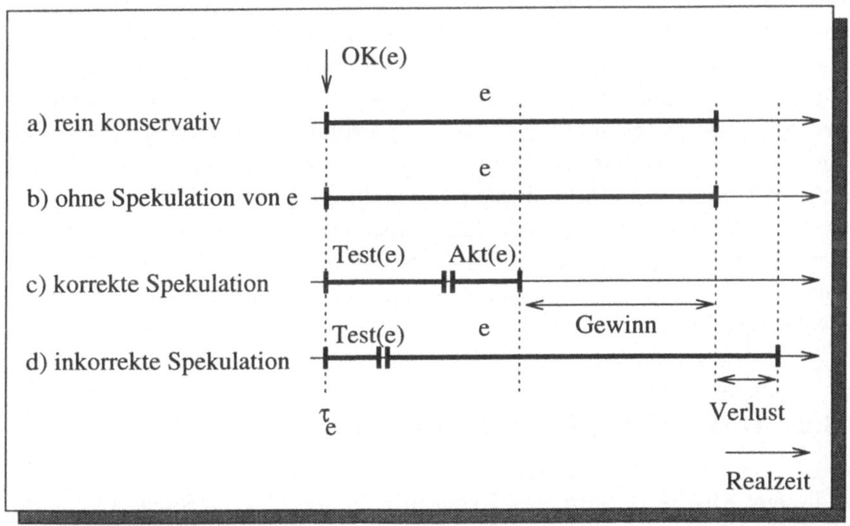

Abbildung 4.6: Gewinn und Verlust durch spekulative Ereignisausführungen.

Abb. 4.6 verdeutlicht den potentiellen Gewinn bzw. Verlust durch spekulative Simulation. Da während einer Untätigkeitsphase gegenüber der zugrundeliegenden konservativen Methode weder Gewinn noch Verlust gemacht wird, brauchen nur Tätigkeitsphasen betrachtet zu werden. Ein rein konservatives Verfahren würde ein Ereignis e ausführen, sobald es eine Garantie erhält, daß kein anderes Ereignis mehr vorher auszuführen sein wird. Diese Zeit sei wieder mit τ_e bezeichnet (Abb. 4.6a). Im spekulativen Simulationsverfahren sind die folgenden drei Fälle zu unterscheiden. Wurde das Ereignis e noch nicht spekulativ ausgeführt, so beginnt zur Zeit τ_e wie im rein konservativen Fall die Ausführung von e. In diesem Fall tritt auch in der Tätigkeitsphase weder ein Verlust noch ein Gewinn gegenüber rein konservativer Simulation ein (Abb. 4.6b). Andernfalls muß ein Test entscheiden, ob die Spekulation korrekt war (Abb. 4.6c) oder nicht (Abb. 4.6d). Dabei ist zu beachten, daß der Test bei einer falschen Spekulation nur im schlimmsten Fall genauso lange dauert, wie der Test, der eine korrekte Spekulation feststellt. Im Mittel ist er jedoch viel kürzer, da er nach Erkennen des ersten Konflikts bereits abgebrochen werden kann. Wird durch den Test festgestellt, daß die Spekulation korrekt war, brauchen lediglich die Ergebnisse der Spekulation übernommen zu werden. Dies benötigt i.a. weniger Zeit als eine erneute Ausführung von e, da bei einer Ausführung von e (neben den durchzuführenden normalen Berechnungsschritten) die gleichen Aktualisierungen durchzuführen gewesen wären. Spekulative Simulation lohnt also vor allem dann, wenn die Zeit für den Test und die Aktualisierungen kürzer ist als die Zeit für eine erneute Ausführung von e (Abb. 4.6c). Lediglich wenn durch den Test festgestellt wird, daß die Spekulation falsch war, müssen die Ergebnisse der spekulativen Ausführung von e gelöscht und die Ausführung von e wiederholt werden. In diesem Fall stellt die Zeit für die Durchführung des Tests den Verlust dar, weil dieser Test in der Regel immer außerhalb einer Untätigkeitsphase durchgeführt werden muß, d.h. während einer Zeit, in der das zugrundeliegende rein konservative Verfahren bereits Ereignisse korrekt ausführt (Abb. 4.6d).

4.3.2 Diskussion des Grundprinzips

In diesem Abschnitt wird das Grundprinzip weiter konkretisiert und dabei ausführlich auf konzeptionelle Alternativen eingegangen. Insbesondere werden folgende Aspekte diskutiert: Die prinzipiellen Möglichkeiten zur Nutzung langer Untätigkeitsphasen, das spekulative Ausführen von Ereignissen in zu kurzen Untätigkeitsphasen, die Behandlung von nicht mehr rücksetzbaren Operationen (wie etwa Ein-/Ausgaben), Möglichkeiten zur effizienten Realisierung eines Tests auf Korrektheit von spekulativen Ereignisausführungen und die Integration von Adaptivität in das Verfahren. Abschließend wird die spekulative Simulationsmethode mit dem rein optimistischen Time-warp-Verfahren verglichen und gezeigt, wie durch Variation spekulativer Simulation der Bereich vertikal-hybrider Methoden von rein konservativen bis hin zu rein optimistischen Verfahren überstrichen wird.

4.3.2.1 Nutzung langer Untätigkeitsphasen

Spekulative Simulation nutzt Untätigkeitsphasen, indem bereits empfangene, ungarantierte Ereignisse vorzeitig ausgeführt werden. Ist die Ereignisliste jedoch leer oder sind alle darin enthaltenen Ereignisse bereits spekulativ ausgeführt worden, so würde nach dem bisher beschriebenen Verfahren die restliche Untätigkeitsphase nicht mehr genutzt. In diesem Abschnitt soll nun untersucht werden, welche Möglichkeiten prinzipiell offenstehen, um auch solche Untätigkeitsphasen noch sinnvoll zu nutzen.

A. Ermitteln weiterer spekulativ ausführbarer Ereignisse

Eine naheliegende Möglichkeit, Untätigkeitsphasen zu nutzen, wenn die Ereignisliste eines logischen Prozesses LP_i keine weiteren, spekulativ ausführbaren Ereignisse mehr enthält, besteht im Nachfragen in anderen LPs, ob dort bereits Ereignisse für LP_i vorliegen. Die Wahrscheinlichkeit, in anderen LPs solche neuen Ereignisse zu finden, ist relativ groß, wenn die zugrundeliegende konservative Methode erzeugte Ereignisse lokal puffert, bis deren Eintrittszeiten Garantien darstellen. Noch günstiger scheint es zu sein, den eventuell vorhandenen Mechanismus zum impliziten Garantie-Austausch „auszuschalten". Anstelle dessen könnten erzeugte Ereignisse sofort im empfangenen LP eingeplant werden. Zu den Zeitpunkten, zu denen zuvor implizite Garantien versendet wurden, werden diese Garantien nun explizit versendet. Auf diese Art sind ungarantierte Ereignisse ohne Nachfragen frühestmöglich für eine spekulative Ereignisausführung zugänglich. Der Preis dafür liegt in den nun separat zu versendenen Garantienachrichten. Diese Vorgehensweise scheint dennoch sinnvoll, da die Motivation, mit der erzeugte Ereignisse bei impliziter Garantieversendung zurückgehalten werden, bei spekulativer Simulation nicht mehr zutrifft: Spekulative LPs können im Gegensatz zu konservativen LPs auch ungarantierte Ereignisse ausführen. Eine frühestmögliche Versendung der Ereignisse kann sich daher lohnen.

B. Verbesserung der Erfolgsquote von Spekulationen

Eine andere Möglichkeit, lange andauernde Untätigkeitsphasen zu nutzen, besteht in einer Wiederholung von bereits durchgeführten Spekulationen. Dies kann dann sinnvoll sein, wenn inzwischen neue Ereignisse empfangen und nichtspekulativ ausgeführt wurden, von denen das spekulativ ausgeführte Ereignis möglicherweise kausal abhängig ist. Für eine Wiederholung kommen also vor allem solche spekulativen Ereignisausführungen in Betracht, die rückblickend betrachtet nicht in chronologischer Reihenfolge ausgeführt wurden.

Beispiel. Zu Beginn der Untätigkeitsphase enthalte die Ereignisliste lediglich die zwei nicht garantierten Ereignisse e_1 und e_2 mit Zeitstempel 10 bzw. 20 (Abb. 4.7). Nach deren spekulativen Ausführung werde dem LP das ebenfalls noch nicht garantierte Ereignis e_3 mit Zeitstempel 15 eingeplant. Nach der spekulativen Ausführung von e_3 ist die Ereignisliste leer, aber die Untätigkeitsphase noch nicht beendet. Nun könnte für die bereits durchgeführten spekulativen Ausführungen von Ereignissen mit einem Zeitstempel größer als 15 (dies ist im Beispiel nur das Ereignis e_2) jeweils getestet werden, ob eine Wiederholung sinnvoll ist, und ggf. eine Wiederholung der Spekulation durchgeführt werden. Ohne Wiederholung wäre die spekulative Ausführung von e_2 falsch, falls e_2 kausal von e_3 abhängt; etwa wenn e_3 eine Zustandsvariable aktualisiert, die von e_2 gelesen wird. ■

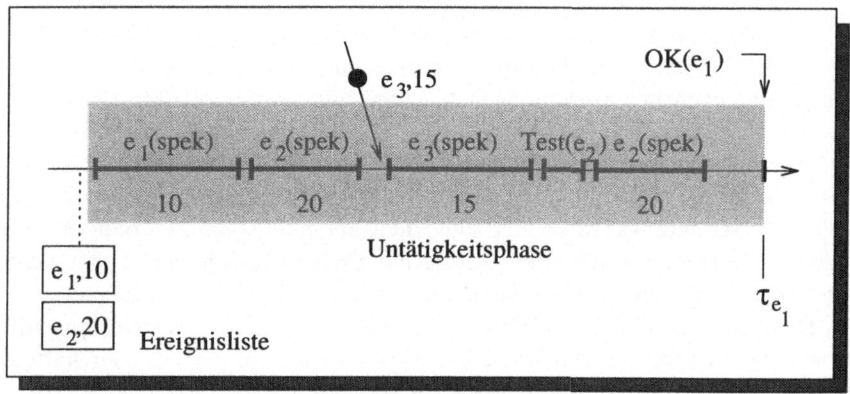

Abbildung 4.7: Wiederholung spekulativer Ereignisausführungen.

Hierbei sollte allerdings angemerkt werden, daß Ereignisse prinzipiell in beliebiger Reihenfolge spekulativ ausgeführt werden können. Mit den weiter unten vorgestellten Testverfahren kann immer richtig entschieden werden, ob die Spekulation korrekt war. Dennoch ist die Wahrscheinlichkeit einer korrekten Spekulation bei chronologischer Ausführung der Spekulationen höher als bei nichtchronologischer. Überdies scheint es sinnvoll, zu Beginn der i-ten Spekulation in optimistischer Weise davon auszugehen, daß alle vorausgegangenen (noch nicht getesteten) $i-1$ Spekulationen mit kleinerem Zeitstempel korrekt waren. Dies bedeutet insbesondere, daß vor Beginn der i-ten spekulativen Ereignisausführung nicht nur eine private Kopie des aktuellen Zustands angelegt wird, sondern diese darüber hinaus durch die Zustandsänderungen der $(i-1)$ chronologisch früheren Spekulationen aktualisiert wird. Die Hoffnung dabei ist, daß sich alle diese $(i-1)$ Spekulationen als korrekt herausstellen werden und die i-te Spekulation folglich auf dem richtigen Zustand aufsetzte.

C. Reduzierung des Mehraufwands während Tätigkeitsphasen

Eine weitere Möglichkeit, Untätigkeitsphasen auszunutzen, wenn keine Ereignisse mehr für eine spekulative Ausführung verfügbar sind, besteht im Vorziehen des Tests auf Korrektheit einer Spekulation. (Weiter unten werden verschiedene Testverfahren diskutiert.) Das Ergebnis eines solchen vorgezogenen Tests für ein Ereignis e kann allerdings nur dann als korrekt gewertet werden, wenn bis zu der Realzeit τ_e, zu der der Test normalerweise durchgeführt worden wäre, kein vor e auszuführendes Ereignis mehr lokal eingeplant wird. Ob dies der Fall war oder nicht, läßt sich zur Zeit τ_e rückblickend jedoch wieder leicht entscheiden. Somit kann ein vorgezogener Test während einer Untätigkeitsphase gegebenenfalls einen Test während der Tätigkeitsphase ersetzen. Dies ist besonders interessant, weil der Test einen wesentlichen Mehraufwand spekulativer Simulation gegenüber der zugrundeliegenden konservativen Methode darstellt.

4.3.2.2 Nutzung kurzer Untätigkeitsphasen

Spekulative Simulation kann vor allem dann vorteilhaft sein, wenn Ereignisausführungen zeitaufwendig sind. Für solche Ereignisse ist jedoch die Annahme nicht mehr tragbar, daß Untätigkeitsphasen immer lang genug sind, um begonnene spekulative Ereignisausführungen noch während der gleichen Untätigkeitsphase beenden zu können. Vielmehr können i.a. keine Aussagen über die Länge einer Untätigkeitsphase getroffen werden; diese endet, sobald ein LP ausreichend Garantien empfangen hat, um sein nächstes Ereignis normal ausführen zu können.

Abb. 4.8 deutet vier verschiedene Vorgehensweisen zur Behandlung zu kurzer Untätigkeitsphasen an. In dem dargestellten Szenario enthält die Ereignisliste des LP zu Beginn der Untätigkeitsphase nur das ungarantierte Ereignis e'. Später innerhalb der Untätigkeitsphase erhält der LP das ebenfalls noch ungarantierte Ereignis e und fügt es in seine Ereignisliste ein. Schließlich endet die Untätigkeitsphase mit Erhalt der Garantie, das Ereignis e ausführen zu dürfen. Sei nun angenommen, daß der LP zu Beginn der Untätigkeitsphase das Ereignis e' spekulativ ausführt, aber die Ausführung bis zum Ende der Untätigkeitsphase nicht beenden kann.

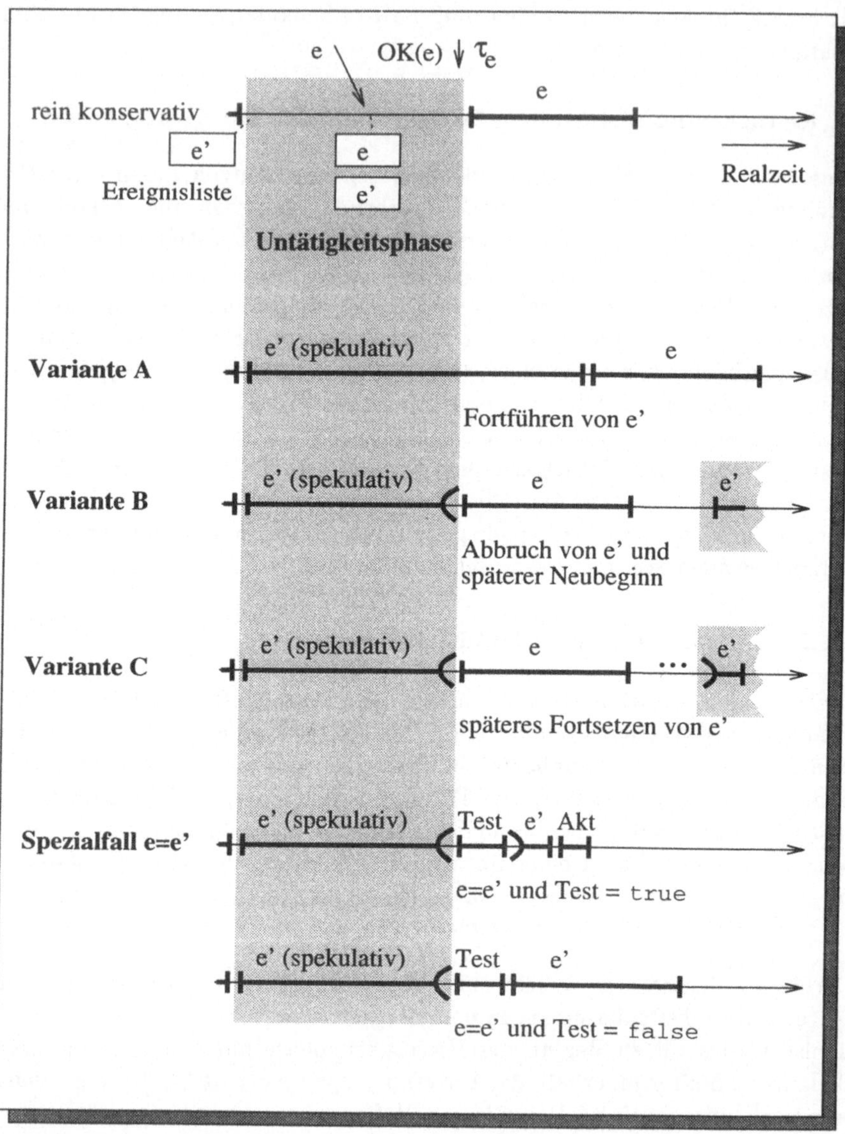

Abbildung 4.8: Behandlung nicht beendeter Spekulationen am Ende von Untätigkeitsphasen.

Variante A. Eine einfach zu implementierende Vorgehensweise besteht im Fortführen laufender spekulativer Ereignisausführungen trotz des Endes der Untätigkeitsphase. Diese Variante hat zwei Nachteile. Zum einen ist nicht sicher, ob die spekulative Ereignisausführung überhaupt nach endlicher Zeit terminiert. Da sie auf einem falschen Zustand arbeitet, könnte sie wie Ereignisausführungen in Time-warp in eine Endlosschleife geraten. Ein konkretes Beispiel hierzu wurde in Kapitel 2.3.3.1 für Time-warp angegeben; es ist direkt für spekulative Simulation übertragbar. Dieser Defekt könnte allerdings durch Setzen eines Zeitlimits für die maximale Ausführungsdauer von Spekulationen innerhalb von Tätigkeitsphasen behoben werden. Der zweite Nachteil ist, daß während einer Tätigkeitsphase eine „unsichere“ (d.h. sich gegebenenfalls als falsch herausstellende) Ereignisausführung durchgeführt wird, obwohl auch eine „sichere“ Ereignisausführung durchführbar gewesen wäre. Insbesondere dann, wenn dieser Fall häufig vorkommt und die Spekulation während der Tätigkeitsphase lange dauert, sich aber später doch als falsch herausstellt, kann eine unnötige Verlangsamung gegenüber dem zugrundeliegenden konservativen Verfahren resultieren. Diesen Nachteil versuchen die folgenden Varianten zu vermeiden.

Variante B. Anstatt wie in Variante A eine Fortsetzung zu erwägen, könnte am Ende einer Untätigkeitsphase eine noch nicht beendete spekulative Berechnung abgebrochen und in der nächsten Untätigkeitsphase erneut begonnen werden. Diese Methode ist leicht zu implementieren und erfordert wenig Verwaltungsaufwand. Sie ist jedoch schlecht, falls die meisten Untätigkeitsphasen kürzer als die mittlere Dauer der Ereignisausführungen sind, da in diesem Fall nur wenige Spekulationen ganz durchgeführt werden können.

Variante C. Eine vielversprechende Methode besteht darin, noch nicht beendete spekulative Ereignisausführungen am Ende von Untätigkeitsphasen zu unterbrechen und mit Beginn der nächsten Untätigkeitsphase fortzusetzen. Diese Variante setzt jedoch voraus, daß das Unterbrechen und Wiederfortsetzen von spekulativen Ereignisausführungen effizient implementiert werden kann.

Spezialfall $e = e'$**.** Ein häufig vorkommender Spezialfall ist der Empfang der Erlaubnis, ein Ereignis e normal ausführen zu dürfen, während das gleiche Ereignis e gerade spekulativ ausgeführt wird. Der Empfang der Garantie, e normal ausführen zu dürfen, beendet die Untätigkeitsphase. Natürlich kann hier mit der spekulativen Ausführung von e sinngemäß wie in Variante

A oder B verfahren werden. Vor allem dann, wenn die spekulative Ereignisausführung von e bereits lange andauerte, mag sich jedoch auch folgende Variante anbieten. Mit Eintreffen der Garantie für e' wird getestet, ob die bisherige spekulative Ereignisausführung korrekt war[1]. Ist dies der Fall, wird sie fortgesetzt und somit (insbesondere, wenn der Test schnell durchgeführt werden kann und die spekulative Ereignisausführung bereits lange dauerte) die bisherige spekulative Ausführung sinnvoll genutzt. Zeigt der Test jedoch, daß die bisherige Ausführung falsch war, wird die spekulative Ausführung abgebrochen und die normale Ausführung von e begonnen. In diesem Fall ist diese Variante etwas schlechter als Variante B, da ein zusätzlicher Test während der Tätigkeitsphase durchgeführt wurde.

4.3.2.3 Behandlung nicht mehrfach ausführbarer Operationen

Stellt sich eine spekulative Ereignisausführung als falsch heraus, so wird die Ausführung nichtspekulativ wiederholt. In diesem Fall müssen alle Effekte der zurückgesetzten spekulativen Ausführung dem Benutzer verborgen bleiben. Für Operationen, die während einer spekulativen Ereignisausführung den lokalen Zustand oder die Ereignislisten verändern, ist dies ohne Probleme möglich. Schwieriger ist dies jedoch für Operationen, deren Wirkungen außerhalb des Simulationssystems sichtbar werden. Typische Beispiele für solche Operationen stellen Ein- und Ausgabeoperationen dar. So kann etwa eine Ausgabe, die bereits auf dem Drucker ausgegeben wurde, offensichtlich nicht wieder rückgängig gemacht werden; auch dann nicht, wenn sich die sie erzeugende spekulative Ereignisausführung später als falsch herausstellen sollte. Solche Operationen erfordern daher eine besondere Behandlung.

Für Ausgabeoperationen gibt es eine einfache Lösung. Bei Auftreten einer Ausgabeoperation während einer spekulativen Ereignisausführung wird die Ausgabe lediglich lokal gespeichert. Erst wenn sich die Spekulation als korrekt erwiesen hat, wird die Ausgabe nach außen weitergegeben. Dieses Schema läßt sich leider nicht auf Eingabeoperation übertragen. Auf den ersten Blick mag es möglich erscheinen, mit jeder Eingabeoperation Eingaben von außen anzufordern. Im Falle einer falschen Spekulation könnte die Eingabe konzeptionell „zurückgegebenen“ werden, indem sie auf einer internen Halde zwischengespeichert wird. Nachfolgende Eingabeanfragen würden

[1] Der Test kann sogar entfallen, wenn im gleichen LP seit Beginn der spekulativen Ausführung von e' kein Ereignis normal (d.h. nicht spekulativ) ausgeführt wurde.

dann zunächst Eingaben von der Halde verwenden und erst wenn diese leer ist, weitere Eingaben von außen anfordern. Durch dieses Schema kann jedoch nicht verhindert werden, daß während einer falschen Spekulation möglicherweise *mehr* Eingabeoperationen ausgeführt werden als durch eine richtige. Dies fällt dem Benutzer allerdings sofort auf. Auch wäre es aus Benutzersicht bei diesem Ansatz unverständlich, wenn Eingaben angefordert werden, eventuell dazugehörige Ausgaben jedoch fehlen.

Aus diesen Gründen ist es sinnvoll, spekulative Ereignisausführungen beim Auftreten von Eingabeoperationen abzubrechen, und das entsprechende Ereignis als „nicht spekulativ ausführbar" zu markieren. Derart markierte Ereignisse werden bei der Auswahl des als nächsten spekulativ auszuführenden Ereignisses ignoriert. Alternativ wäre es auch möglich, eine spekulative Ereignisausführung e bei Auftreten der ersten Eingabeoperation nur zu *unterbrechen*. Um zu entscheiden, ob der bereits spekulierte Teil korrekt war, könnte später zur Zeit τ_e der Test durchgeführt werden. Im Falle der Korrektheit der Teilausführung ließe sich die Ereignisausführung mit der Eingabeanforderung (nichtspekulativ) fortsetzen. Diese Alternative scheint jedoch nur dann sinnvoll, wenn viele Ereignisse Eingabeoperationen enthalten, Ereignisausführungen häufig sehr lange dauern und die erste Eingabe meist erst relativ spät während der Ereignisausführung auftritt.

4.3.2.4 Tests auf Korrektheit

In diesem Abschnitt werden drei Testverfahren angegeben, mit denen zur Zeit τ_e die spekulative Ausführung eines Ereignisses e als entweder „korrekt" oder „möglicherweise falsch" identifiziert werden kann. Die drei Testverfahren unterscheiden sich in Aufwand und Präzision. TEST A erkennt alle korrekten Spekulationen. Allerdings benötigt dieser Test u.U. viele Daten, die während spekulativer Ereignisausführungen mitprotokolliert werden müssen. Dies verlangsamt spekulative Ausführungen und führt zu einer schlechten Ausnutzung von Untätigkeitsphasen. TEST B kommt ohne diese zusätzlichen Daten aus und erkennt die meisten aller korrekten Spekulationen. Beide Tests können mit dem dritten vorgeschlagenen TEST C kombiniert werden, der einen häufig auftretenden Fall korrekter Spekulation mit einem vernachlässigbaren Aufwand erkennt.

TEST A

Für dieses Testverfahren ist es notwendig, die Menge der tatsächlich während einer spekulativen Ereignisausführung gelesenen und geschriebenen Variablen mitzuprotokollieren. Um dies formaler zu definieren, wird der aktuelle lokale Zustand Q eines LP formal als Menge von Paaren (v_i, y_i) betrachtet, wobei v_i die i-te Zustandsvariable bezeichnet und y_i ihren aktuellen Wert. Somit ist $Q = \{(v_1, y_1), \ldots, (v_m, y_m)\}$. Unter der Menge R_{tat} der tatsächlich während der spekulativen Ausführung des Ereignisses e gelesenen Variablen (und ihren Werten) wird die Menge $R_{tat} = R_{tat}(e) = \{(v_i, y_i), \ldots, (v_j, y_j)\}$ verstanden. Es ist $(v, y) \in R_{tat}(e)$, wenn (1) der Wert y der Variablen v während der spekulativen Ausführung von e gelesen wurde, und (2) dieses Lesen vor eventuellen Aktualisierungen von v durch die spekulative Ausführung von e stattfand. $R_{tat}(e)$ enthält also nur diejenige Information, die vom aktuellen Zustand für die spekulative Ausführung verwendet wurde. Analog wird die Menge W_{tat} der tatsächlich geschriebenen Variablen (und ihrer neuen Werte) $W_{tat} = W_{tat}(e) = \{(v_k, y_k), \ldots, (v_l, y_l)\}$ definiert. Es gilt $(v, y) \in W_{tat}(e)$, wenn (1) die Variable v während der spekulativen Ausführung von e mindestens einmal aktualisiert wurde, und (2) y der Wert ist, den die letzte dieser Aktualisierungen in die Variable v schrieb.

Die Idee des Testverfahrens A basiert auf der folgenden Beobachtung. Eine zweimalige Ausführung der gleichen (deterministischen) Ereignisroutine führt zu dem gleichen Ergebnis, wenn in beiden Ausführungen jederzeit die gleichen Werte gelesen werden. Wird von Eingaben durch den Benutzer oder aus einer Datei abgesehen[2], so ist dies für das Ereignis e formal der Fall, wenn zur Zeit τ_e gilt: $\forall (v, y) \in R_{tat}(e): \ (v, y') \in Q \ \Rightarrow \ y = y'$. Dies bedeutet, daß die Werte aller während der spekulativen Ereignisausführung von e gelesenen Variablen (d.h. aller Variablen in $R_{tat}(e)$) identisch zu den Werten derselben Variablen im aktuellen Zustand Q zur Zeit τ_e sein müssen. Ist dies der Fall, so braucht e zur Zeit τ_e nicht erneut ausgeführt zu werden; statt dessen reicht es, den lokalen Zustand Q durch die Schreibmenge W_{tat} zu aktualisieren und alle erzeugten Ereignisse in die entsprechenden Ereignislisten einzuplanen. Die Aktualisierung läßt sich formal wie folgt beschreiben:

$$\forall (v, y) \in W_{tat}: \quad Q := Q - \{(v, y') \mid (v, y') \in Q\} \cup \{(v, y)\}$$

Das Mitprotokollieren der tatsächlich gelesenen und geschriebenen Werte kann während der Untätigkeitsphasen durchgeführt werden. Es führt jedoch

[2]Wie weiter oben erläutert wurde, werden spekulative Ereignisausführungen beim Auftreten von Eingaben ohnehin abgebrochen (bzw. unterbrochen). Aus diesem Grund kann angenommen werden, daß bis zum Zeitpunkt des Tests in den durchgeführten (bzw. teilweise durchgeführten) Spekulationen keine Eingabeoperationen ausgeführt worden sind.

dazu, daß jede Lese- und Schreiboperation auf den lokalen Zustandsraum um einen gewissen Faktor länger dauert als bei einer normalen (d.h. nicht spekulativen) Ereignisausführung. Infolgedessen wird die Untätigkeitsphase schlecht ausgenutzt.

TEST B

Im Gegensatz zum TEST A kommt der folgende TEST B mit einem *konstanten* Mehraufwand pro spekulativer Ereignisausführung aus. Insbesondere für „lange“ Ereignisausführungen ist er daher TEST A vorzuziehen. Um den TEST B einzusetzen, ist vor der Simulation eine Programmcodeanalyse notwendig.

Programmcodeanalyse. Durch eine Analyse zur Übersetzungszeit werden für jedes Ereignis e die durch e *potentiell* gelesenen oder aktualisierten Variablen ermittelt. Die entsprechenden Mengen seien mit $R_{pot}(e)$ bzw. $W_{pot}(e)$ bezeichnet. Sie stehen den Testverfahren während der Simulation direkt zur Verfügung.

Beispiel. In einem LP seien sechs lokale Zustandsvariablen definiert: $v1$ und $v2$ werden durch das Ereignis e nicht zugegriffen; $r1$ und $r2$ werden potentiell nur gelesen, und $w1$ und $w2$ werden potentiell aktualisiert. Die zu dem Ereignis e gehörende Ereignisroutine sei in Form des folgenden DSL-Programmfragments (vgl. Kapitel 3) vorgegeben.

```
var int: v1,v2;
var int: r1, r2, w1, w2;

function f(int: local1) returns int is
    w1 := local1;
    if (local1 <= 10) then w1 := r1; endif;
    return(local1);
endfunction;

eventdef e is
    var int: local2;
    ----------------
    if (r2 = 1)
       then w2     := f(10);
       else local2 := f(20);
    endif;
endeventdef;
```

Gilt vor der Ausführung des Ereignisses e, daß $r1 = r2 = 0$ und $w2 = 17$, dann ergeben sich die Mengen der tatsächlich bzw. potentiell gelesenen Variablen zu

$$\begin{aligned} R_{tat}(e) &= \{(r2, 0)\} \\ W_{tat}(e) &= \{(w1, 20)\} \\ R_{pot}(e) &= \{r1, r2\} \\ W_{pot}(e) &= \{w1, w2\} \end{aligned}$$

■

Spekulative Ereignisausführung. Um den TEST B verwenden zu können, wird eine spekulative Ereignisausführung wie folgt durchgeführt. Vor der spekulativen Ausführung wird der komplette aktuelle Zustand Q zweimal kopiert. Die erste Kopie werde mit Q_R die zweite mit Q_W bezeichnet. Q_R spiegelt den lokalen Zustand Q vor Beginn der spekulativen Ereignisausführung wider. Diese Kopie wird lediglich für den abschließenden Test auf Korrektheit der Spekulation benötigt. Auf Q_W hingegen wird die spekulative Ereignisausführung durchgeführt. Insbesondere werden Lese- und Schreiboperationen auf Q_W genauso ausgeführt, wie bei einer nichtspekulativen Ausführung auf Q. Ihre Ausführung dauert infolgedessen auch genauso lange. Außer für die Ereignisausführung wird Q_W, wie weiter unten gezeigt, auch für die Aktualisierung des lokalen Zustands Q benötigt, falls die Spekulation sich als korrekt herausstellt.

Test. Für ein spekulativ ausgeführtes Ereignis e wird der Test zur Zeit τ_e durchgeführt. Es wird überprüft, ob zu diesem Zeitpunkt die Werte potentiell gelesener oder aktualisierter Zustandsvariablen in Q_R und Q identisch sind. Formaler läßt sich das wie folgt ausdrücken:

$$\forall v \in R_{pot}(e) \cup W_{pot}(e) : (v, y') \in Q_R \ \wedge \ (v, y) \in Q \ \Rightarrow \ y' = y$$

Ist diese Bedingung für eine spekulative Ereignisausführung erfüllt, so war die Spekulation korrekt. Häufig werden in einem Ereignis nur relativ wenige Zustandsvariablen benutzt, so daß die Mengen $R_{pot}(e)$ und $W_{pot}(e)$ relativ klein sind; daher ist der Test i.a. nicht aufwendig.

Aktualisierung. Besteht ein spekulativ ausgeführtes Ereignis e den TEST B zur Zeit τ_e, so werden die erzeugten Ereignisse entsprechend eingeplant und der lokale Zustand aktualisiert. Bei der Aktualisierung müssen die tatsächlich veränderten Werte von Q_W nach Q übertragen werden. Leider ist jedoch nur die Menge $W_{pot}(e)$ der potentiell veränderten Variablen, nicht jedoch die Menge $W_{tat}(e)$ der tatsächlich veränderten, bekannt. Aufgrund der Berücksichtigung von $W_{pot}(e)$ im TEST B läßt sich jedoch zeigen, daß der Wert einer Variablen $v \in W_{pot}(e) - W_{tat}(e)$ in Q_W und Q zur Zeit τ_e gleich ist.

Beweis. Sei v eine Zustandsvariable aus $W_{pot}(e) - W_{tat}(e)$. Dies bedeutet, daß v während der spekulativen Ausführung von e zwar potentiell aktualisiert werden kann, es aber tatsächlich nicht wird. Da Q_R eine Kopie des Gesamtzustands Q eines LP ist, enthält Q_R für jede Variable x, also auch für $x = v$, ein Paar (x, y). Da der Test B zur Zeit τ_e bestanden wurde, gilt weiter, daß der Wert von v zur Zeit τ_e in Q_R und Q identisch ist. Da $v \in W_{pot}(e) - W_{tat}(e)$, wurde v durch die spekulative Ereignisausführung nicht aktualisiert. Infolgedessen ist der Wert von v in Q_R und Q_W gleich. Also ist der Wert von v auch in Q_W und Q gleich. Deswegen wird bei der Übertragung der Werte einer potentiell, aber nicht tatsächlich aktualisierten Zustandsvariablen v der alte Wert in Q mit dem gleichen Wert überschrieben. ■

Infolgedessen dürfen bei der Aktualisierung alle Werte *potentiell* veränderter Variablen von Q_W nach Q übertragen werden. Die dazu benötigte Menge $W_{pot}(e)$ ist jedoch bekannt.

Beispiel. (Fortführung des obigen Beispiels.) Sei nach der spekulativen Ausführung des Ereignisses e zur Zeit τ_e:

$$\begin{aligned}
R_{tat}(e) &= \{(r2, 0)\} \\
W_{tat}(e) &= \{(w1, 20)\} \\
R_{pot}(e) &= \{r1, r2\} \\
W_{pot}(e) &= \{w1, w2\} \\
Q_R &= \{(v1,0),(v2,0),(r1,0),(r2,0),(w1,0),(w2,17)\} \\
Q_W &= \{(v1,0),(v2,0),(r1,0),(r2,0),(w1,20),(w2,17)\} \\
Q &= \{(v1,0),(v2,0),(r1,0),(r2,0),(w1,0),(w2,17)\}
\end{aligned}$$

Zunächst soll gezeigt werden, daß der TEST A für dieses Beispiel die Korrektheit der Spekulation bestätigt. Seien die oben angegebenen Mengen R_{tat} und W_{tat} der tatsächlich gelesenen beziehungsweise geschriebenen Variablen durch Mitprotokollieren zur Laufzeit bekannt. Dann ist der TEST A ($\forall (v, y) \in R_{tat} : \; (v, y') \in Q \;\; \Rightarrow \;\; y = y'$) erfüllt, da $R_{tat} = \{(r2, 0)\}$ und

$(r2, 0) \in Q$. Aus diesem Grund könnte gemäß $W_{tat}(e)$ die Aktualisierung des tatsächlich geschriebenen Wertes $w1$ in Q vorgenommen werden.

Auch der TEST B zeigt die Korrektheit der Spekulation des Ereignisses e, denn es gilt

$$\forall v \in \{r1, r2, w1, w2\} : (v, y') \in Q_R \ \wedge \ (v, y) \in Q \ \Rightarrow \ y' = y$$

Folglich können alle potentiell veränderten Variablenwerte in $W_{pot}(e)$ in den aktuellen Zustand Q überschrieben werden, also $w1 := 20$ und $w2 := 17$. Man beachte, daß $w2$ nur potentiell, aber nicht tatsächlich durch die spekulative Ereignisausführung verändert wurde; der Wert von $w2$ wird bei der Aktualisierung identisch überschrieben. Die Mengen $R_{tat}(e)$ und $W_{tat}(e)$ werden nicht benötigt. ■

TEST C (Flagtest)

Wie weiter oben angesprochen wurde, entsteht der wesentliche Zusatzaufwand gegenüber der zugrundeliegenden konservativen Methode durch den Test. Ein Überprüfen der von einem Ereignis e zugegriffenen Variablen kann

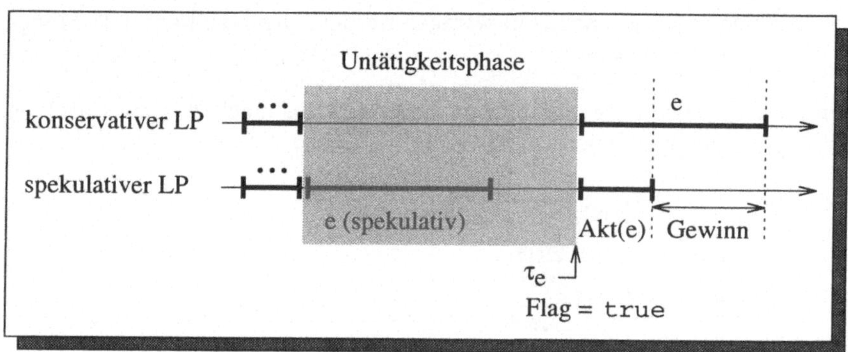

Abbildung 4.9: Flagtest: Ist das mit e assoziierte Flag zur Zeit τ_e immer noch auf `true` gesetzt, so ist die Spekulation korrekt.

jedoch ganz entfallen, wenn ein LP seit Beginn der spekulativen Ausführung des Ereignisses bis zu dem Realzeitpunkt τ_e, zu dem der Test durchgeführt wird, kein Ereignis mit kleinerem Zeitstempel als e eingeplant bekommen hat: In diesem Fall kann sich der lokale Zustand des LP seit Beginn der spekulativen Berechnung bis zur Zeit τ_e nicht verändert haben; die Spekulation ist somit korrekt (Abb. 4.9). Ob dieser Fall eingetreten ist, läßt sich anhand eines Boole'schen Flags erkennen, welches mit jedem Ereignis in der Ereignisliste assoziiert wird. Zu Beginn der spekulativen Ausführung eines Ereignisses e mit Zeitstempel t wird es auf `true` gesetzt. Sobald ein Ereignis e' mit Zeitstempel t' (spekulativ oder nichtspekulativ) ausgeführt wird, werden alle Flags von Ereignissen mit Zeitstempel größer oder gleich t' auf `false` gesetzt. Die Aktualisierung des Zustands bei erfolgreichem Test kann wie bei TEST B durchgeführt werden. Wird ausschließlich diese Variante betrieben, so ist spekulative Simulation i.a. schneller als die zugrundeliegende konservative Simulation.

4.3.2.5 Adaptivität

Bei Betrachtung des Aufwands spekulativer Simulation während der Tätigkeitsphasen kann folgende Beobachtung gemacht werden. Die Durchführung eines Tests für ein Ereignis e zusammen mit der Aktualisierung des Zustands (bei erfolgreichem Test) könnte prinzipiell länger dauern als eine erneute Ausführung von e (Abb. 4.10). In diesem Fall lohnt es sicher nicht, den Test durchzuführen. Statt dessen ist eine direkte erneute Ausführung von e ohne Berücksichtigung der spekulativen Ereignisausführung sinnvoller.

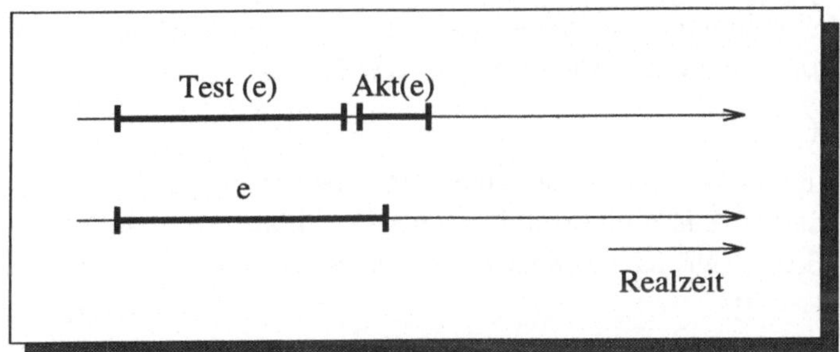

Abbildung 4.10: Ein Fall, in dem sich der Test nicht lohnt.

Glücklicherweise kann jedoch für jedes Ereignis sowohl der Zeitbedarf für eine Neuausführung als auch der Zeitbedarf für den Test und die Aktualisierungen abgeschätzt werden. Dies kann sogar quasi „umsonst" während einer Untätigkeitsphase des Prozessors geschehen: Für den TEST B ist beispielsweise die Dauer des Tests proportional der Anzahl der während der spekulativen Berechnung potentiell von e gelesenen oder aktualisierten Zustandsvariablen, d.h. proportional zu $|R_{pot}(e)| + |W_{pot}(e)|$. Dieser Wert ist aufgrund der Programmcodeanalyse bereits vor der Simulation bekannt.

Zum anderen dauert die normale Ausführungszeit von e genauso lange wie die spekulative, falls sich die Spekulation später als korrekt herausstellt; andernfalls stellt die Zeit für die spekulative Ausführung nur eine Näherung der normalen Ausführungszeit dar. Somit kann die Ausführungszeit von e durch die Anzahl $B(e)$ der bei der Spekulation von e ausgeführten Befehle approximiert werden. Schließlich ist der Zeitaufwand für die Aktualisierung proportional zu $|W_{pot}(e)|$ und die Zeit zur Einplanung erzeugter Ereignisse proportional zu deren Anzahl, falls der Test die Korrektheit signalisiert. Eine gute Heuristik, um zu entscheiden, ob der Aufwand des Tests und gegebenenfalls der Nutzung der Ergebnisse der Spekulation sich lohnt, läßt sich infolgedessen durch folgende Bedingung angeben:

$$\alpha\ (|R_{pot}(e)| + 2|W_{pot}(e)| + |E(e)|) < B(e)$$
$$\Rightarrow \textit{berücksichtige die Spekulation}$$

Dabei bedeuten

- $|R_{pot}(e)|$

  die Anzahl der bei der spekulativen Ausführung des Ereignisses e potentiell gelesenen Zustandsvariablen. Die Summe $|R_{pot}(e)| + |W_{pot}(e)|$ ist proportional zur Dauer des TEST B.

- $|W_{pot}(e)|$

  die Anzahl der bei der spekulativen Ausführung von e potentiell aktualisierten Zustandsvariablen. Diese Zahl ist proportional zur Dauer der Aktualisierung des Zustands, falls die Spekulation sich als korrekt herausstellt.

- $|E(e)|$

  die Anzahl der durch die spekulative Ausführung von e erzeugten Ereignisse.

- $B(e)$

  die Anzahl der Programmbefehle, die bei der spekulativen Ausführung von e durchgeführt werden. Falls die Spekulation korrekt ist, ist diese Zahl proportional der Ausführungszeit von e.

- α

  ein Proportionalitätsfaktor.

Mit ähnlichen Überlegungen kann eine Heuristik für den Flagtest abgeleitet werden. Hier entfällt der Aufwand für den TEST B ($\sim (|R_{pot}(e)| + |W_{pot}(e)|)$) und es ergibt sich:

$$\alpha\ (|W_{pot}(e)|\ +\ |E(e)|) < B(e) \Rightarrow \textit{berücksichtige die Spekulation}$$

Werden nur solche spekulative Ereignisausführungen während der Tätigkeitsphase berücksichtigt, für die die obige Heuristik dies für einen festen Wert von α empfiehlt, so paßt sich die spekulative Simulationsmethode bereits *adaptiv* an das Simulationsmodell an. Der Wert von α muß jedoch nicht konstant gehalten werden. Vielmehr könnte er adaptiv vom bisherigen Systemverhalten abhängig gemacht werden. Beispielsweise könnte ein *Optimismusgrad D* vorgegeben werden. Das System versucht, nicht mehr als D Prozent der Tätigkeitsphasen für Tests zu „vergeuden", die schließlich doch nicht die Korrektheit von Spekulationen signalisieren (vgl. Abb. 4.6). Liegt die aktuelle Verlustrate über dem vorgegebenen Wert D, so könnte α erhöht werden. Dadurch werden sich weniger spekulative Ereignisausführungen für die Durchführung eines Tests während der Tätigkeitsphase qualifizieren. Die Spekulationen, die sich jedoch qualifizieren, sind sehr lukrativ. Dies steigert die Chance auf einen hohen Gewinn und erhöht die Chance auf eine niedrigere aktuelle Verlustrate. Umgekehrt könnte der Wert von α reduziert werden, wenn die aktuelle Verlustrate unter dem Wert von D liegt. Infolgedessen wirkt die Heuristik wie ein *Filter*, der aus allen spekulativen Berechnungen lohnenswerte herausfiltert, wobei durch die dynamische Anpassung von α die Durchlässigkeit des Filters adaptiv an das Systemverhalten gekoppelt wird. Für $\alpha = \infty$ ergibt sich die zugrundeliegende konservative Methode, für $\alpha = 0$ ist der Filter ohne Wirkung.

4.3.2.6 Spekulative Simulation vs. Time-warp

Kontrollierter Optimismus. In diesem Abschnitt wird die spekulative Simulationsmethode mit dem in Kapitel 2 beschriebenen Time-warp-Verfahren verglichen. Beide Verfahren arbeiten optimistisch, da sie Ereignisse ausführen, ohne zu wissen, ob die Effekte der Ausführung korrekt sind. Während jedoch in Time-warp die bei einer optimistischen Ausführung erzeugten neuen Ereignisse sofort eingeplant werden, arbeitet spekulative Simulation hier weniger optimistisch: Erzeugte Ereignisse für andere LPs werden erst versendet, wenn feststeht, daß diese Einplanungen nicht mehr rückgängig gemacht werden müssen. Dadurch erübrigt sich das Versenden von Anti-Ereignissen, und die typischerweise sehr teueren Rollbackkaskaden treten nicht mehr auf.

Erkennen von Kausalitätsverletzungen. Time-warp erkennt Kausalitätsverletzungen mit einer sehr groben Heuristik. Infolgedessen werden mitunter potentielle Kausalitätsverletzungen angenommen, wo tatsächlich keine aufgetreten sind; die Ausführung eines Ereignisses und dessen Folgeeffekte werden u.U. unnötigerweise rückgängig gemacht. Bei der spekulativen Simulation ist dies seltener der Fall; die angegebenen Testverfahren erkennen Kausalitätsverletzungen wesentlich präziser. Der zeitliche Mehraufwand für diese Tests ist dabei oft nicht sehr groß. Werden TEST B und TEST C zusammen eingesetzt, so entsteht kein Mehraufwand, wenn bereits TEST C (Flagtest) die Korrektheit erkennt. Andernfalls ist der Mehraufwand proportional zur Anzahl der durch ein Ereignis potentiell gelesenen oder geschriebenen Zustandsvariablen (typischerweise zwischen Null und einigen wenigen Variablen).

Verwendete Garantie-Arten. Bei Time-warp wird im wesentlichen nur eine einzige Garantie-Art (GVT-Garantie) verwendet. Im Gegensatz dazu nutzt spekulative Simulation je nach zugrundeliegendem konservativen Verfahren alle der in Kapitel 2 vorgestellten Garantie-Arten. Dies ermöglicht spekulativer Simulation, Untätigkeitsphasen von Tätigkeitsphasen und somit „unsichere“ von „sicherer“ Arbeit klar zu trennen. Sichere Arbeit (d.h. das Ausführen garantierter Ereignisse) kann so jederzeit vor unsicherer bevorzugt werden. Das folgende Beispiel zeigt, daß dies in Time-warp nicht der Fall ist (obwohl mitunter das Gegenteil behauptet wird[3]).

Beispiel. Seien zwei logische Prozesse (LP_1 und LP_2) dem gleichen Prozessor zugeordnet. Jeder LP habe genau ein Ereignis in seiner Ereignisliste, welches im Fall von LP_1 garantiert und im Fall von LP_2 ungarantiert sei. Bei spekulativer Simulation würde unabhängig vom Scheduling-Verfahren LP_2 blockieren und LP_1 das garantierte Ereignis ausführen. In Time-warp wäre hingegen nicht bekannt, welches Ereignis garantiert ist. Möglicherweise wird der Scheduler daher dem Prozessor den logischen Prozeß LP_2 zuteilen, und es würde ein ungarantiertes Ereignis ausgeführt, obwohl ein garantier-

[3] Jefferson argumentiert in [JEF85a, S. 405]: *„whenever rollbacks occur, other rollback-free implementations would require blocking for an amount of real time equal to that spent on wasted computation.“*

tes ausführbar gewesen wäre. In diesem Fall entsteht ein Zeitverlust, wenn das ungarantierte Ereignis später wieder zurückgesetzt werden muß. ■

Garantien helfen spekulativer Simulation auch Speicherplatz gegenüber Time-warp einzusparen. Nicht mehr benötigter Speicherplatz wird durch Garantien früher erkannt und so eher freigeben. Des weiteren kann durch das Erkennen von sicherer und unsicherer Arbeit im Falle eines Speicherengpasses das optimistische Ausführen von Ereignissen kurzzeitig „abgeschaltet" werden, ohne daß dadurch gleichzeitig die Simulation anhält. In diesem Fall werden nur noch garantierte Ereignisse ausgeführt und daher keine weiteren Zustandskopien mehr benötigt. Infolgedessen wird der Gesamtspeicherbedarf gedrosselt. Dies ist in Time-warp nicht möglich. Hier muß ein Weniger an Speicherplatz i.w. durch ein Bremsen des Optimismus mit einem Ressourcen verbrauchenden Verfahren erkauft werden, da Speicherengpaß-Protokolle letztendlich auf Rollbacks und Busy-waiting beruhen. Schließlich braucht in spekulativer Simulation für sichere Arbeit überhaupt keine Rücksetzinformation angelegt zu werden. Zustandskopien werden daher nur vor spekulativen, nicht aber vor allen Ereignisausführungen wie in Time-warp angelegt.

Varianten beider Verfahren. Nach dem bisher gesagten unterscheidet sich spekulative Simulation in den folgenden drei Punkten wesentlich von Time-warp:

(1) Kontrollierter Optimismus (nur sichere Ereignisse werden versendet)

(2) Präziseres Erkennen von Kausalitätsverletzungen

(3) Größeres Spektrum verwendeter Garantie-Arten

Es ist interessant zu untersuchen, welche Methoden sich ergeben, wenn spekulative Simulation bzw. Time-warp aneinander angeglichen werden, so daß diese Unterschiede verschwinden. Aus Time-warp entsteht so etwa *Time-warp-ohne-Risiko*, indem gemäß (1) Ereignisse für andere LPs immer erst dann versendet werden, wenn das erzeugende Ereignis nicht mehr rückgängig gemacht werden kann. Dabei wird ein Ereignis erst dann versendet, wenn der Zeitstempel des erzeugenden Ereignisses kleiner als die GVT ist. Durch zusätzliche Einführung von FIFO-Kanälen und Austausch von Garantien gemäß (3), ergibt sich eine bisher noch unveröffentlichte Variante von Time-warp-ohne-Risiko. Bei dieser Variante können erzeugte Ereignisse wie in spekulativer Simulation i.a. früher als sicher erkannt werden und somit früher versendet werden.

Umgekehrt läßt sich der Fall betrachten, in dem spekulative Simulation genauso wie Time-warp nur GVT-Garantien verwendet (Abschwächung von (3)). In manchen spekulativer Simulation zugrundeliegenden Verfahren ließe sich dies sehr schnell erreichen. Beispielsweise müßte in dem in [CHM81a] beschriebenen Deadlock-Erkennungs- und -Behebungsverfahren im wesentlichen nur das Versenden impliziter Garantien unterdrückt werden. Bei anderen zugrundeliegenden Verfahren müßte eine GVT-Berechnung hinzugefügt und das Versenden anderer als GVT-Garantien unterdrückt werden. In einer derartigen Variante spekulativer Simulation würden die Untätigkeitsphasen typischerweise sehr lang werden, und es könnten viele spekulative Berechnungen durchgeführt werden. Dieses Verfahren ist ebenfalls dem Time-warp-ohne-Risiko-Verfahren sehr ähnlich. Allerdings kann aufgrund des präziseren Tests auf Kausalitätsverletzung immernoch darauf verzichtet werden, bei Eintreffen eines Ereignisses mit kleinerem Zeitstempel eine Kausalitätsverletzung zu vermuten. Diese eher pessimistische Vermutung führt in Time-warp-ohne-Risiko (aber auch in Time-warp) bei Empfang eines Ereignisses zu einer Wiederholung aller bereits optimistisch ausgeführten Ereignisse mit größerem Zeitstempel. Eine Wiederholung erhöht zwar die Hoffnung auf eine korrekt durchgeführte optimistische Ereignisausführung, sie reduziert aber die Nutzung der Untätigkeitsphase. Seien beispielsweise N Ereignisse optimistisch ausgeführt worden. Wenn ein kausal von diesen unabhängiges[4] Ereignis mit kleinerem als dem Zeitstempel aller N Ereignisse empfangen wird, so werden in Time-warp alle N Ereignisse wiederholt. Da sich dieser Vorgang mehrfach wiederholen kann, werden Ereignisse in Time-warp potentiell beliebig oft wiederholt. In spekulativer Simulation werden Ereignisse jedoch maximal zweimal ausgeführt: einmal spekulativ und falls sich dies zur Zeit τ_e als falsch herausstellt, einmal nichtspekulativ.

Schließlich könnte auch der Punkt (1) für spekulative Simulation angeglichen werden. Alle durch Spekulation erzeugten Ereignisse könnten etwa unmittelbar nach ihrer Erzeugung als „vorläufig“ markiert eingeplant werden. Somit wären auch diese Ereignisse (wie in Time-warp) einer optimistischen Ausführung frühestmöglich zugänglich. Allerdings müßten solche Ereignisse nun explizit als falsch oder richtig bestätigt werden, was wieder einen gewissen Nachrichtenaufwand bedeuten würde.

---

[4] Ein Beispiel dafür stellt ein Ereignis dar, welches lediglich Zustandsvariablen ausliest und (etwa um eine Statistik fortzuschreiben) auf eine Datei ausgibt.

Fazit. Spekulative Simulation ist als optimistische Methode Time-warp sehr ähnlich. Sie unterscheidet sich jedoch wesentlich von Time-warp in den oben genannten drei Punkten. Es wird argumentiert, daß die Verfahren im wesentlichen ineinander übergehen, wenn Varianten spekulativer Simulation beziehungsweise von Time-warp gebildet werden, die diese drei Unterschiede abschwächen oder vermeiden. Dieses Vorgehen zeigt auch, wie spekulative Simulation variiert werden kann, um die Hybridität in der Vertikalen von rein konservativ bis rein optimistisch einzustellen. Dies sowie obige Punkte (2) und (3) unterscheidet spekulative Simulation auch von einigen Time-warp ähnlichen Varianten wie beispielsweise SPEEDES (vgl. Kapitel 4.2.2). Durch die vielfältigen in diesem Kapitel diskutierten Varianten spekulativer Simulation kann ein beliebiges konservatives Verfahren mit unterschiedlich viel oder wenig Optimismus angereichert werden. In einem Extremfall entsteht so das zugrundeliegende rein konservative Verfahren, in dem anderen Extremfall ein hybrides Verfahren, welches Time-warp sehr ähnlich ist. Welche Variante dieser hybriden Verfahren am besten ist, hängt stark von der Anwendung ab und läßt sich für „typische" Modelle erst nach extensiven Messungen mit allen Varianten folgern. Messungen für einige der Varianten werden im nächsten Abschnitt diskutiert.

4.3.3 Performanz

Mit dem in Kapitel 3 beschriebenen DSL-System wurde eine Reihe von empirischen Untersuchungen der spekulativen Simulationsmethode durchgeführt. In diesem Kapitel werden nur die in Tabelle 4.1 wiedergegebenen drei Varianten spekulativer Simulation betrachtet. Weitere Meßergebnisse, auch von anderen Varianten, können [ARM93a, STE93b] entnommen werden.

Beschreibung der ausgewählten Varianten

Allen Varianten liegt das in Kapitel 3 beschriebene konservative Simulationsverfahren „LPBlocks" zugrunde, da sich dieses als das effizienteste konservative Verfahren herausgestellt hat (vgl. Kapitel 3). Im einzelnen lassen sich die Varianten wie folgt charakterisieren.

Variante 1 nutzt in jedem Prozessor Untätigkeitsphasen für Spekulationen aus und entscheidet ausschließlich mit TEST C (Flagtest) über die Korrektheit der Spekulation. Ist die Untätigkeitsphase zu kurz, um eine Spekulation

	Variante 1	Variante 2	Variante 3
zugrundeliegende konservative Methode	LPBlocks	LPBlocks	LPBlocks
impliziter Garantie-Austausch	ja	nein	nein
TEST B	nein	nein	ja
TEST C (Flagtest)	ja	ja	ja
Filter	nein	nein	ja
Proportionalitätsfaktor α	0	0	5.0
durch Spekulation erzeugte Ereignisse	zunächst alle puffern	zunächst alle puffern	lokale einplanen

Tabelle 4.1: Drei Varianten spekulativer Simulation.

ganz durchzuführen, wird sie unterbrochen und in der nächsten Untätigkeitsphase fortgesetzt. Die Spekulation eines Ereignisses wird abgebrochen, wenn sie bis zum Erhalt der Garantie für dieses Ereignis nicht beendet werden kann. Desgleichen wird die Spekulation bei Auftreten von Eingaben abgebrochen. Ausgaben, zu annullierende Ereignisse (`cancel`-Befehl im Modell) und erzeugte Ereignisse werden zunächst in einem privaten lokalen Speicherbereich gepuffert. Wird die Korrektheit der Spekulation erkannt, so werden die erzeugten Ausgaben durchgeführt und ggf. Ereignisse annulliert bzw. eingeplant; andernfalls wird die spekulative Ereignisausführung durch Löschen der entsprechenden Verwaltungsinformationen verworfen.

Variante 2 unterscheidet sich von Variante 1, indem zur besseren Ausnutzung langer Untätigkeitsphasen der implizite Garantie-Austauschmechanismus von LPBlocks ausgeschaltet wird. Infolgedessen werden bei einer *normalen* Ereignisausführung erzeugte Ereignisse nicht lokal gepuffert bis ihre Eintrittszeiten gleichzeitig Garantien darstellen. Vielmehr werden sie unmittelbar versendet und stehen somit frühestmöglich einer spekulativen Ereignisausführung im Empfänger zur Verfügung. Ereignisse, die durch eine Spekulation erzeugt wurden, werden wie in Variante 1 vorerst gepuffert, bis sie entweder als korrekt erkannt oder aber verworfen werden.

Variante 3 unterscheidet sich von Variante 2 zum einen darin, daß Ereignisse, die durch Spekulation für den *eigenen* LP erzeugt werden, unmittelbar in die eigene Ereignisliste eingefügt werden. Erzeugte Ereignisse für andere logische Prozesse werden genau wie in Variante 2 zunächst in einer privaten Liste gepuffert. Darüber hinaus wird jedoch zusätzlich zum Flagtest der TEST B eingesetzt. Kann der Flagtest die Korrektheit einer Spekulation nicht bestätigen, so wird zunächst überprüft, ob sich TEST B lohnen könnte. Je nach dem Ergebnis der während der Untätigkeitsphase angewendeten Heuristik (ein Filter mit Proportionalitätsfaktor $\alpha = 5.0$) wird der TEST B durchgeführt oder nicht.

Simulationsexperimente mit einem Fabrikmodell

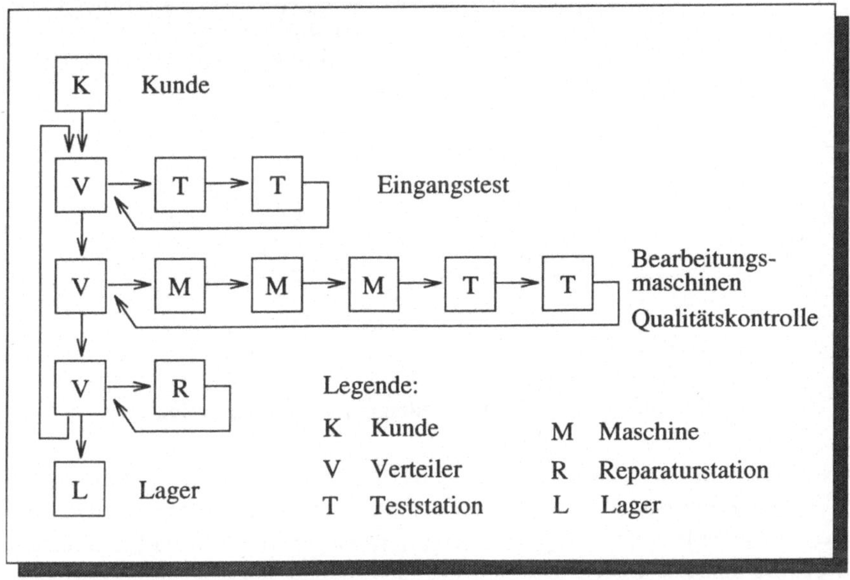

Abbildung 4.11: Topologie einer hypothetischen Mini-Fabrik.

Zunächst wurde eine einfache Vorversion des in [ARM93a] beschriebenen Fabrik-Modells untersucht. Ein Kunde versorgt eine fiktive Fabrik mit Bauteilen der Typen A oder B, die weiterverarbeitet und montiert werden sollen. Die gelieferten Bauteile durchlaufen zunächst in zwei Teststationen einen Eingangstest (Abb. 4.11). Wird dieser erfolgreich bestanden, werden die Bauteile über Verteilerknoten den Bearbeitungsmaschinen zugeleitet. Andernfalls werden sie über die Verteilerknoten an die Reparaturstation weitergeleitet. Die Bearbeitungsmaschinen sind an einem Fließband angeordnet.

Am Ende des Fließbandes werden zwei Qualitätskontrollen durchgeführt, die darüber entscheiden, ob das fertige Produkt den gestellten Anforderungen genügt. Wird ein Defekt festgestellt, so wird das Produkt entsprechend markiert. Es wandert in diesem Fall nicht ins Lager, sondern erst in eine Reparaturstation und anschießend erneut über den Eingangsverteiler zu den Bearbeitungsmaschinen.

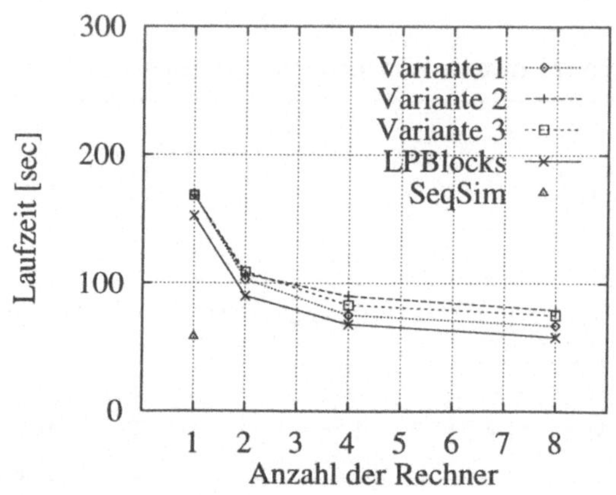

Abbildung 4.12: Durchlaufzeiten der Fabriksimulation.

Abb. 4.12 gibt das Meßergebnis wieder. Interessanterweise ist kein großer Unterschied zwischen konservativen und spekulativen Verfahren zu erkennen. Eine genauere Untersuchung der Ursachen für diesen Effekt ist aus den mitprotokollierten Daten möglich, die in Tabelle 4.2 auszugsweise wiedergegeben sind. Danach fanden im 1-Rechnerfall keine spekulativen Ereignisausführungen statt. Dies ist auch plausibel, weil dort keine Untätigkeitsphasen auftreten. In den Mehrrechnerfällen werden mit größerer Rechnerzahl zunehmend mehr Spekulationen durchgeführt. Der Anteil korrekter Spekulationen liegt im Mittel bei 54%. Dies ist darauf zurückzuführen, daß in diesem Modell die Ereignisse gleicher LPs relativ oft kausal voneinander abhängig sind; eine Spekulation in nicht chronologischer Reihenfolge ist infolgedessen in aller Regel falsch. Von den korrekten Spekulationen wurden die meisten bereits durch den Flagtest gefunden. Der zusätzliche TEST B erhöht die Anzahl als korrekt erkannter Spekulationen nicht allzu viel und trägt so nicht zu einer Performanzsteigerung bei. Der Filter kann in diesem

Modell nur relativ selten Spekulationen verwerfen. Ein wesentlicher Grund dafür ist darin zu sehen, daß viele Ereignisausführungen entweder bereits durch den Flagtest als korrekt erkannt oder nach Erhalt einer Garantie abgebrochen werden.

#Rechner	Var.	1	2	4	8
#ausgeführter Ereignisse	1/2/3	713	713	713	713
#Untätigkeitsphasen / #Untätigkeitsphasen ohne Spekulationen	1 2 3	0 0 0	13/6 10/1 10/2	119/100 222/26 88/5	388/301 355/17 353/15
#Spekulationen / #korrekter Spekulationen	1 2 3	0/0 0/0 0/0	51/24 48/21 101/79	106/60 304/121 176/114	161/65 441/232 439/291
Maximale Anzahl aufeinanderfolgender Spekulationen	1 2 3	0 0 0	3 3 4	3 7 7	6 7 7
#Spekulationen, die aufgrund des TEST C (Flagtest) als „vermutlich falsch" / „korrekt" bewertet wurden	1 2 3	0 0 0	14/24 19/21 0/39	37/60 77/121 0/63	53/65 78/232 0/232
#abgebrochener Spekulationen	1 2 3	0 0 0	13 8 8	9 106 39	43 131 128
#Spekulationen, die aufgrund des TEST B als „vermutlich falsch" / „korrekt" bewertet wurden	3	0	5/40	6/51	8/59
#Spekulationen, die durch den Filter verworfen wurden	3	0	9	17	12

Tabelle 4.2: Einige mitprotokollierte Daten bei der Ausführung des Fabrikmodells („#" bedeutet „Anzahl" und „Var." bedeutet „Variante").

Zusammenfassend läßt sich für dieses Modell also festhalten, daß zwar eine erhebliche Anzahl von Ereignissen spekulativ ausgeführt wurde, dies jedoch nicht in eine Beschleunigung gegenüber der zugrundeliegenden konservativen Methode umgesetzt werden konnte. Als nächstes wird ein Modell vorgestellt, bei dem dies in einigen Fällen anders ist.

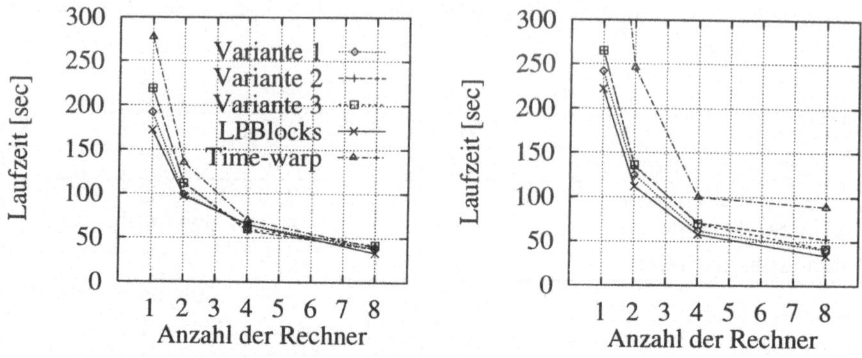

Abbildung 4.13: Eine Messung am Torusmodell mit Lookahead 0,9 bzw. 0,1.

Simulationsexperimente an einem Torusmodell

Um zu sehen, ob das Verhalten spekulativer Simulation bei Ausführung des Fabrikmodells typisch ist, wurden weitere Messungen mit dem bereits in Kapitel 3 vorgestellten Torusmodell durchgeführt. Das Torusmodell unterscheidet sich von dem Fabrikmodell durch eine höhere Anzahl von Ereignissen und einer anderen Topologie. Es wurde in mehreren Variationen ausgeführt. Allen Varianten gemeinsam ist jedoch ein gegenüber Kapitel 3 geändertes Mapping, welches benachbarte LPs bewußt auf verschiedene Rechner plaziert. Dies ermöglicht es, eingeplante Ereignisse früher spekulativ auszuführen als bei einem Mapping benachbarter LPs auf gleiche Rechner.

Abb. 4.13 zeigt die Ausführungszeiten des Torusmodells mit einem Lookahead von 0,9 (links) bzw. 0,1 (rechts). Die Abbildung zeigt, daß spekulative Simulation in allen Varianten schneller als Time-warp ist. Allerdings ist spekulative Simulation auch nur genauso schnell wie konservative Simulation. Eine naheliegende Vermutung ist daher, daß entweder nur wenige Ereignisse spekulativ ausgeführt wurden, oder aber die meisten Spekulationen inkorrekt waren. Beides ist hier jedoch nicht der Fall. So wurden bei einem Lookahead von 0,1 im 8-Rechnerfall der Variante 2 etwa 20% der ausgeführten Ereignisse spekulativ ausgeführt. Davon erwiesen sich 88% als korrekt, so daß deren Ergebnisse übernommen wurden. Allerdings dauerte das Neuausführen von Ereignissen und das Übernehmen der Ergebnisse der

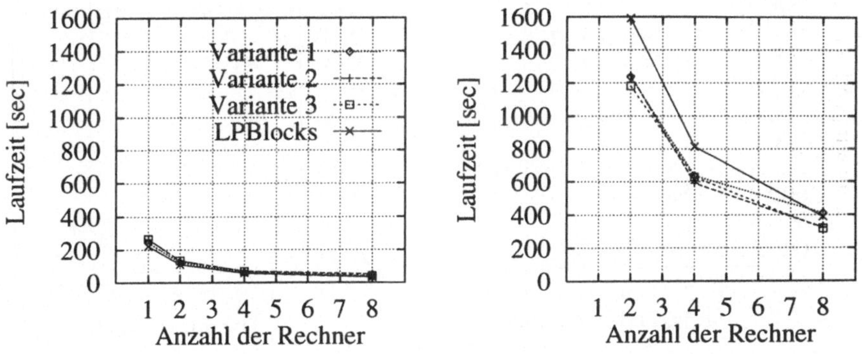

Abbildung 4.14: Torusmodell bei einem sehr geringen Berechnungsaufwand (links) bzw. bei einem Berechnungsaufwand, der proportional zu 0,4 Sekunden pro Ereignis ist (rechts).

Spekulation etwa gleich lange. Der Grund dafür liegt vermutlich darin, daß insgesamt pro Ereignis nur wenige Instruktionen auszuführen sind. Um diese These zu bekräftigen, wurden in die Ereignisse Verzögerungen eingebaut, die einen erhöhten Berechnungsaufwand simulieren. Abb. 4.14 und 4.15 geben die Meßergebnisse wieder. Tatsächlich kann bei höherem Berechnungsaufwand eines Ereignisses ein signifikanter Speedup spekulativer Simulation gegenüber der zugrundeliegenden konservativen Methode erreicht werden. Wie in Abb. 4.15 (unten links) für Variante 2 gezeigt wird, stellt sich nahezu unabhängig von der Verzögerung jeweils auf zwei, vier und acht Rechnern ein Speedup von ca. 10-40% ein. Es scheint daher weniger der absolute Wert des Verhältnisses von Berechnungsaufwand zu Kommunikationsaufwand wichtig zu sein, als vielmehr, daß dieses Verhältnis oberhalb eines gewissen Schwellwertes liegt.

Tabelle 4.3 gibt exemplarisch einige mitprotokollierten Daten für den Fall mit höchstem Berechnungsaufwand pro Ereignis wieder. Wie diese Daten zeigen, werden auch bei diesem Modell viele Ereignisse erfolgreich spekulativ ausgeführt. Die meisten Spekulationen werden aufgrund des Flagtests als korrekt erkannt. Hierbei zahlte sich aus, daß bei aufeinanderfolgenden Spekulationen während der gleichen Untätigkeitsphase jeweils optimistisch davon ausgegangen wird, daß die vorangegangenen Spekulationen korrekt

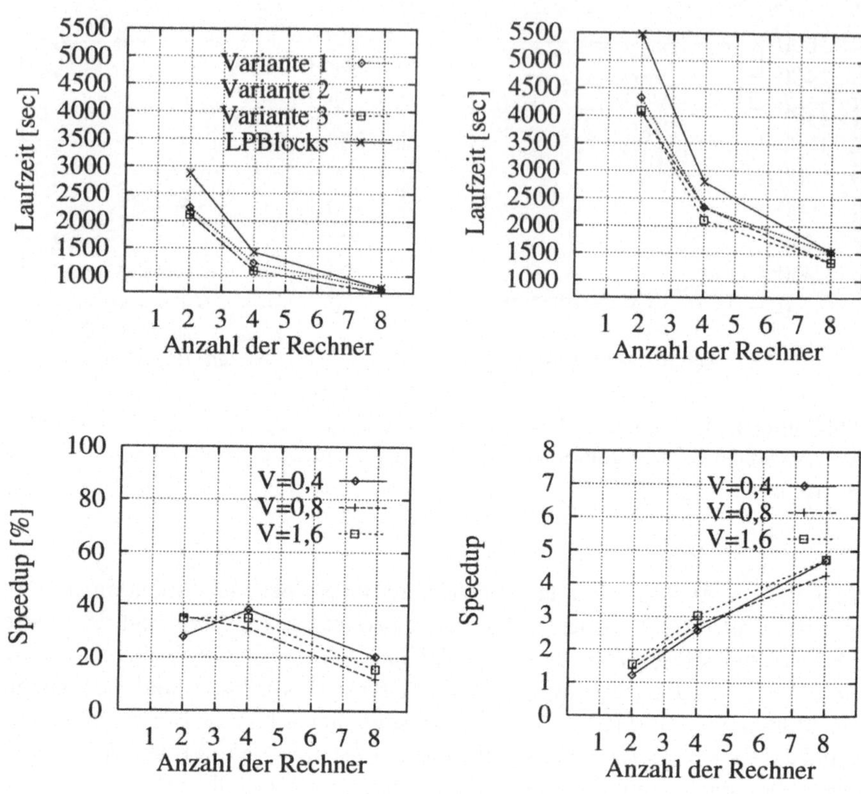

Abbildung 4.15: Oben: Torusmodell bei einem Berechnungsaufwand, der proportional zu 0,8 (links) bzw. 1,6 (rechts) Sekunden pro Ereignis ist. Unten: Speedup spekulativer Simulation gegenüber LPBlocks (links) und gegenüber sequentieller Simulation (rechts). V gibt die Verzögerung pro Ereignis in Sekunden an.

sind. Als Folge dieser Annahme wird auf der privaten Kopie, auf der eine Spekulation ausgeführt wird, nicht nur der aktuelle lokale Zustand, sondern auch die Aktualisierungen vorausgegangener (noch nicht bestätigter) Spekulationen berücksichtigt. Dadurch kann der Flagtest auch mehrere aufeinanderfolgend ausgeführte Spekulationen als korrekt bewerten. Einige wenige Spekulationen werden vor ihrem Ende abgebrochen, weil die jeweils spekulativ ausgeführten Ereignisse nach Beginn der Ausführung garantiert wurden. Der in Variante 3 zusätzlich angebotene TEST B und der Filter wirken sich in diesem Modell nicht aus. (Der Flagtest hat keine der Spekulationen als „vermutlich falsch“ bewertet; nur auf solche Spekulationen wäre aber der Filter und der TEST B angewendet worden.)

#Rechner	Var.	2	4	8
#ausgeführter Ereignisse	1/2/3	2752	2752	2752
#Untätigkeitsphasen / #Untätigkeitsphasen ohne Spekulationen	1 2 3	74/0 54/0 55/0	160/0 123/0 111/0	283/10 269/1 323/8
#Spekulationen / #korrekter Spekulationen	1 2 3	712/606 381/381 511/509	934/682 609/607 512/511	1178/704 1560/1538 1569/1545
Maximale Anzahl aufeinanderfolgender Spekulationen	1 2 3	9 6 6	9 6 5	10 20 20
#Spekulationen, die aufgrund des TEST C (Flagtest) als „vermutlich falsch” / „korrekt“ bewertet wurden	1 2 3	102/606 0/381 0/509	247/682 0/607 0/511	469/704 0/1538 0/1545
#abgebrochener Spekulationen	1 2 3	4 0 2	5 2 1	5 22 24
#Spekulationen, die aufgrund des TEST B als „vermutlich falsch“ / „korrekt“ bewertet wurden	3	0/0	0/0	0/0
#Spekulationen, die durch den Filter verworfen wurden	3	0	0	0

Tabelle 4.3: Einige mitprotokollierte Daten bei der Ausführung des Torusmodells mit hohem Berechnungsaufwand („#“ bedeutet „Anzahl“ und „Var.“ bedeutet „Variante“).

Abschließend wird der tatsächliche Speedup spekulativer Simulation gegenüber dem in Kapitel 3 vorgestellten sequentiellen Simulator (mit

Calendar-queue) verglichen. Wie Abb. 4.15 (unten rechts) für die Variante 2 zeigt, wird bei den Modellvarianten mit erhöhtem Berechnungsaufwand anscheinend unabhängig vom tatsächlichen Berechnungsaufwand pro Ereignis eine Beschleunigung um den Faktor 4–5 auf acht Rechnern erzielt.

Fazit der Messungen

Die Ergebnisse aus den Experimenten lassen sich wie folgt zusammenfassen. Spekulative Simulation kann bestimmte Modelle schneller ausführen als die zugrundeliegende konservative, aber auch als rein optimistische Methoden (hier: Time-warp). Vor allem kann sie sogar schneller sein als sequentielle Simulation. Allerdings scheint dazu neben hinreichend vielen Untätigkeitsphasen ein hohes Verhältnis von Berechnungsaufwand zu Kommunikationsaufwand nötig zu sein. Die Messungen legen jedoch nahe, daß nicht der konkrete Wert dieses Verhältnisses wichtig ist. Vielmehr scheint es zu reichen, daß das Verhältnis oberhalb eines gewissen Schwellwerts liegt. Möglicherweise ist ein Grund dafür darin zu sehen, daß spekulative Simulation nur eine Beschleunigung leisten kann, wenn Ereignisausführungen oft zeitaufwendig sind: Nur dann „lohnt“ es, die Ergebnisse korrekter Spekulationen zu übernehmen, anstatt die Modifikationen durch eine Neuausführung der Ereignisse zu bewirken. Der Flagtest hat sich als effizient und häufig gewinnbringend erwiesen. Die Verwendung des TEST B zusätzlich zum Flagtest sowie der Einsatz des Filters kostete zwar kaum Aufwand, brachte jedoch bei den untersuchten Modellen keinen Vorteil.

4.3.4 Das Paradigma spekulativer Berechnungen

Verteilte Simulation läßt sich als eine große Teilklasse verteilter Anwendungen betrachten. Aus diesem Grund ist es nicht verwunderlich, daß die Idee spekulativer Berechnung auch für andere verteilte Anwendungen bereits vorgeschlagen wurde. Im folgenden werden einige dieser Anwendungen skizziert.

In Anlehnung an Osborne läßt sich *spekulative Berechnung* als eine Technik für Mehrprozessorsysteme auffassen, bei der Ressourcen extensiv ausgenutzt werden, um möglicherweise später benötigte Berechnungen bereits vorab durchzuführen [OSB89a]. Eine Beschleunigung wird möglich, falls die Ergebnisse solcher spekulativer Berechnungen später verwendet werden können. Eine große Anwendungsklasse für spekulative Berechnungen stellen funktionale (applikative) Programmiersprachen dar (siehe etwa [BUR85a, RUD88a]). Bei der Evaluierung einer Funktion werden dabei Funktionsargumente bereits ausgewertet, bevor bekannt ist, ob die Auswertung überhaupt benötigt wird. Falls ein spekulativ ausgewertes Argument später benötigt wird, ist sein korrektes Ergebnis bereits bekannt. Spekulative Berechnungen sind hierbei also in jedem Fall korrekt, da die Funktionsargumente unabhängig voneinander sind; es ist aber unklar, ob sie letztendlich benötigt werden. Im Gegensatz dazu werden die Berechnungen in der spekulativen Simulationsmethode in jedem Fall benötigt, aber es ist unklar, ob sie bei der spekulativen Ausführung korrekt ausgeführt wurden (da während der spekulativen Ereignisausführung Zustandsvariablen zugegriffen werden können, die noch nicht ihren endgültigen, korrekten Wert angenommen haben).

Das Paradigma spekulativer Berechnungen läßt sich auch zur Lösung kombinatorischer Optimierungsprobleme etwa mittels der parallelen *Abkühlungsmethode* (*Simulated-annealing*) einsetzen [WCF90a]. Um dies zu veranschaulichen, soll zunächst die Abkühlungsmethode kurz skizziert werden.

In dieser Methode wird der Lösungsraum eines Optimierungsproblems in folgenden drei Schritten zyklisch nach Lösungen mit minimalen Kosten durchsucht:

1. Bestimme eine weitere Lösung L_{i+1}.
2. Berechne deren Kosten $c(L_{i+1})$.
3. Entscheide, ob L_{i+1} oder die vorige Lösung L_i „besser“ ist.

Die im letzten Punkt genannte Entscheidung wird zugunsten der neuen Lösung L_{i+1} ausfallen, wenn $c(L_{i+1}) \leq c(L_i)$. Mit der Wahrscheinlichkeit $e^{\frac{c(L_i)-c(L_{i+1})}{T}}$ wird jedoch die Lösung L_{i+1} auch dann gewählt, wenn $c(L_{i+1}) > c(L_i)$. Dies ermöglicht es, Lösungen zu verwerfen, deren Kosten lediglich ein lokales Optimum, nicht aber das gesuchte globale Optimum darstellen. Der Name „Abkühlungsmethode“ beruht auf der Wahl des *Temperatur* genannten Parameters T: Die Suche nach Lösungen wird mit einem hohen Wert für T begonnen. Dadurch werden mit einer relativ hohen Wahrscheinlichkeit die jeweils neuen Lösungen gewählt. Mit zunehmender Zahl an Iterationen kühlt die Temperatur jedoch auf immer kleinere (positive) Werte ab. Es läßt sich zeigen, daß auf diese Weise unter gewissen Bedingungen das globale Optimum mit einer hohen Wahrscheinlichkeit gefunden wird [MRS85a, WCF90a].

Spekulative Berechnungen lassen sich für solche Optimierungsprobleme sinnvoll einsetzen, in denen die Berechnung der Kosten einer Lösung im Vergleich zur Berechnung der Entscheidung teuer ist. Die Idee besteht darin, jeweils die $(i+1)$-te Iteration parallel zur i-ten Iteration auf zwei weiteren Prozessoren durchzuführen. Einer dieser zwei Prozessoren nimmt dabei an, die Lösung L_i wird verworfen, der andere nimmt an, L_i wird akzeptiert (d.h. L_i ist „besser" als L_{i-1}). Wie Abb. 4.16 andeutet, kann so bei drei Prozessoren fast ein Speedup von zwei erreicht werden. Eine Verallgemeinerung dieser Idee auf N Prozessoren wird ebenfalls in [WCF90a] vorgeschlagen.

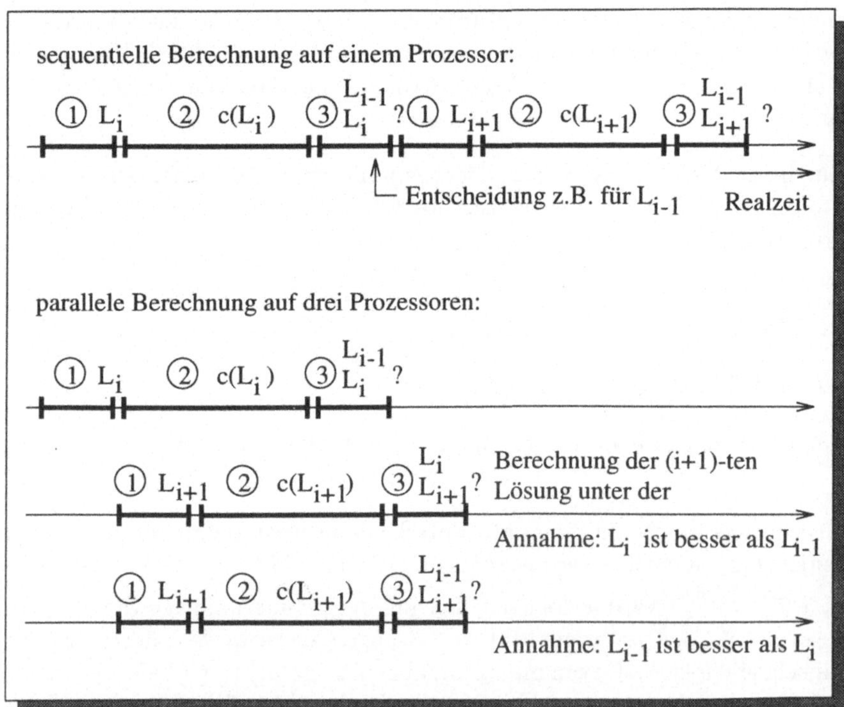

Abbildung 4.16: Spekulative Berechnungen in der parallelen Abkühlungsmethode.

Ähnliche Ideen für den Einsatz spekulativer Berechnungen finden sich bei der für den Benutzer transparenten parallelen Ausführung von Maschineninstruktionen eines sequentiellen Programms durch sogenannte *Lookahead-Prozessoren* [KEL75a]. Solche Prozessoren betrachten jeweils die nächsten k auszuführenden Instruktionen und führen kausal unabhängige Instruktionen parallel aus. Bei bedingten Verzweigungen — wie etwa bei einer `if`- oder `case`-Anweisung — kann bereits vor Auswertung der Verzweigungsbedingung ein oder mehrere der möglichen Fortsetzungsmöglichkeiten spekulativ berechnet werden (Abb. 4.17). Im Prinzip wird also der korrekte *Kontrollfluß* „geraten" und vorab spekulativ ausgeführt. In [BUZ90a, BUB90a] wird dieses Prinzip verallgemeinert. Es werden sequentielle Berechnungen durch Programmabhängigkeitsgraphen dargestellt und Regeln angegeben, nach denen sich diese Berechnungen optimistisch parallel ausführen lassen.

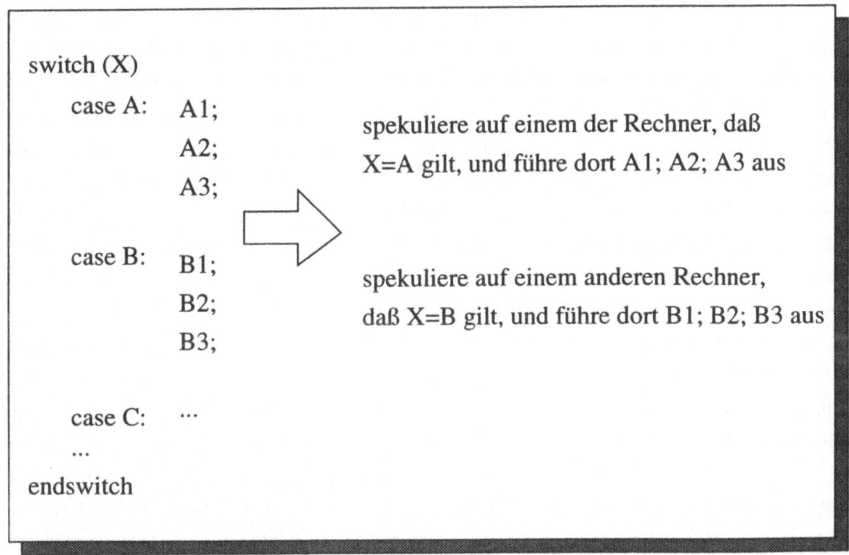

Abbildung 4.17: Spekulative Ausführung verschiedener Fortsetzungsmöglichkeiten.

4.4 Beschleunigung ereignisgesteuerter Simulation — Chancen und Perspektiven

Ereignisgesteuerte diskrete Simulation ist eine große, wichtige und gleichzeitig rechenintensive Klasse von Anwendungen. In den letzten 16 Jahren, vor allem aber seit der kommerziellen Verfügbarkeit von Mehrprozessorsystemen wurde nach Alternativen gesucht, solche Simulationen schneller durchführen zu können. Die bisherigen Ergebnisse lassen sich wie folgt zusammenfassen (vgl. auch Kapitel 1). Durch die triviale Parallelisierung, bei der jedes Einzelexperiment einer Serie von Versuchen auf einem anderen Prozessor abläuft, wird für viele Bereiche eine hohe Beschleunigung erreicht. Dieser Ansatz hilft jedoch nichts, wenn die Experimente voneinander abhängig sind oder ein *einzelnes* Experiment möglichst schnell durchgeführt werden soll. Die Idee der Ausführung von Ereignissen auf der einen Seite und parallel dazu von Hilfsfunktionen (Zufallszahlengenerierung, Ereignislistenverwaltung etc.) auf der anderen Seite, scheint keine signifikante Beschleunigung ermöglichen zu können. So wird beispielsweise die Ereignislistenverwaltung in sequentieller Simulation bereits mit O(1)-Algorithmen durchgeführt, die durch eine parallele Verwaltung der Ereignisliste auf mehreren Prozessoren kaum zu übertreffen sind. Ähnliches gilt für andere Hilfsfunktionen. Versuche, ereignisgesteuerte Simulation durch parallelisierende Compiler oder durch Vektorisierung zu beschleunigen, scheitern ebenfalls. Zyklische Topologien und die meist von Zufallszahlen abhängige Kausalordnung stehen dem entgegen [CHB83a, MAM89a, RIW89a, RMM88a]. Als vielversprechendste Ansätze stellen sich die verteilte und parallele Simulation heraus. Sie versuchen, die in der Struktur des Problems — der Kausalstruktur der Ereignisse — vorhandene Parallelität durch Parallelisierung der Ereignisausführungen auszunutzen. Die meist vom Benutzer durchgeführte Partitionierung der Menge aller auszuführenden Ereignisse vereinfacht das Erkennen kausal unabhängiger Ereignisse erheblich. Die verbleibenden Abhängigkeiten lassen sich durch eine Vielfalt von konservativen, optimistischen oder hybriden Simulationsverfahren synchronisieren. Diese Verfahren, ihre charakteristischen Eigenschaften sowie ihre Vor- und Nachteile wurden in den vorangegangenen Kapiteln ausführlich und systematisch diskutiert.

Hinter allen vorgestellten Konzepten und Varianten verteilter und paralleler Simulation steht immer die Frage nach einer möglichen Beschleunigung gegenüber sequentieller Simulation. Da sich diese Frage aufgrund der Komplexität realistischer Simulationsmodelle und deren inhärent asynchronen

Ausführung i.a. einer adäquaten mathematisch-analytischen Untersuchung entzieht, stehen in diesem Buch vor allem empirische Untersuchungen solcher Verfahren im Vordergrund. In Kapitel 3 wurde ein Simulationssystem vorgestellt, welches speziell zu diesem Zweck im Fachbereich Informatik der Universität Kaiserslautern entwickelt und eingesetzt wurde. Es ermöglicht einen fairen Vergleich sequentieller und verteilter Methoden.

Die Ergebnisse der Messungen mit diesem System legen nahe, daß bis zu der zur Verfügung stehenden Anzahl von acht Prozessoren des gleichen Typs verteilte Simulation für eine große Zahl von Modellen zu keiner Beschleunigung der Simulation führt; Messungen in der Literatur (etwa [SUS89a]) deuten für die gleiche Modellklasse, aber mit mehr Prozessoren auf eine leichte Beschleunigung hin. Als Grund für das dennoch ernüchternde Performanzergebnis wird der vergleichsweise hohe Synchronisierungsaufwand angesehen, der in verteilten Systemen durch den Austausch von Nachrichten entsteht. Eine Beschleunigung konnte dagegen mit vielen verteilten Simulationsmethoden, etwa der vom Autor entwickelten spekulativen Simulationsmethode, nachgewiesen werden, wenn das Modell über genügend Parallelität verfügt und der mittlere Berechnungsaufwand pro Ereignis im Vergleich zum Kommunikationsaufwand hoch ist. Derartige Modelle sind etwa bei Gefechtsfeldsimulationen zu finden. Insbesondere stellt spekulative Simulation in einer Grundvariante (Korrektheitstest mit der Flagmethode) eine Verbesserung *beliebiger* konservativer Verfahren dar. Konservative Varianten wiederum sind optimistischen überlegen, wenn der Modellierer viel Wissen über das Modell (Topologieinformation, Lookahead etc.) an den Simulator weiterleiten kann. So lassen sich z.B. manche Warteschlangennetz-Simulationen gut beschleunigen, wenn die Future-list-Technik eingesetzt wird (vgl. Kapitel 2). Umgekehrt sind jedoch optimistische Verfahren konservativen überlegen, wenn kein externes Wissen bereitgestellt werden kann.

Hoffnung auf eine Beschleunigung diskret ereignisgesteuerter Simulation gibt es jedoch auch noch in einer anderen Hinsicht: *Dieselben* Algorithmen, die bei verteilter Simulation herangezogen werden, werden auch bei paralleler Simulation auf Mehrprozessorsystemen mit physisch gemeinsamen Speicher eingesetzt. Bei Verwendung der Algorithmen zur parallelen Simulation kann allerdings das Versenden von Nachrichten wesentlich effizienter implementiert werden. Es besteht im wesentlichen nur noch aus dem Setzen einer Sperre auf einen Teil des gemeinsamen Speichers und dem anschließenden Ablegen der Nachricht in einer Datenstruktur des Empfängers. Auch bezüglich dem in Kapitel 1 angesprochenen Mapping hat parallele

Simulation Vorteile. Das Dilemma bei *verteilter* Simulation ist, daß ein statisches Mapping von logischen Prozessen auf Prozessoren in der Regel nicht während der ganzen Simulation optimal ist. Eine dynamische Strategie kommt allerdings meist auch nicht in Frage, da das dazu nötige Migrieren von logischen Prozessen sehr zeitaufwendig ist. Bei paralleler Simulation können jedoch die Zustandsräume der logischen Prozesse im gemeinsamen Speicher abgelegt werden, so daß ein Migrieren nicht nötig ist. Messungen in der Literatur zeigen, daß mit paralleler Simulation auch bei großen realistischen Modellen ein Speedup möglich ist; obgleich dieser in der Regel nicht so hoch ist, wie man vielleicht erwarten würde. So werden in [WRJ92a] vergleichende Messungen mit einem realistischen Modell aus etwa 60000 Zeilen C-Code beschrieben. Der sich ergebende Speedup bei 70 Prozessoren betrug immerhin noch etwa 4. Natürlich sind viele weitere Messungen (vor allem an solch realistischen Modellen) notwendig, bevor abschließend über die Chancen verteilter und paralleler Simulation zur Parallelisierung ereignisgesteuerter Simulation geurteilt werden kann. Sollte sich dabei jedoch zeigen, daß ein Speedup von 4 oder mehr typischerweise erreicht wird, so ist dies durchaus als Erfolg zu werten. Dies gilt um so mehr, als ein Prozessor zunehmend billiger, Zeit jedoch immer kostbarer wird.

Um Eingang in die industrielle Praxis zu finden, muß jedoch nicht nur die Performanzsteigerung signifikant sein. Auch die Modellierungs- und Auswertungsumgebung verteilter und paralleler Systeme muß dann hinreichend gut verstanden werden. Die folgenden drei Kapitel dieser Dissertation widmen sich diesem für die praktische Einsetzbarkeit verteilter und paralleler Simulation wichtigen Themenkreis. Dabei steht zunächst die Sicherstellung der *Reproduzierbarkeit* der Simulation im Vordergrund. Neben einer Diskussion dieses Problems, werden erstmalig Schemata angegeben, die die Reproduzierbarkeit gewährleisten. Anschließend wird nach Möglichkeiten gesucht, verteilte und parallele Simulation auch dann noch einsetzen zu können, wenn das Modell einige wenige *inhärent globale Daten* enthält.

Kapitel 5

Reproduzierbarkeit verteilter Simulation

5.1 Überblick

Eine ereignisgesteuerte Simulation wird *reproduzierbar* genannt, wenn aus Sicht eines externen Beobachters bei jeder Wiederholung desselben Simulationsexperiments alle Ereignisse in der gleichen Reihenfolge ausgeführt werden. Nichtreproduzierbares Verhalten kann vor allem dann entstehen, wenn durch die Modellspezifikation für einige Ereignisse die Ausführungsreihenfolge nicht eindeutig vorgegeben ist. Werden etwa die Eintrittszeiten der Ereignisse über Zufallszahlengeneratoren berechnet, so kann der Modellierer i.a. nicht vermeiden, daß möglicherweise zwei Ereignisse die gleiche Eintrittszeit zugeordnet bekommen. Die Ausführungsreihenfolge solcher *gleichzeitiger* Ereignisse hängt dann allein von dem verwendeten Simulationssystem ab. Trifft dieses jedoch keine besonderen Vorkehrungen, so könnte aufgrund der inhärent asynchronen Ausführung des Modells bei einer Wiederholung eine andere Serialisierung gleichzeitiger Ereignisse gewählt werden. Die Simulationsergebnisse würden sich so möglicherweise nicht reproduzieren lassen. Dennoch wird ein Benutzer erwarten, daß sich das Simulationssystem deterministisch verhält. Dies gilt um so mehr, als die heute in der Praxis eingesetzten *sequentiellen* Simulationssysteme bereits seit langem die Reproduzierbarkeit gewährleisten. Über die Reproduzierbarkeit der Simulations*ergebnisse* hinaus (wie etwa Statistiken am Ende einer Simulation) fordert die obige Definition der Reproduzierbarkeit jedoch weiter, daß der für den Benutzer sichtbare *Verlauf* der Simulation identisch bleibt. Beispielsweise vereinfacht dies das Debuggen eines Simulationsmodells, weil die Reihenfolge der benutzersichtbaren Ereignisse bei jeder Wiederholung gleich bleibt. Darüber hinaus ist diese Anforderung auch für solche Fälle wichtig, in denen durch ein Simulationsexperiment der zeitliche Verlauf eines in der Realität zu langsam oder zu schnell ablaufenden Vorgangs beobachtet werden soll: Durch eine mehrfache Wiederholung desselben reproduzierbaren Simulationsexperiments kann der Benutzer jedesmal andere Aspekte der *gleichen* simulierten Realität verfolgen. Ohne die Reproduzierbarkeit würde u.U. bei jeder Wiederholung des Simulationsexperiments ein anderer — ebenfalls in der Realität möglicher — Verlauf sichtbar. Tatsächlich wurde der Aspekt der Reproduzierbarkeit verteilter und paralleler Simulation erst spät erkannt. Lediglich ein einziges Verfahren [RWH90a] wurde vorgeschlagen, um die Reproduzierbarkeit in verteilter Simulation sicherzustellen. Wie weiter unten jedoch vom Autor gezeigt wird, ist dieses Verfahren inkorrekt: In bestimmten Fällen gerät die Simulation in eine systeminterne Endlosschleife, so daß die Simulationszeit nicht mehr voranschreitet.

In diesem Kapitel wird zunächst nach den Ursachen gesucht, die das Sicherstellen reproduzierbaren Verhaltens in verteilter Simulation erschweren. Daraus werden wünschenswerte Eigenschaften von Reproduzierbarkeitsverfahren abgeleitet, und schließlich wird ein konkretes Verfahren angegeben, welches erstmalig die Reproduzierbarkeit verteilter Simulation gewährleistet. In dem vorgeschlagenen Reproduzierbarkeitsverfahren werden in jedem logischen Prozeß Ereignisse durch lexikographischen Vergleich von Tripel $(Zeitstempel, Alter, id)$ linear angeordnet. Die Tripel lassen sich einfach berechnen und jedem Ereignis bei seiner Erzeugung zuordnen. Dadurch kann die Reproduzierbarkeit für sequentielle, konservative und die meisten optimistischen Simulationsverfahren sichergestellt werden. Für Time-warp mit Lazy-cancellation kann das gleiche Schema verwendet werden, wobei jedoch unter bestimmten Bedingungen zusätzlich „Korrekturnachrichten“ versendet werden müssen. Der Platz- und Zeitaufwand für das Schema ist vernachlässigbar. Lediglich für Time-warp mit Lazy-cancellation ist eine leichte Performanzverschlechterung möglich. Eine solche tritt vor allem dann auf, wenn der Anteil der Korrekturnachrichten hoch ist, die einen Rollback auslösen. Dies ist jedoch ein eher seltener Fall, weil dazu sehr häufig jeweils mehrere Ereignisse mit dem gleichen Zeitstempel in der „falschen“ Reihenfolge ausgeführt werden müßten. Das Kapitel wird beschlossen mit einer Diskussion weiterer Ideen zur Sicherstellung des in der Praxis wichtigen Problems der Reproduzierbarkeit verteilter Simulation.

5.2 Das Determinismus-Problem

In ereignisgesteuerter Simulation wird generell jedes Ereignis in deterministischer Weise ausgeführt. Dies bedeutet, daß die wiederholte Ausführung eines einzelnen Ereignisses immer die gleichen Effekte hervorruft, solange die dabei referenzierten Teile des Zustands und die eventuell vom Benutzer benötigten Eingaben bei jeder Wiederholung identisch sind. Nichtreproduzierbarkeit der Simulation kann sich daher allenfalls aus einer unterschiedlichen Ausführungsreihenfolge der Ereignisse ergeben. Da Ereignisse mit verschiedenen virtuellen Eintrittszeiten chronologisch (und damit in einer fest vorgegebenen Reihenfolge) auszuführen sind, bleibt allein die in der Modellspezifikation nicht eindeutig geregelte Reihenfolge gleichzeitiger Ereignisse als möglicher Grund nichtreproduzierbaren Verhaltens. Tatsächlich reichen zwei kausal datenabhängige gleichzeitige Ereignisse aus, um in zwei Ausführungen desselben Simulationsexperiments zu vollständig verschiedenen Simulationsergebnissen zu gelangen.

Die Serialisierung gleichzeitiger Ereignisse wird in einem Simulationssystem durch ein *Tie-breaking*-Schema geregelt. Diese garantieren die oben definierte Reproduzierbarkeit einer Simulation, wenn sie bei jeder Wiederholung gleichzeitige Ereignisse identisch serialisieren. In diesem Abschnitt soll untersucht werden, wo die Probleme bei der Konstruktion solcher Tiebreaking-Verfahren liegen.

5.2.1 Typische Probleme

In einem sequentiellen ereignisgesteuerten Simulator kann ein die Reproduzierbarkeit garantierendes Tie-breaking-Schema einfach angegeben werden: Von zwei gleichzeitigen Ereignissen wird dasjenige zuerst ausgeführt, welches in Realzeit zuerst generiert wurde. Die Reproduzierbarkeit wird garantiert, da ein sequentieller Simulator alle Ereignisse nacheinander ausführt und somit neue Ereignisse immer in der gleichen relativen Reihenfolge erzeugt. Interessanterweise stellt das gleiche Tie-breaking-Schema die Reproduzierbarkeit nicht mehr sicher, wenn es für verteilte Simulation eingesetzt wird. Das folgende Beispiel veranschaulicht dies.

Beispiel. Abb. 5.1 zeigt zwei mögliche Ereignisausführungen desselben Simulationsexperiments. Es sei angenommen, daß e_3 und e_4 den gleichen Zeit-

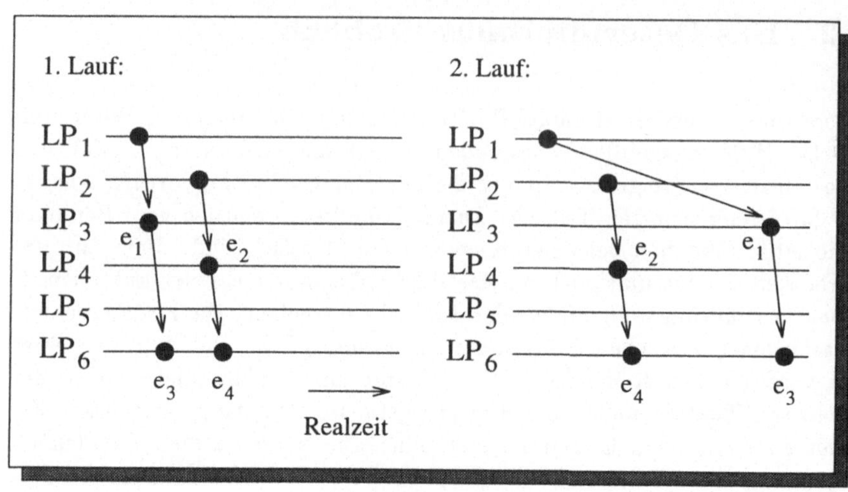

Abbildung 5.1: Unterschiedliche Latenzzeiten beim Versenden von Ereignissen können der Grund für nichtreproduzierbares Verhalten verteilter (und paralleler) Simulation sein.

stempel tragen. Die Pfeile deuten an, daß in diesem Modell e_3 von e_1 und e_4 von e_2 erzeugt werden. Aufgrund unterschiedlicher Latenzzeiten bei der Einplanung von e_1 mittels Nachrichten wird e_3 im ersten Lauf *vor* e_4 und im zweiten Lauf *nach* e_4 erzeugt. Bei Anwendung des obigen Tie-breaking-Schemas würde daher im ersten Lauf e_3 vor e_4 und im zweiten Lauf nach e_4 ausgeführt. Infolgedessen könnte die restliche Simulation jeweils einen unterschiedlichen Verlauf nehmen und schließlich mit verschiedenen Simulationsergebnissen enden. ■

Die Reproduzierbarkeit bei verteilter und paralleler Simulation wird also gegenüber sequentieller Simulation durch zusätzlichen Nichtdeterminismus erschwert, der inhärent in den benutzten Mehrrechnersystemen auftritt. Ursachen für diesen Nichtdeterminismus sind unterschiedliche relative Ausführungsgeschwindigkeiten logischer Prozesse (aufgrund verschiedenem Mapping, variierenden Bedienzeiten bei Betriebssystemaufrufen etc.) sowie unterschiedliche Latenzzeiten beim Versenden von Ereignissen mittels Nachrichten. Bevor eine Lösung des Reproduzierbarkeitsproblems für verteilte und parallele Simulation angegeben wird, werden zunächst verschiedene Beobachtungen skizziert, die jeweils auf weitere typische Probleme aufmerksam machen.

5.2.1.1 Erste Beobachtung: Prioritäten alleine reichen nicht aus

Auf den ersten Blick scheint das Reproduzierbarkeitsproblem für verteilte Simulation allein dadurch lösbar zu sein, daß jedem Ereignis neben seinem Zeitstempel eine geeignet gewählte eindeutige Priorität zugeordnet wird, die die Ausführungsreihenfolge gleichzeitiger Ereignisse festlegt. Diese Priorität könnte etwa im Moment der Ereigniserzeugung aus dem lokalen Zustand des erzeugenden LP abgeleitet werden. Erstaunlicherweise reicht dies jedoch bei manchen verteilten Simulationsverfahren nicht aus, weil sich mitunter der lokale Zustand zum Erzeugungszeitpunkt in verschiedenen Läufen unterscheidet. Das folgende Beispiel illustriert dies für Time-warp mit Lazy-cancellation (vgl. Kapitel 2).

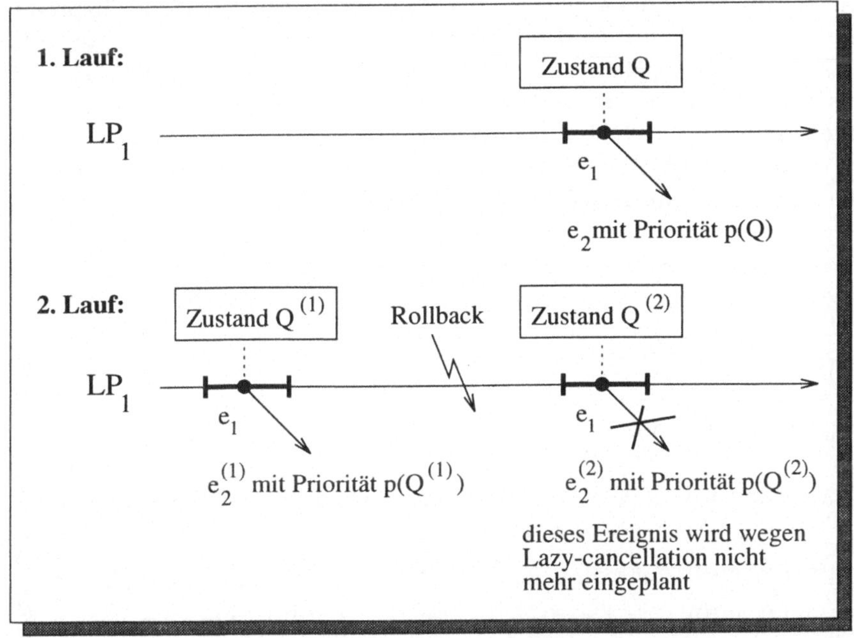

Abbildung 5.2: Ein Problem mit zustandsabhängigen Prioritäten.

Beispiel. Abb. 5.2 zeigt zwei mögliche Ausführungen desselben Simulationsmodells. Dabei interessiert uns bei jedem Lauf lediglich das Ereignis e_2, welches während der Ausführung von e_1 im logischen Prozeß LP_1 erzeugt wird. Im ersten Lauf erhält e_2 bei seiner Erzeugung die Priorität

$p(Q)$ zugeordnet. Im zweiten Lauf wird LP_1 das Ereignis e_1 früher als im ersten Lauf eingeplant. Nach Ausführung von e_1 (und eventuell weiteren Ereignissen) wird eine Kausalitätsverletzung festgestellt und e_1 nach einem Rollback erneut ausgeführt. Seien die jeweils erzeugten Ereignisse und die zum Erzeugungszeitpunkt gültigen Zustände wie in der Abbildung angegeben mit $e_2, e_2^{(1)}, e_2^{(2)}$ bzw. $Q, Q^{(1)}, Q^{(2)}$ bezeichnet. Bei der Erzeugung von $e_2^{(2)}$ wird der Lazy-cancellation-Mechanismus überprüfen, ob (1) die benutzerdefinierten Zeitstempel, (2) die Ereignisnamen und (3) die Parameter der zwei erzeugten Ereignisse $e_2^{(1)}$ und $e_2^{(2)}$ identisch sind. Ist dies der Fall, geht die Lazy-cancellation-Methode davon aus, daß $e_2^{(1)} = e_2^{(2)}$ gilt. Infolgedessen wird kein Anti-Ereignis für $e_2^{(1)}$ erzeugt und die Einplanung von $e_2^{(2)}$ unterdrückt. Aus diesem an und für sich normalen Ablauf im Time-warp-Verfahren ergibt sich ein Problem für den Erhalt der Reproduzierbarkeit, wenn für die den Ereignissen e_2 zugeordneten Prioritäten gilt: $p(Q^{(1)}) \neq p(Q) = p(Q^{(2)})$. In diesem Fall würde letztendlich im ersten Lauf das Ereignis e_2 die Priorität $p(Q)$ zugeordnet behalten, im zweiten Lauf jedoch $p(Q^{(1)}) \neq p(Q)$. Durch die unterschiedlichen Prioritäten können sich im restlichen Verlauf der Simulation unterschiedliche Ausführungsreihenfolgen und somit unterschiedliche Ergebnisse einstellen. ■

a)		b)	
e_1(in LP_2 at 9):	`x := false;` schedule e_2 at 10;	e_1(in LP_2 at 9):	x := 0; schedule e_2 at 10;
e_2(in LP_2 at 10):	if (x=`false`) then schedule e_3 for LP_1;	e_2(in LP_2 at 10):	schedule e_3 for LP_1; if (x=0) then x:=1;
e_3(in LP_1 at 10):	schedule e_4 for LP_2;	e_3(in LP_1 at 10):	schedule e_4 for LP_2;
e_4(in LP_2 at 10):	`x := true;`	e_4(in LP_2 at 10):	if (x=0) then x:=2;

Abbildung 5.3: Ereignisroutinen der Ereignisse in Abb. 5.4 bzw. 5.5.

5.2.1.2 Zweite Beobachtung: Transitive Erzeugungsreihenfolge muß beachtet werden

Ein Modellierer nimmt *implizit* an, daß ein Tie-breaking-Verfahren gleichzeitige Ereignisse *nicht* beliebig serialisiert. Vielmehr wird erwartet, daß die Serialisierung die *transitive Erzeugungsreihenfolge* respektiert. Für im gleichen logischen Prozeß auszuführende gleichzeitige Ereignisse e und e' bedeutet dies, daß e vor e' auszuführen ist, wenn e' direkt oder indirekt[1] von e erzeugt wurde. Diese in sequentieller Simulation trivialerweise erfüllte Forderung (e' existiert erst, nachdem e ausgeführt wurde, und Ereignisausführungen werden nicht wiederholt) ist insbesondere bei optimistischer verteilter Simulation nicht mehr per se erfüllt. Wie das folgende Beispiel zeigt, ist es aufgrund der Verletzung dieser Bedingung möglich, in eine systeminterne Endlosschleife zu gelangen.

Beispiel. In einem Simulationsmodell gebe es nur vier Ereignisse e_1, e_2, e_3, e_4, die sich wie folgt verhalten (Abb. 5.3a): e_1 hat den Zeitstempel 9, alle anderen den Zeitstempel 10. Das Ereignis e_3 soll durch LP_1 ausgeführt werden, alle anderen durch LP_2. Das Ereignis e_1 setzt eine lokale Variable x auf `false` und erzeugt anschließend lokal das Ereignis e_2. e_2 erzeugt das Ereignis e_3 für LP_1, falls die lokale Variable x `false` ist und tut andernfalls nichts. Das Ereignis e_3 erzeugt e_4 für LP_2, und e_4 setzt die lokale Variable x auf `true`. In einer rein sequentiellen Simulation würden die Ereignisse offensichtlich in der Reihenfolge $e_1 e_2 e_3 e_4$ ausgeführt. Eine verteilte Simulation durch Time-warp mit Aggressive-cancellation kann folgenden Verlauf zeigen, falls das Tie-breaking-Verfahren entscheidet, e_4 vor e_2 auszuführen (Abb. 5.4a):

① e_1 erzeugt e_2. Nach Ausführung von e_1 ist die Variable x `false`.

② e_2 erzeugt e_3 für LP_1. e_3 erzeugt e_4 für LP_2.

③ Bei Ankunft des Ereignisses e_4 entscheidet das Tie-breaking-Schema, daß e_4 vor e_2 auszuführen ist. Daher führt der Empfang von e_4 zu einem Rollback auf den Zustand nach der Ausführung von e_1. Da Time-warp mit

[1] Ein Ereignis e_{Vater} erzeugt ein Ereignis e_{Sohn} *direkt oder indirekt*, wenn es Ereignisse $e_1, e_2, \ldots, e_n$ gibt, derart, daß $e_{Vater} = e_1$, $e_{Sohn} = e_n$ und e_i erzeugt das Ereignis e_{i+1} für $n \geq 2, i \in \{1, \ldots, n-1\}$.

Aggressive-cancellation benutzt wird, wird sofort ein Anti-Ereignis für e_3 gesendet, welches in LP_1 einen Rollback und damit ein Anti-Ereignis für e_4 auslöst. Sei angenommen, daß dieses Anti-Ereignis in LP_2 zu dem im Bild gezeigten Zeitpunkt empfangen wird.

④ Nach der Ausführung von e_4 ist x `true`.

⑤ e_2 erzeugt kein Ereignis e_3, da x nicht `false` ist.

⑥ Durch den Empfang des Anti-Ereignisses e_4 wird ein Rollback auf den Zustand nach Ausführung von e_1 durchgeführt. Nach dem Rollback ist x wieder `false`.

⑦ Weiter bei ②. (Endlosschleife)

Abb. 5.4b zeigt ein entsprechendes Szenario bei Verwendung von Time-warp mit Lazy-cancellation:

① e_1 erzeugt e_2. Nach Ausführung von e_1 ist die Variable x `false`.

② e_2 erzeugt e_3 für LP_1. e_3 erzeugt e_4 für LP_2.

③ Bei Ankunft des Ereignisses e_4 entscheidet das Tie-breaking-Schema, daß e_4 vor e_2 auszuführen ist. Der Empfang von e_4 führt zu einem Rollback auf den Zustand nach der Ausführung von e_1. Da Time-warp mit Lazy-cancellation benutzt wird, werden zunächst keine Anti-Ereignisse gesendet.

④ Nach der Ausführung von e_4 ist x `true`.

⑤ e_2 erzeugt kein Ereignis e_3, da x nicht `false` ist. Da Lazy-cancellation benutzt wird, wird nun ein Anti-Ereignis für e_3 gesendet. Dies führt zu einem Rollback in LP_1 und infolgedessen zu einem Anti-Ereignis für e_4.

⑥ Durch den Empfang des Anti-Ereignisses e_4 wird ein Rollback auf den Zustand nach Ausführung von e_1 durchgeführt. Nach dem Rollback ist x wieder `false`.

⑦ Weiter bei ②. (Endlosschleife) ■

Verletzungen der transitiven Erzeugungsreihenfolge lösen nicht immer Endlosschleifen aus. Sie könnten auch ganz unbemerkt und ohne negativen Effekt bleiben. Wie das folgende Beispiel zeigt, können sie jedoch auch unerwartete Zustandswechsel hervorrufen, wodurch sich das Modellverhalten ändern kann.

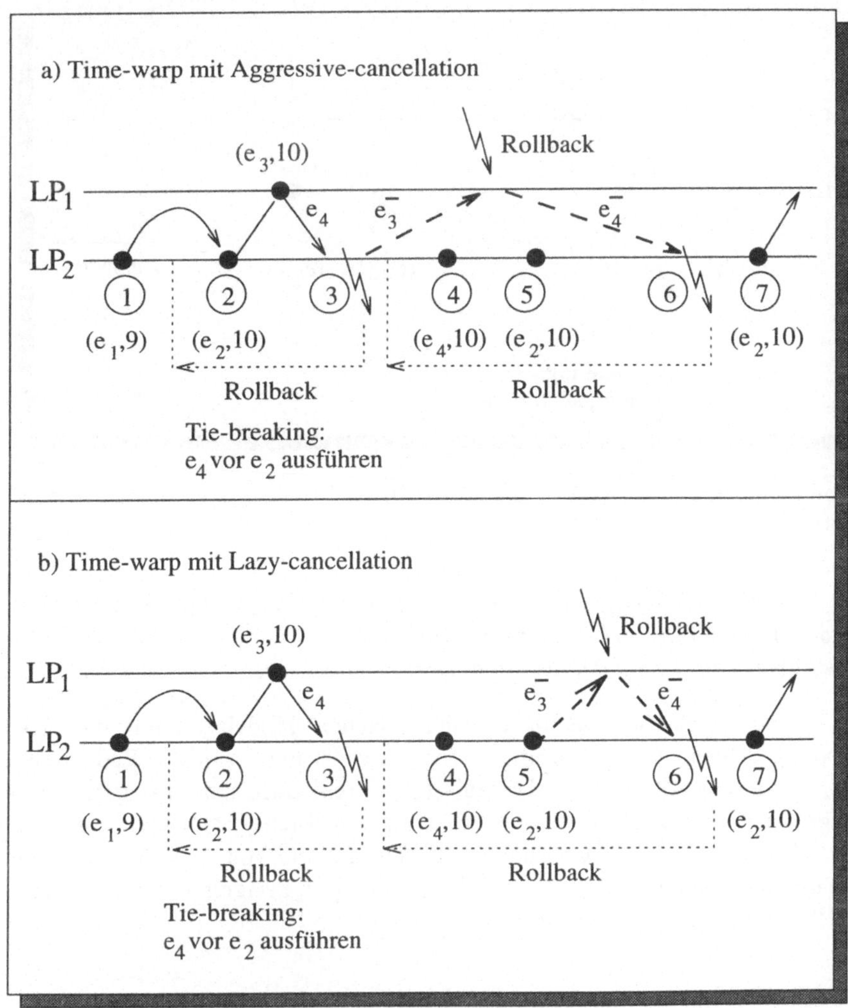

Abbildung 5.4: Zwei systeminterne Endlosschleifen bei Simulationen mit Time-warp.

Beispiel. Sei ein Simulationsmodell mit vier Ereignissen und den zugehörigen Ereignisroutinen aus Abb. 5.3b gegeben. Als Simulationsverfahren sei Time-warp mit Lazy-cancellation verwendet. Würde die transitive Erzeugungsreihenfolge durch das verwendete Tie-breaking-Verfahren berücksich-

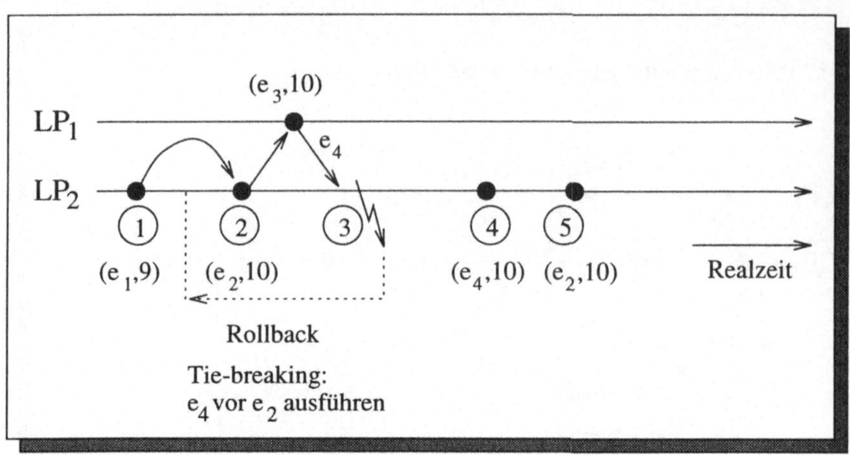

Abbildung 5.5: Durch Verletzung der transitiven Erzeugungsreihenfolge tritt ein unerwarteter Zustandsübergang auf.

tigt, so folgt aus der Spezifikation der Ereignisroutinen, daß die Ereignisse in der Reihenfolge $e_1e_2e_3e_4$ ausgeführt werden. In diesem Fall ist nach Ausführung der vier Ereignisse die Variable x auf den Wert 1 gesetzt.

Abb. 5.5 zeigt die Ausführung des gleichen Modells, wenn das Tiebreaking-Schema die gleichzeitigen Ereignisse e_2 und e_4 in der Reihenfolge e_4e_2 ausführen läßt. Da das Ereignis e_4 indirekt durch das Ereignis e_2 erzeugt wurde, wird in diesem Fall die transitive Erzeugungsreihenfolge verletzt. Die folgenden Erläuterungen machen anhand von Abb. 5.5 deutlich, wie dadurch schließlich nach Ausführung der vier Ereignisse die Variable x auf 2 anstatt auf 1 gesetzt wird:

① e_1 setzt x auf 0 und erzeugt e_2.

② e_2 erzeugt e_3 für LP_1 und setzt x auf 1. e_3 erzeugt e_4 für LP_2.

③ Da e_4 vor e_2 auszuführen ist, wird bei Ankunft des Ereignisses e_4 ein Rollback auf den Zustand nach Ausführung von e_1 ausgelöst. Dabei wird x wieder auf 0 zurückgesetzt. An dieser Stelle wird kein Anti-Ereignis gesendet, da Timewarp mit Lazy-cancellation benutzt wird.

④ Durch die Ausführung von e_4 wird x auf 2 gesetzt.

⑤ Während der Ausführung von e_2 wird e_3 erneut erzeugt. Daher wird bei Lazy-cancellation weder ein Anti-Ereignis für e_3 erzeugt noch das Ereignis e_3 eingeplant. Da der Wert von x vor der Ausführung von e_2 gleich 2 war, wird x durch e_2 nicht modifiziert. Der Wert von x bleibt daher auf 2. ■

5.2.1.3 Dritte Beobachtung: Trotz Reproduzierbarkeit verschiedene Ergebnisse?

Interessanterweise kann die Reihenfolge der bestätigten[2] Ereignisausführungen bei sequentieller und verteilter Ausführung desselben Modells verschieden voneinander sein, selbst wenn das gleiche Tie-breaking-Verfahren zugrundegelegt wird.

Beispiel. Wie das Beispiel in Abb. 5.5 zeigt, wird bei dem dort verwendeten Tie-breaking-Schema bei verteilter Simulation die Reihenfolge $e_1e_3e_4e_2$ erzwungen. Bei sequentieller Simulation würden die Ereignisse jedoch in der Reihenfolge $e_1e_2e_3e_4$ ausgeführt, da nach jeder Ereignisausführung höchstens ein einziges Ereignis in der (dann zentralen) Ereignisliste eingefügt ist und infolgedessen das Tie-breaking-Verfahren nicht angewendet wird. ■

Obgleich bei sequentieller und verteilter Simulation im vorangegangenen Beispiel eine unterschiedliche Reihenfolge resultiert, stellen sich diese Reihenfolgen bei jeder Wiederholung mit dem gleichen Simulationsverfahren immer wieder genauso ein. Damit wird deutlich, daß ein Tie-breaking-Schema, welches sowohl für sequentielle als auch für verteilte Simulation die Reproduzierbarkeit für bestätigte Ereignisausführungen garantiert, nicht notwendigerweise die *gleiche* Reihenfolge bestätigter Ereignisausführungen für „äquivalente" sequentielle und verteilte Simulationen bewirken muß. Hierbei sollte jedoch erwähnt werden, daß die Reihenfolge $e_1e_3e_4e_2$ in obigem Beispiel gleichzeitig eine Verletzung der transitiven Erzeugungsreihenfolge darstellt. Die Reihenfolge $e_1e_3e_4e_2$ ist somit zwar aufgrund der Modellspezifikation zulässig, aber im Gegensatz zu der Reihenfolge $e_1e_2e_3e_4$ aus Benutzersicht unerwartet. Die Frage, ob es Tie-breaking-Schemata gibt, die

[2] Eine Ereignisausführung wird *bestätigt* genannt, wenn sie vollständig durchgeführt wurde und während der restlichen Simulation nicht mehr rückgängig gemacht wird. Man beachte, daß in sequentieller und konservativer Simulation alle Ereignisausführungen bestätigt sind, wohingegen etwa in Time-warp einige (fälschlicherweise erzeugten) Ereignisse überhaupt keine bestätigten Ausführungen besitzen.

die transitive Erzeugungsreihenfolge einhalten und reproduzierbar bei jeder Wiederholung der Simulation die gleiche Ereignisreihenfolge bewirken, aber trotzdem bei sequentieller und verteilter Simulation zu unterschiedlichen Ereignisreihenfolgen führen, ist noch offen.

5.2.1.4 Fazit der Beobachtungen

Die Beobachtungen lassen sich wie folgt zusammenfassen. Im Gegensatz zur sequentiellen Simulation ist die Sicherstellung der Reproduzierbarkeit für verteilte und parallele Simulation ein nichttrivales Problem. Verantwortlich dafür sind vom Modellierer oft nicht vermeidbare Ungenauigkeiten in der Modellspezifikation. Zum einen können (insbesondere bei der Berechnung der Eintrittszeiten über Zufallszahlengeneratoren) gleichzeitige Ereignisse erzeugt werden, deren Serialisierung dem Simulationssystem überlassen bleibt. Die zu diesem Zweck bereitgestellten Tie-breaking-Verfahren garantieren jedoch häufig nicht die gleiche Serialisierung bei Wiederholung desselben Simulationsexperiments. Zum anderen wird in Modellbeschreibungen typischerweise nicht spezifiziert, daß bestimmte Serialisierungen gleichzeitiger Ereignisse nicht erlaubt sein sollen. So erwartet ein Modellierer implizit, daß ein Ereignis nicht vor dem es erzeugenden Ereignis ausgeführt wird. Diese implizite Annahme wurde durch den Begriff der transitiven Erzeugungsreihenfolge präzisiert. Verletzungen der transitiven Erzeugungsreihenfolge können u.a. zu systeminternen Endlosschleifen und unerwartetem Modellverhalten führen. Insbesondere ist ein unerwartetes Modellverhalten gefährlich, da dies eine Simulationsstatistik gänzlich verfälschen kann, ohne daß es zunächst auffällt. Schließlich wurde festgestellt, daß eine einfache Zuordnung zustandsabhängiger Prioritäten bei Time-warp mit Lazy-cancellation zu Problemen führen kann und daß selbst Tie-breaking-Schemata, die für sich genommen die Reproduzierbarkeit gewährleisten, in verschiedenen Simulationsverfahren zu verschiedenen Serialisierungen führen können.

5.2.2 Wünschenswerte Eigenschaften von Tie-breaking-Schemata

Es gibt eine Reihe von wünschenswerten Eigenschaften für Tie-breaking-Schemata. Als Minimalanforderung wird dabei ein *deterministisches* Tie-breaking-Verfahren angesehen, welches aufgrund der obigen Beobachtungen wie folgt definiert wird.

Definition (Deterministisches Tie-breaking-Schema). *Ein Tie-breaking-Verfahren heißt* deterministisch, *wenn es (1) in verschiedenen Läufen desselben Simulationsexperiments in einander entsprechenden LPs immer die gleiche Reihenfolge bestätigter Ereignisausführungen bewirkt und (2) wenn es die transitive Erzeugungsreihenfolge respektiert.*

Ein deterministisches Tie-breaking-Schema stellt die Reproduzierbarkeit der Simulationsergebnisse sicher; auch dann noch, wenn sich das Mapping der LPs auf Prozessoren ändert (wodurch sich die relative Ausführungsgeschwindigkeit logischer Prozesse verändern kann) oder wenn die Nachrichtenverzögerungszeiten variieren. Darüber hinaus garantieren deterministische Tie-breaking-Schemata die Reproduzierbarkeit der Reihenfolge bestätigter (und damit prinzipiell benutzersichtbarer) Ereignisausführungen innerhalb von logischen Prozessen. Dies ist beispielsweise dann von Vorteil, wenn die Simulation für eine Animation der Realität durchgeführt wird, die zur Analyse gewisse Teilvorgänge mehrfach wiederholt werden soll. Hier möchte der Benutzer bei jeder Wiederholung jeweils verschiedene Aspekte derselben simulierten Realität untersuchen. Für die Suche von Fehlern bei der Implementierung eines verteilten Simulationsverfahrens wäre es auch hilfreich, wenn das Tie-breaking-Verfahren in einer verteilten und einer sequentiellen Simulation jeweils dieselbe Serialisierung gleichzeitiger Ereignisse bewirkt. In diesem Fall kann ein fehlerfreier sequentieller Lauf dazu genutzt werden, um die erste Stelle zu finden, bei der der verteilte Lauf sich falsch verhält [RWH90a]. Schließlich respektieren deterministische Tie-breaking-Schemata die transitive Erzeugungsreihenfolge. Wie weiter oben erläutert wurde, muß diese Eigenschaft gefordert werden, da Modellierer implizit von dieser Annahme ausgehen und Verletzungen die Simulation inkorrekt werden lassen können. Des weiteren ist es wünschenswert, von den im Modell verwendeten symbolischen Namen und den Parameterlisten der Ereignisse unabhängig zu sein. Ein Beispiel, wo dies nicht der Fall ist, ist das Tie-breaking-Schema, welches im TWOS-System verwendet wird. Bei diesem werden gleichzeitige Ereignisse entsprechend ihrer internen Byte-Repräsentation angeordnet. Ändert sich der Ereignisname oder fügt der Benutzer zu einem Ereignis einen redundanten Parameter hinzu, so ändert sich allerdings diese Byte-Repräsentation. Infolgedessen könnte sich ein ganz anderer Simulationsverlauf und schließlich auch andere Simulationsergebnisse einstellen. Dieser Effekt ist aus Benutzersicht überraschend und unerwünscht.

5.3 Deterministische Tie-breaking-Verfahren

Die wichtigsten der oben vorgestellten wünschenswerten Eigenschaften werden durch ein deterministisches Tie-breaking-Verfahren erfüllt. Ein solches soll in diesem Abschnitt vorgestellt werden. Um zu garantieren, daß die transitive Erzeugungsreihenfolge nicht verletzt wird, wird zunächst jedem Ereignis ein Tupel (t, a) zugeordnet, wobei t der vorgegebene benutzerspezifizierte Zeitstempel und a das wie folgt definierte *Alter* eines Ereignisses ist: Das Alter eines *initialen*[3] Ereignisses ist 1. Erzeugt ein Ereignis e_{Vater} mit Zeitstempel t und Alter a ein Ereignis e_{Sohn} mit dem gleichen Zeitstempel t, so erhält das Sohnereignis das Alter $a + 1$ zugeordnet, andernfalls das Alter 1.

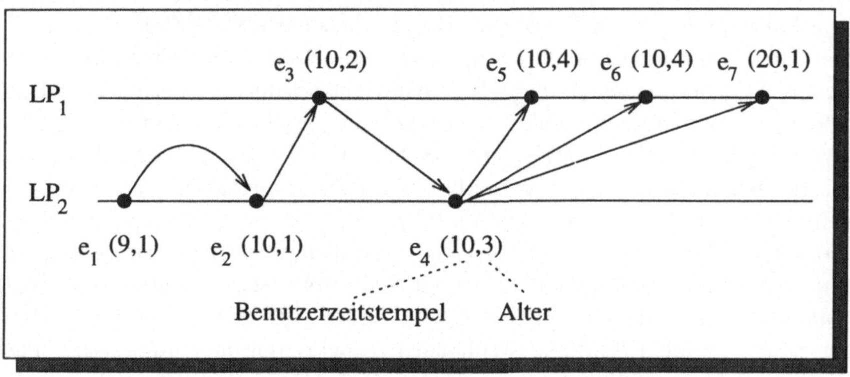

Abbildung 5.6: Beispiele für das Alter von Ereignissen.

Beispiel. Die Zuordnung eines Alters an Ereignisse wird in Abb. 5.6 illustriert (Pfeile deuten das Erzeugen neuer Ereignisse an). Das Ereignis e_4 hat die benutzerdefinierte Eintrittszeit 10 und das Alter 3. Es erzeugt während seiner Ausführung die Ereignisse e_5, e_6 und e_7. Die Ereignisse e_5 und e_6 haben die gleiche Eintrittszeit wie e_4 und erhalten daher das Alter 4. Das Ereignis e_7 hat jedoch eine größere Eintrittszeit als e_4 und erhält daher das Alter 1 zugeordnet. Offensichtlich reicht das so definierte Tie-breaking-Schema noch nicht aus, um alle Ereignisse im gleichen logischen Prozeß linear anzuordnen: Die Ereignisse e_5 und e_6 haben das gleiche assoziierte Tupel. ■

[3] Unter einem *initialen* Ereignis wird ein Ereignis verstanden, welches bereits vor Beginn der Simulation in einer der Ereignislisten der logischen Prozesse eingefügt wurde.

In dem nun folgenden zweiten Schritt wird das Tie-breaking-Schema so verfeinert, daß letztendlich *alle* Ereignisse des gleichen logischen Prozesses angeordnet werden. Dies wird erreicht, indem statt des Tupels (t, a) jedem Ereignis ein Tripel (t, a, id) mit einem global eindeutigen Bezeichner id zugeordnet wird. Dieser id kann beispielsweise wie folgt definiert werden. Wird während der Ausführung eines Ereignisses e_1 zur Realzeit τ im logischen Prozeß S ein Ereignis e_2 erzeugt, so erhält das Ereignis e_2 den Bezeichner $id = (S, i)$ zugeordnet. Die erste Komponente des Tupels id entspricht der Kennung des erzeugenden logischen Prozesses. Über sie wird vorausgesetzt, daß sie bei jeder Wiederholung des Simulationslaufs für den gleichen LP identisch ist. Da in diesem Buch statisch-verteilte Simulatoren betrachtet werden, ist dies leicht erfüllbar, weil sich in diesem Fall während der Simulation die Anzahl der logischen Prozesse nicht verändert. Die Komponente i des Tupels id ist eine Folgenummer, die der Gesamtzahl der Ereignisse entspricht, die vor e_2 im logischen Prozeß S erzeugt wurden. Dabei werden nur solche erzeugende Ereignisse berücksichtigt, die bis zur Realzeit τ noch nicht annulliert worden sind. Falls zwei Ereignisse im gleichen logischen Prozeß die gleiche benutzerdefinierte Eintrittzeit und das gleiche Alter tragen, wird dasjenige Ereignis zuerst ausgeführt, welches lexikographisch den kleineren Bezeichner id zugeordnet hat.

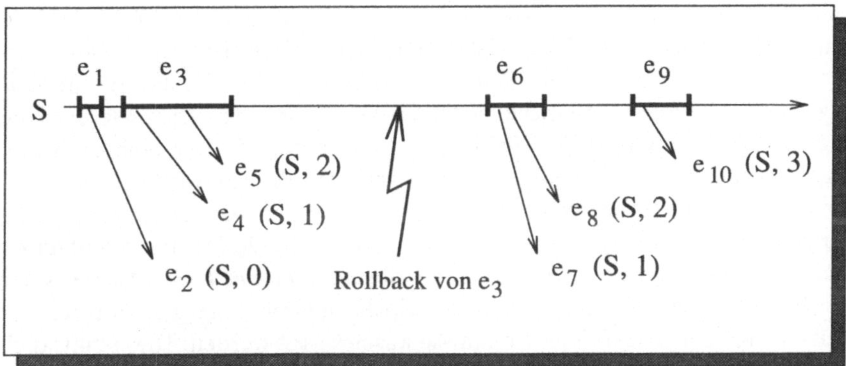

Abbildung 5.7: Beispiele für den Bezeichner *id*.

Beispiel. Abb. 5.7 illustriert, wie die Bezeichner id gebildet werden, wenn Time-warp mit Aggressive-cancellation benutzt wird. Zur Vereinfachung wird angenommen, daß die Ereignisse e_1, e_3, e_6, e_9 die ersten in S auszuführenden Ereignisse sind und daß sie durch einen anderen LP erzeugt und in S eingeplant wurden. Bei der Ausführung von e_1 wird das Ereignis

e_2 erzeugt. Da der logische Prozeß S vor e_2 noch keine anderen Ereignisse erzeugt hat, erhält e_2 den Bezeichner $id_2 = (S, 0)$ zugeordnet. Der Bezeichner id_7 des Ereignisses e_7 ist $(S, 1)$, da die Ausführung von e_3 rückgängig gemacht wurde und damit die durch e_3 erzeugten Ereignisse e_4 und e_5 nicht gezählt werden. ■

Die Folgenummer i in Bezeichnern kann leicht berechnet werden. Beispielsweise könnte sie in Time-warp Teil des Zustandsvektors sein, der periodisch gesichert und im Falle eines Rollbacks wieder restauriert wird (vgl. Kapitel 2). In diesem Fall braucht i lediglich bei jeder Erzeugung eines Ereignisses inkrementiert zu werden. Auch für die endliche Menge initialer Ereignisse läßt sich der Bezeichner id leicht berechnen. Konzeptionell könnte dies etwa dadurch geschehen, daß ein zusätzlicher logischer Prozeß alle initialen Ereignisse erzeugt und dabei wie oben beschrieben die Bezeichner id zuordnet.

Das bisher gezeigte Tie-breaking-Schema ist deterministisch, solange *alle* Effekte falscher Ereignisausführungen rückgängig gemacht werden. Es kann also bereits für sequentielle Simulation, konservative verteilte und parallele Simulation und optimistische Verfahren wie Time-warp mit Aggressive-cancellation benutzt werden. Die Einhaltung der transitiven Erzeugungsreihenfolge wird durch das Konzept des Alters von Ereignissen garantiert. Die Reproduzierbarkeit der Serialisierung wird durch die global eindeutige $id = (S, i)$ erreicht, die bei jeder Wiederholung der Simulation für entsprechende Ereignisse identisch ist, vorausgesetzt logische Prozesse erhalten in allen Wiederholungen jeweils die gleiche Kennung S. Der Mehraufwand, der zur Sicherstellung der Reproduzierbarkeit mit diesem Verfahren notwendig ist, kann als vernachlässigbar angesehen werden: Der lexikographische Vergleich dauert genauso lange für Tripel (t, a, id) wie für den benutzergegebenen Zeitstempel t alleine, solange alle Zeitstempel t verschieden sind. Die letzten zwei Komponenten des Tripels müssen hingegen nur für die meist wenigen gleichzeitigen Ereignisse ausgewertet werden. Dies stellt auch keinen nennenswerten Zeitaufwand dar. Der Platzaufwand zur Abspeicherung des Tripels (statt des benutzergegebenen Zeitstempels) ist ebenfalls vernachlässigbar, da in der Regel während der Ausführung eines Simulationsmodells zu jedem Zeitpunkt prozentual immer nur ein kleiner Teil aller insgesamt auszuführenden Ereignisse in Ereignislisten abgespeichert ist.

Time-warp mit Lazy-cancellation

In einem dritten und letzten Schritt wird das Tie-breaking-Verfahren so angepaßt, daß es auch bei solchen optimistischen Verfahren deterministisch arbeitet, in denen eine falsche Ereignisausführung ein korrektes (später nicht mehr zurückgesetztes) Ereignis erzeugt. Durch eine verfrühte Ausführung könnte einem dabei erzeugten Ereignis e_1 ein falsches Tripel (t_1, a_1, id_1) zugeordnet werden, wie in Abschnitt 5.2 (vgl. Abb. 5.2) detailierter ausgeführt wurde. Die Reproduzierbarkeit kann jedoch nicht garantiert werden, wenn einem Ereignis in einem Lauf ein falsches Tripel und in einem anderen Lauf ein korrektes Tripel zugeordnet wird. Die Verfeinerung des bisherigen Tie-breaking-Schemas besteht deshalb darin, alle Effekte, die durch die Benutzung eines potentiell falschen Tripels entstanden und bei Benutzung des richtigen Tripels nicht entstanden wären, rückgängig zu machen. Zu diesem Zweck werden *Korrekturnachrichten* versendet. Diese Grundidee wird nun exemplarisch am Beispiel von Time-warp mit Lazy-cancellation konkretisiert.

Eine Korrekturnachricht für ein Ereignis e_1 bei Time-warp mit Lazy-cancellation wird durch das Tripel (id'_1, a_2, id_2) definiert, wobei id'_1 ein global eindeutiger Bezeichner für das Ereignis e_1, a_2 das korrigierte Alter von e_1 und id_2 der korrigierte Bezeichner ist. Der zusätzliche Bezeichner id' wird nicht benutzt, um Ereignisse anzuordnen, sondern nur dazu, Ereignisse zu identifizieren. Daher ist es nicht notwendig, daß in verschiedenen Läufen desselben Simulationsexperiments einander entsprechende Ereignisse auch den gleichen Bezeichner id' zugeordnet erhalten. Ein mögliche Definition von id' ist die folgende: Falls ein Ereignis e das i-te Ereignis ist, welches überhaupt durch den logischen Prozeß S (einschließlich später eventuell wieder zurückgezogener Ereignisse) erzeugt wurde, so erhält e den Bezeichner $id' = (S, i)$ zugeordnet. Analog zu den Bezeichnern id ist es einfach, initialen Ereignissen entsprechende Bezeichner id' zuzuordnen.

Korrekturnachrichten werden bei Time-warp mit Lazy-cancellation immer dann versendet, wenn beim Zurücksetzen eines Ereignisses e kein Anti-Ereignis für das von e erzeugte Ereignis e_1 versendet wird (und sich darüber hinaus das mit e_1 assoziierte Tripel verändert hat). Erhält ein logischer Prozeß R ein Korrekturnachricht (id'_1, a_2, id_2) für ein Ereignis e_1 mit assoziiertem Tripel (t_1, a_1, id_1), so überprüft R, ob die Reihenfolge der von ihm bereits ausgeführten Ereignisse anders gewesen wäre, wenn e_1 von vornherein das korrigierte Tripel (t_1, a_2, id_2) assoziiert gehabt hätte, wobei a_2 und

id_2 die korrigierten Werte aus der Korrekturnachricht sind. Falls dies so ist, wird die Korrekturnachricht konzeptionell so behandelt, als ob zunächst ein Anti-Ereignis für e_1 empfangen worden wäre und anschließend ein (normales) Ereignis e_1 mit dem korrigierten Tripel. Wurde jedoch die lokale Ausführungsreihenfolge nicht verletzt, so wird zunächst das mit e_1 assoziierte Tripel durch die Werte a_2 und id_2 korrigiert. Anschließend wird überprüft, ob e_1 bereits durch R ausgeführt wurde und ob e_1 dabei ein *gleichzeitiges* Ereignis e_3 für den logischen Prozeß R_3 mit dem assoziierten Tripel $(t_1, a_1 + 1, id_3)$ erzeugt hat. Nur falls dies der Fall ist, wird die Korrekturnachricht $(id_3', a_2 + 1, id_3)$ für e_3 an R_3 gesendet. Man beachte, daß dies nur im Fall gleichzeitiger Ereignisse nötig ist, da andernfalls das Alter von e_3 unabhängig von a_1 auf 1 gesetzt wurde. Daher lösen Korrekturnachrichten im Gegensatz zu Anti-Ereignissen oft keine Folgekorrekturnachrichten aus. Auch ist beim Empfang von Korrekturnachrichten (im Gegensatz zum Empfang von Anti-Ereignissen für ein bereits ausgeführtes Ereignis e) oft überhaupt kein Rollback nötig, da die lokale Ausführungsreihenfolge nur dann verletzt werden kann, wenn es andere gleichzeitige Ereignisse gibt. Folglich kann die Anzahl der Anti-Ereignisse bei Time-warp mit Aggressive-cancellation wesentlich größer sein als die Summe der Anti-Ereignisse und Korrekturnachrichten bei Time-warp mit Lazy-cancellation.

Beispiel. Abb. 5.8 zeigt ein Beispiel für Time-warp mit Lazy-cancellation, in dem eine Korrekturnachricht nötig ist. Bei diesem Beispiel werden die Ereignisse e_6 und e_7 mit dem gleichen Zeitstempel 60 erzeugt. Im ersten Lauf des Simulationsexperimentes wird e_6 der Bezeichner $id = (S, 3)$ und e_7 der Bezeichner $id = (S, 4)$ zugeordnet. Folglich wird der logische Prozeß R erst e_6 ausführen und anschließend e_7. Im zweiten Lauf des gleichen Simulationsexperimentes wird das Ereignis e_7 durch eine vorzeitige Ausführung von e_2 erzeugt. Da dies das erste von S erzeugte Ereignis ist, wird ihm als Bezeichner $id = (S, 0)$ zugeordnet. Nach der Ankunft von e_1 wird die Ausführung von e_2 rückgängig gemacht und später wiederholt. Da bei der erneuten Ausführung von e_2 das gleiche Ereignis e_7 erneut erzeugt wird, entscheidet die Lazy-cancellation-Methode, weder das erzeugte Ereignis e_7 noch ein Anti-Ereignis für e_7 an R einzuplanen. Würde keine Korrekturnachricht gesendet, würde R im zweiten Lauf e_7 vor e_6 ausführen, da $(S, 0)$ lexikographisch kleiner als $(S, 3)$ ist. Die in der Abbildung angegebene Korrekturnachricht sorgt im zweiten Lauf für die gleiche Ausführungsreihenfolge wie im ersten Lauf. Sie wird in R beispielsweise einen Rollback auslösen, wenn im Moment des Empfangs der Korrekturnachricht sowohl e_6 als auch e_7 bereits ausgeführt wurden, aber e_7 vor e_6 ausgeführt wurde. ■

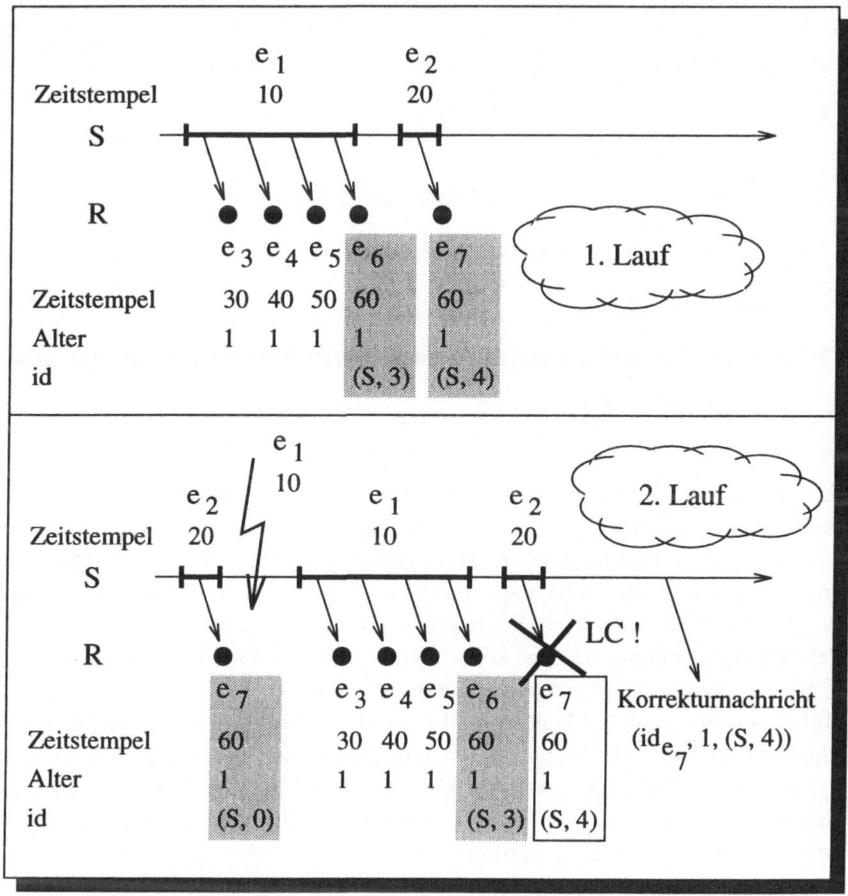

Abbildung 5.8: Ein Beispiel, in dem eine Korrekturnachricht gesendet wird.

Anmerkungen. Einige Detailprobleme sollen hier kurz angedeutet werden. In Time-warp wird in der Regel nicht gefordert, daß Ereignisse und Nachrichten in der Reihenfolge empfangen werden, in der sie gesendet wurden. Daher ist es (nach mehreren Rollbacks) möglich, daß mehrere Korrekturnachrichten für das gleiche Ereignis an den gleichen logischen Prozeß unterwegs sind und in anderer als der Sendereihenfolge empfangen werden. Um sicherzustellen, daß Korrekturnachrichten in der Reihenfolge empfangen werden, in der sie gesendet wurden, ist ein zusätzlicher Folgezähler in Korrekturnachrichten notwendig. Empfängt ein logischer Prozeß eine Kor-

1) Der vom Benutzer vorgegebene Zeitstempel t wird intern erweitert zu

(t, Alter, id)

2) In Time-warp mit Lazy-cancellation werden Korrekturnachrichten der Art

(id', korrigiertes Alter, korrigierte id)

versendet, falls nötig.

Abbildung 5.9: Das vorgeschlagene Tie-breaking-Schema.

rekturnachricht für ein Ereignis mit einer kleineren Folgenummer als eine bereits früher empfangene Korrekturnachricht für das gleiche Ereignis, so kann die gerade empfangene Korrekturnachricht ignoriert werden (sie ist veraltet). Im Prinzip ist es sogar möglich, daß eine Korrekturnachricht für ein Ereignis e vor dem Ereignis e selbst empfangen wird. Dies bereitet jedoch keine Probleme, da die Korrekturnachricht lediglich gespeichert und die Korrektur des assoziierten Tripels mit Empfang des Ereignisses e durchgeführt werden muß. Schließlich sollte erwähnt werden, daß Korrekturnachrichten durch den GVT-Approximationsalgorithmus berücksichtigt werden müssen, da sie Rollbacks auslösen können. Dies läßt sich jedoch leicht realisieren, indem aus Sicht eines GVT-Algorithmus Korrekturnachrichten wie Anti-Ereignisse betrachtet werden.

5.4 Weitere Ideen

Ein naheliegender anderer Ansatz, die Reproduzierbarkeit verteilter Simulation zu garantieren, besteht in Anwendung der *Instant-replay*-Technik [LEM87a]. Es wäre jedoch ungünstig, die Empfangsreihenfolge aller in einer verteilten Simulation versendeten Nachrichten zu protokollieren, wie es bei der Instant-replay-Technik für beliebige nichtdeterministische verteilte Anwendungen typischerweise gemacht wird [LSZ91a]. Ein besserer Ansatz beruht auf der folgenden einfachen Überlegung. Da die Reproduzierbarkeit verteilter Simulation bereits hinreichend garantiert ist, wenn alle gleichzeitigen Ereignisse bei jeder Wiederholung identisch serialisiert werden, reicht es aus, beim ersten Lauf alle Serialisierungsentscheidungen des verwendeten Tie-breaking-Schemas mitzuprotokollieren. Bei jeder Wiederholung der Simulation könnte so aufgrund der mitprotokollierten Daten dieselbe Serialisierung gleichzeitiger Ereignisse durchgeführt und damit die Reproduzierbarkeit gewährleistet werden. Da es i.a. nur wenige gleichzeitige Ereignisse in einer Simulation gibt, benötigen die Protokolldateien üblicherweise nicht viel Platz. Allerdings stellt in diesem Verfahren jeder Dateizugriff einen gewissen Zeitaufwand dar; außerdem muß vor jeder Ausführung eines Ereignisses e ein Test durchgeführt werden, ob es (möglicherweise noch nicht empfangene) Ereignisse gibt, die den gleichen Zeitstempel wie e haben, aber vor e auszuführen sind. Des weiteren muß bei diesem Verfahren auch darauf geachtet werden, daß das im ersten Lauf verwendete Tie-breaking-Verfahren zumindest die transitive Erzeugungsreihenfolge einhält.

Das Tie-breaking-Schema im TWOS-System [RWH90a] gewährleistet die Reproduzierbarkeit aller bestätigten Ereignisausführungen. Allerdings ist dieses Tie-breaking-Schema nicht in dem oben definierten Sinn deterministisch, da es die transitive Erzeugungsreihenfolge nicht respektiert. Infolgedessen ist es bei Verwendung dieses Verfahrens möglich, daß die Simulation in eine systeminterne Endlosschleife gerät oder daß die Simulationsergebnisse inkorrekt werden. Da das Tie-breaking-Schema im wesentlichen darauf beruht, gleichzeitige Ereignisse anhand der Byte-Repräsentationen des Ereignisnamens und der Ereignisparameter zu serialisieren, geben Abb. 5.4 und Abb. 5.5 jeweils Beispiele für diese Defekte an, wenn angenommen wird, daß die Byte-Repräsentation von e_4 kleiner als die von e_2 ist. Durch die Einführung des hier vorgestellten Konzepts des „Alters“ eines Ereignisses könnte allerdings auch für dieses Verfahren eine Verletzung der transitiven Erzeugungsreihenfolge vermieden werden. Das resultierende Tie-breaking-Schema würde Ereignisse im gleichen logischen Prozeß durch lexikographischen Vergleich der mit jedem Ereignis assoziierten Tripel (t, a, id) serialisieren, wobei t der benutzerdefinierte Zeitstempel, a das Alter des Ereignisses und id die Byte-Repräsentation des Ereignisses ist. Der weiter oben erwähnte unerwünschte Defekt verschiedener Serialisierungen bei bloßer Änderung der Ereignisnamen oder dem Hinzufügen redundanter Parameter würde jedoch dadurch erhalten bleiben. Auf diese Weise können Ereignisse hinreichend serialisiert werden, obwohl in einem Modell die Byte-Repräsentationen der Ereignisse nicht global eindeutig sein müssen. Zwei Ereignisse e_1 und e_2, die für den gleichen logischen Prozeß eingeplant sind, die gleiche Eintrittszeit und die gleiche Byte-Repräsentation besitzen, können allerdings selbst vom Benutzer nicht mehr unterschieden werden. Infolgedessen ist es in diesem Fall offensichtlich egal, ob zuerst e_1 und dann e_2 ausgeführt wird, oder umgekehrt. Um die Reproduzierbarkeit nicht zu zerstören, muß darauf geachtet werden, daß uninitialisierte Ereignisparameter (etwa durch eine Defaultinitialisierung) vermieden werden [RWH90a].

Das *Jade*-System ist eines der ersten kommerziellen verteilten Simulationssysteme. Es soll ein Verfahren enthalten, welches die Reproduzierbarkeit der Simulation sicherstellt [JAD89a]. Allerdings wurde das von Jade verwendete Verfahren noch nicht veröffentlicht. Es kann daher weder überprüft werden, ob das Verfahren wirklich die Reproduzierbarkeit sicherstellt, noch kann es mit dem hier vorgestellten Schema verglichen werden.

Weitere Tie-breaking-Schemata für verteilte Simulation, die allerdings nicht den Anspruch erheben, die Reproduzierbarkeit zu garantieren, wurden von Agre und Tinker [AGT91a] bzw. von Cota und Sargent [COS90b] vorgeschlagen. Sie werden in einer anderen Arbeit des Autors kurz vorgestellt [MEH91c]; dort wird auch ausgeführt, warum diese Schemata die Reproduzierbarkeit nicht sicherstellen.

Kapitel 6

Gemeinsame Variablen in verteilten Systemen

6.1 Überblick

Aus Benutzersicht können logische Prozesse bei verteilter Simulation i.a. nur durch gegenseitiges Einplanen von Ereignissen interagieren; die bei sequentieller Simulation übliche Interaktion über gemeinsam benutzte Zustandsvariablen wird hingegen in der Regel nicht ermöglicht. Der Modellierer muß deshalb das Gesamtmodell in disjunkte Teilmodelle partitionieren. Wie im nächsten Kapitel noch weiter ausgeführt wird, ist dies für inhärent globale Daten besonders schwierig. Für solche Daten wäre daher die Abstraktion konsistenter gemeinsamer Zustandsvariablen sehr wünschenswert. Da bei verteilter Simulation kein physisch gemeinsamer Speicher vorhanden ist, erfordert die Realisierung des Konzepts gemeinsamer Variablen zunächst die Abstraktion eines logisch gemeinsamen Speichers. Darüber hinaus ist eine Synchronisierung der Datenzugriffe notwendig, weil bei verteilter Simulation logische Prozesse asynchron bezüglich virtueller Zeit ausgeführt werden.

Die Realisierung eines konsistenten logisch gemeinsamen Speichers ist jedoch nicht nur für die spezielle Anwendung „verteilte Simulation" interessant, sondern auch für viele andere verteilte Anwendungen. Tatsächlich kann das Konzept logisch gemeinsamer Speicher (im folgenden auch nach dem englischen Begriff „*Distributed-shared-memory*" kurz *DSM* genannt) neben dem *Message-passing-Paradigma* [AND91a, BCG91a, CMT92a, LIS79a] als alternatives Programmierparadigma zur Interprozeßkommunikation in verteilten Systemen angesehen werden. Da das Distributed-shared-memory-Programmierparadigma im letzten Jahrzehnt bereits vielfältig untersucht wurde, soll in diesem Kapitel zunächst ein Überblick über Probleme und Lösungsmöglichkeiten zur Realisierung eines DSM für beliebige verteilte Systeme gegeben werden. Aufbauend auf dieser Studie wird dann in Kapitel 7 gezeigt, wie sich die allgemeinen Techniken zur Realisierung konsistenter logisch gemeinsamer Variablen auf die spezielle Anwendungsklasse „verteilte Simulation" übertragen lassen.

6.2 Distributed-shared-memory

6.2.1 Das Grundproblem

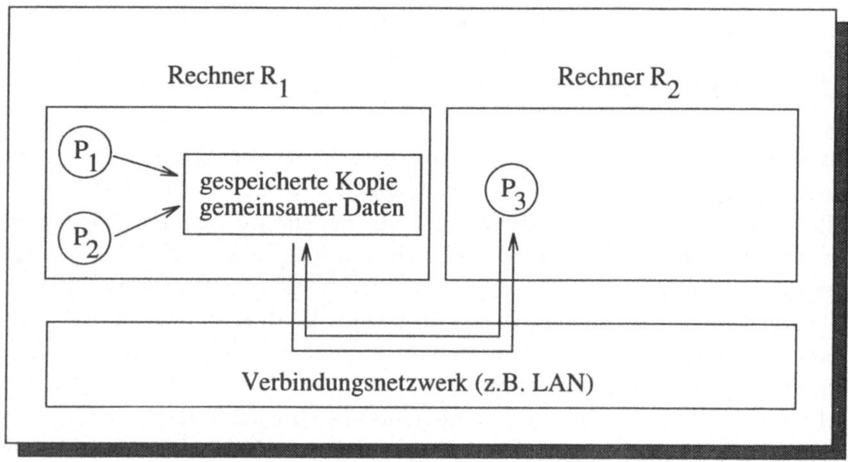

Abbildung 6.1: Ein möglicher Ansatz, logisch gemeinsamen Speicher zu realisieren.

Zur Beschreibung des Grundproblems bei der Realisierung von DSM-Systemen sei von einem verteilten System ausgegangen, auf dem mehrere Anwendungsprozesse (oder kurz Prozesse) ein Datenobjekt gemeinsam benutzen wollen. Ohne physisch gemeinsamen Speicher besteht ein naheliegender Ansatz darin, dieses Datenobjekt in dem lokalen Speicher eines der Rechner zentral abzuspeichern. Lese- und Schreiboperationen von Prozessen auf einem Rechner R_1, der die zuzugreifenden Daten lokal verwaltet, können sofort beantwortet werden; Datenzugriffe von Prozessen anderer Rechner haben dagegen den Austausch von Nachrichten von und nach R_1 zur Folge (Abb. 6.1). Allerdings ist in verteilten Systemen der Zeitbedarf zum Versenden von Nachrichten im Vergleich zu lokalen Speicherzugriffen üblicherweise sehr hoch. Aus diesem Grund ist es oft nicht mehr akzeptabel, daß alle Prozesse auf anderen Rechnern für *jeden* Datenzugriff Nachrichten versenden müssen. Dieses Problem kann umgangen werden, indem Daten repliziert und in den lokalen Speichern verschiedener Rechner abgespeichert werden. Dadurch können viele Prozesse lokal auf logisch gemeinsame Daten zugreifen. Aber auch dieser Ansatz hat einen Nachteil: Um die Illusion *gemeinsamer* Daten aufrecht zu erhalten, müssen alle Kopien konsistent gehalten werden; letztendlich muß sich jede Aktualisierung in allen Kopien niederschlagen. Dies macht jedoch wiederum einen gewissen Nachrichtenaufwand erforderlich. Das eigentliche Problem ist daher weniger *wie* logisch gemeinsamer Speicher realisiert werden kann, sondern vielmehr, wie logisch gemeinsamer Speicher *effizient* realisiert werden kann. Da es vermutlich keine optimale Lösung für alle Anwendungen gibt, besteht die Aufgabe darin, zugeschnittene DSM-Systeme für bestimmte Anwendungsklassen zu konstruieren. Dazu muß zunächst eine Menge von Entwurfszielen festgelegt werden, die sich gegenseitig nicht ausschließen. Danach wird eine Realisierung eines DSM-Systems gesucht, welche die Entwurfsziele weitmöglichst erfüllt. Entsprechend dieser Vorgehensweise werden im folgenden zunächst einige typische Entwurfsziele beschrieben und anschließend Basisalgorithmen zur Realisierung eines konsistenten logisch gemeinsamen Speichers (*DSM-Algorithmen* genannt) skizziert.

6.2.2 Entwurfsentscheidungen

Um logisch gemeinsamen Speicher zu realisieren, müssen mehrere Entwurfsentscheidungen getroffen werden. So stellt sich beispielsweise die Frage, auf welchem Abstraktionsniveau das DSM realisiert werden soll: Im Laufzeitsystem einer Sprache, als Teil eines Betriebssystems oder sogar in Hardware[1]? Sollte das System sich leicht auf eine große Zahl von Prozessoren hochskalieren lassen? Sollte es auch auf einem heterogenen verteilten System laufen (etwa [BIF88a, ZSL92a, ZSM90a])? Sollte das System fehlertolerant sein, so daß der gesamte Adreßraum immer noch verfügbar bleibt, selbst wenn

[1] Beispiele für DSM-Systeme auf je einem dieser Niveaus sind *Orca* [BAT88a, BKT92a], *Mirage* [FLP89a], *Memnet* [TSF90a].

einzelne Prozessoren des verteilten Systems ausfallen? Sollten die gemeinsamen Datenobjekte eine Struktur besitzen, wie z.B. Variablen eines bestimmten Typs in einer Programmiersprache (siehe z.B. [BIF88a, LKB92a]), oder sollte der gemeinsame Adreßraum unstrukturiert sein (siehe z.B. [LIH89a])? Im Hinblick auf Effizienz und Einfachheit der Benutzung sind jedoch die Wahl der Granularität und der Kohärenzsemantik die dominierenden Entwurfsentscheidungen. Im folgenden soll auf diese näher eingegangen werden.

6.2.2.1 Granularität

Die gespeicherte Repräsentation logisch gemeinsamer Daten wird oft in *Blöcken* fester Größe organisiert. Bei einem Zugriff auf ein gemeinsames Datenobjekt wird deswegen typischerweise ein ganzer Datenblock transferiert, der mehrere Datenobjekte enthalten kann. Aus diesem Grund spielt die Blockgröße bei dem Bemühen, ein effizientes DSM-System zu entwerfen, oft eine wichtige Rolle. Große Blöcke erweisen sich häufig als günstig bei Anwendungen mit hoher Ortslokalität[2]. In DSM-Systemen, in denen Daten migriert oder repliziert werden, erhöhen große Blockgrößen jedoch den Aufwand für die Migration bzw. den Austausch von Blöcken, da der ganze Block transferiert wird, selbst wenn nur ein kleiner Teil eines Datenblocks benötigt wird. Darüber hinaus erhöhen große Blöcke das Risiko von Konflikten, die entstehen, wenn Prozesse auf verschiedenen Knoten Daten des gleichen Blocks konkurrent zugreifen. Insbesondere entsteht *unnötiger* Aufwand zur Erhaltung der Konsistenz, wenn sich Aktualisierungen auf unabhängige Daten beziehen, die sich im gleichen Block befinden. Das folgende Beispiel illustriert dieses *False-sharing* genannte Problem.

Beispiel. In Abb. 6.2 seien P_1 und P_2 zwei Prozesse, die auf verschiedenen Prozessoren laufen. Es sei ferner angenommen, daß die Variable x nicht von P_2 zugegriffen wird und y nicht von P_1. Wenn beide Variablen im gleichen Block abgespeichert werden, müssen Aktualisierungen der Variablen dennoch in jeweils beiden Kopien reflektiert werden; ein entsprechender Kommunikationsaufwand ist unumgänglich. ■

Das Risiko von False-sharing kann reduziert werden, indem kleinere Blöcke verwendet werden oder indem die Plazierung der Daten im Spei-

[2] Unter einem hohen *Lokalitätsverhalten* eines Prozesses wird hier verstanden, daß ein Prozeß für einige Zeit entweder fast nur die gleiche Menge gemeinsamer Daten referenziert (*Zeitlokalität*), oder aber eine Menge von Daten referenziert, die im gemeinsamen Adreßraum eng beeinander liegen (*Ortslokalität*).

cher geändert wird. In obigen Beispiel würde etwa False-sharing bezüglich der Variablen x und y nicht auftreten, wenn diese Variablen in verschiedenen Blöcken gespeichert würden, da dann Aktualisierungen jeweils nur auf der lokalen Kopie nötig wären (Abb. 6.3).

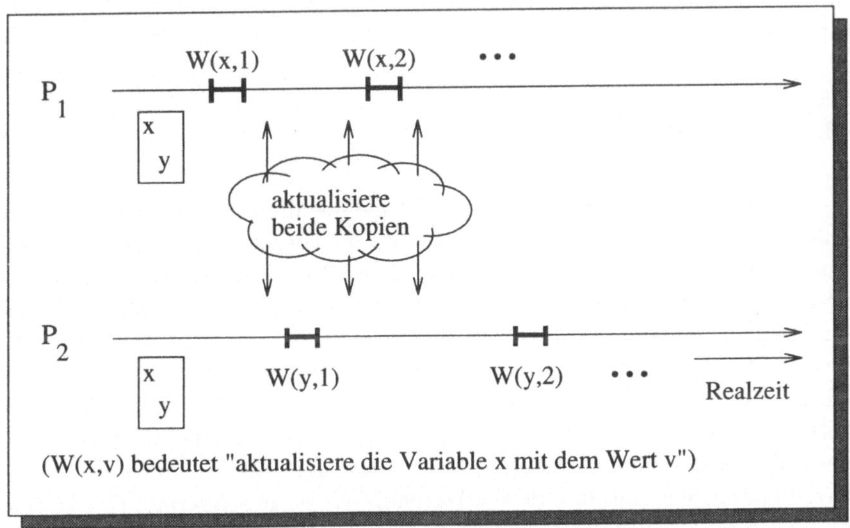

Abbildung 6.2: False-sharing von zwei unabhängigen Variablen x und y.

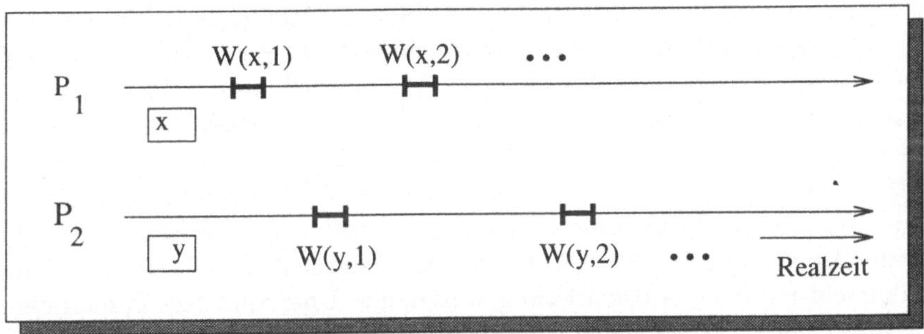

Abbildung 6.3: Geeignete Granularitäten reduzieren das Risiko von False-sharing.

Ein Block entspricht in vielen Systemen einer Seite oder einem Vielfachen einer Seite der virtuellen Speicherverwaltung des zugrundeliegenden Betriebssystems. Diese Wahl ermöglicht eine effiziente Implementierung von DSM-Algorithmen durch Benutzung des Seitenersetzungsmechanismus des

Betriebssystems. Soll ein DSM-Algorithmus beispielsweise die Kontrolle erhalten, sobald ein gemeinsames Datenobjekt das nächste Mal aktualisiert wird, so könnte er die Zugriffsrechte auf die entsprechende Seite so setzen, daß Aktualisierungen nicht erlaubt sind. Ein Versuch, dieses Datenobjekt zu aktualisieren, löst somit einen Seitenfehler aus, wodurch der DSM-Algorithmus die Kontrolle übernehmen kann (siehe etwa [LIH89a]).

6.2.2.2 Kohärenz

Die Aufgabe eines DSM-Algorithmus ist es, die Illusion eines *konsistenten* gemeinsamen Speichers zu erzeugen. Bei einem Speicher eines *Einprozessorsystems* versteht man unter Konsistenz dabei üblicherweise einen Speicher, der bei Ausführung einer Leseoperation auf ein gemeinsames Datenobjekt den Wert der zuletzt darauf durchgeführten Aktualisierung zurückliefert. Diese *strikte Konsistenz* ist jedoch leider in verteilten Systemen nicht wohldefiniert. Es ist oft unklar, welche Aktualisierung die „letzte“ war. Welcher Wert sollte beispielsweise von einem konsistenten Speicher in einer Leseoperation zurückgeliefert werden, wenn diese mit der Ausführung zweier Schreiboperationen auf das gleiche Datenobjekt zeitlich überlappt? Für den Fall einzelner Schreiber und mehrerer Leser wurde von Lamport ein Formalismus eingeführt, der die Beantwortung solcher Fragen auch für überlappende Lese- und Schreiboperationen auf gemeinsamen Daten (abgespeichert in sogenannten *Register*) ermöglicht [LAM86a, LAM86b]. In Lamports Modell können lediglich Aktualisierungen nicht mit anderen Aktualisierungen (des gleichen Datenobjekts) überlappen. Das Modell ermöglicht ein formales Argumentieren ohne den Begriff der Realzeit. Er basiert auf abstrakten Präzedenzrelationen, die gewisse Axiome erfüllen. Drei Klassen von Registern werden unterschieden. Die schwächste Kohärenzsemantik wird für *sichere* Register (*safe*) gefordert. Eine Leseoperation auf ein sicheres Register muß nur dann die letzte Aktualisierung[3] zurückliefern, wenn sie nicht konkurrent mit einer Aktualisierung stattfindet. Überlappt jedoch die Leseoperation mit einer Aktualisierung, so kann sie jeden möglichen Wert des Registers zurückliefern. Eine „realistischere“ Semantik wird durch *reguläre* Register (*regular*) erhalten. Eine Leseoperation auf ein reguläres Register liefert den letzten in dieses Register geschriebenen Wert, wenn die Leseoperation nicht konkurrent mit einer Aktualisierung stattfindet. Überlappt die

[3]Im folgenden werden nur Lese- und Schreiboperationen auf das gleiche Register betrachtet.

Leseoperation mit einer Aktualisierung, so liefert sie entweder den Wert vor der Aktualisierung, oder aber den Wert nach der Aktualisierung. (Falls die Leseoperation mit mehreren Aktualisierungen überlappt, so wird entweder der Wert vor der ersten dieser Aktualisierungen, oder aber der neue Wert nach einer dieser Aktualisierungen zurückgeliefert.) Reguläre Register sind folglich sicher, aber sichere Register müssen nicht regulär sein. Schließlich wird ein Register *atomar* genannt, wenn es für jede Ausführung des verteilten Programms eine Totalordnung aller Lese- und Schreiboperationen gibt, so daß die von den Leseoperationen zurückgelieferten Werte bei der konkurrenten Ausführung die gleichen sind wie bei einer überlappungsfreien Ausführung in der Reihenfolge der Totalordnung [LAM86b]. Atomare Register sind also regulär. Umgekehrt sind reguläre Register auch atomar, wenn zwei aufeinanderfolgende Leseoperationen, die die gleiche Schreiboperation überlappen, nicht erst den neuen und dann den alten Wert zurückliefern [LAM86b, S. 88]. Ähnlich der Arbeit von Lamport wird von Misra ein Formalismus eingeführt, der konkurrente Zugriffe auf Register (einschließlich mehrfacher konkurrenter Aktualisierungen) zuläßt. Misra setzt allerdings ein globales Zeitmodell voraus [MIS86b].

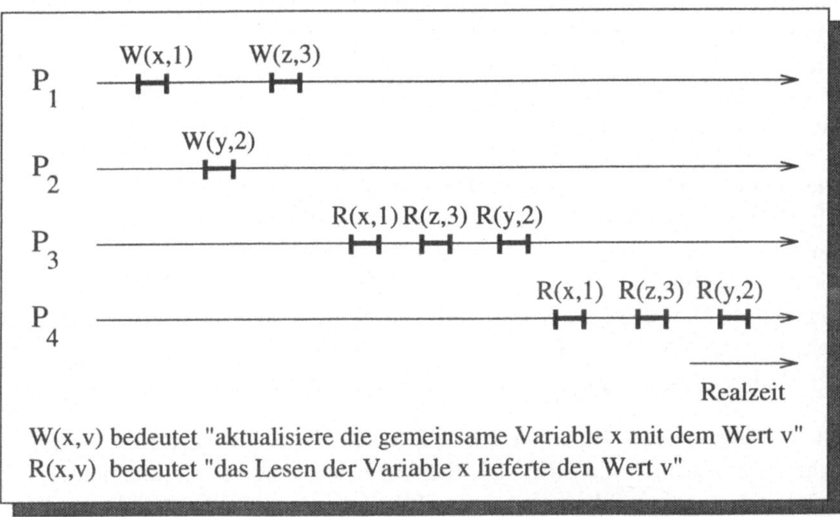

Abbildung 6.4: Ein sequentiell-konsistentes DSM.

Intuitiv reicht es, ein DSM dann konsistent zu nennen, wenn alle Prozesse einer verteilten Anwendung sich auf die gleiche Serialisierung aller Aktualisierungen einigen. Logisch gemeinsame Speicher, die derart konsistent sind, werden im folgenden *sequentiell-konsistent* genannt. Abb. 6.4 zeigt ein Beispiel eines sequentiell-konsistenten und Abb. 6.5 eines nicht sequentiell-konsistenten DSM. Die Nichtkonsistenz in Abb. 6.5 läßt sich an der unterschiedlichen Reihenfolge erkennen, mit der die Prozesse P_3 und P_4 die Aktualisierungen der Prozesse P_1 und P_2 wahrnehmen. Wie das Beispiel in Abb. 6.4 weiter zeigt, muß die Reihenfolge der Schreiboperationen, auf die sich alle Prozesse geeinigt haben, nicht der Reihenfolge entsprechen, in der die Schreiboperationen tatsächlich stattgefunden haben. Ein sequentiell-konsistenter Speicher, in dem sich Prozesse bei nicht überlappenden Schreiboperationen auf eine Reihenfolge einigen, die tatsächlich stattgefunden hat, wird *linearisierbar-konsistent* genannt [HEW90a]. Es läßt sich zeigen, daß eine Folge von Lese- und Schreiboperationen auf logisch gemeinsamen Datenobjekten $x_1, ..., x_n$ genau dann linearisierbar-konsistent ist, wenn für jedes x_i die Teilfolge von Lese- und Schreiboperationen auf x_i linearisierbar-konsistent ist [HEW90a, Theorem 1]. Durch diese *Modularitätseigenschaft*[4] können Datenobjekte leicht gekapselt und durch eigene Instanzen eines Konsistenzerhaltungsprotokolls (unabhängig von allen anderen Datenobjekten) verwaltet werden. Viele andere Konsistenzmodelle haben diese Modularitätseigenschaft nicht. Die Teilfolge von Operationen auf x und die Teilfolge von Operationen auf y in Abb. 6.5 sind jeweils für sich genommen sequentiell-konsistent; die Folge von Operationen auf x und y ist es jedoch nicht. Sequentiell-konsistente DSMs besitzen also i.a. die Modularitätseigenschaft nicht.

Eine heute weithin akzeptierte Definition sequentieller Konsistenz geht auf Lamport zurück [HUA90a]. Er definiert ein System von Berechnungen als sequentiell-konsistent, wenn das „Ergebnis jeder Berechnung das gleiche ist, als ob alle Operationen, die auf den Prozessoren ausgeführt wurden, in einer nichtüberlappenden, sequentiellen Reihenfolge ausgeführt worden wären, bei der die Operationen auf jedem individuellen Prozessor gemäß dieser Reihenfolge im spezifizierten Programm auftreten“ [LAM79a].

Da im allgemeinen eine Abschwächung des Konsistenzbegriffs weniger Synchronisationsaufwand nach sich zieht, wurden viele unterschiedliche Abschwächungen vorgeschlagen, um die Effizienz von DSM-Algorithmen zu erhöhen. Im folgenden wird unter einer *schwachen Konsistenz* jede Abschwächung von sequentieller Konsistenz verstanden. Dubois et al. weisen

[4] In [HEW90a] wird diese Eigenschaft als „Lokalitätseigenschaft“ bezeichnet. Der Begriff der Lokalität wird in diesem Kapitel jedoch schon in einer anderen Bedeutung gebraucht, weswegen diese Eigenschaft hier Modularitätseigenschaft genannt sei.

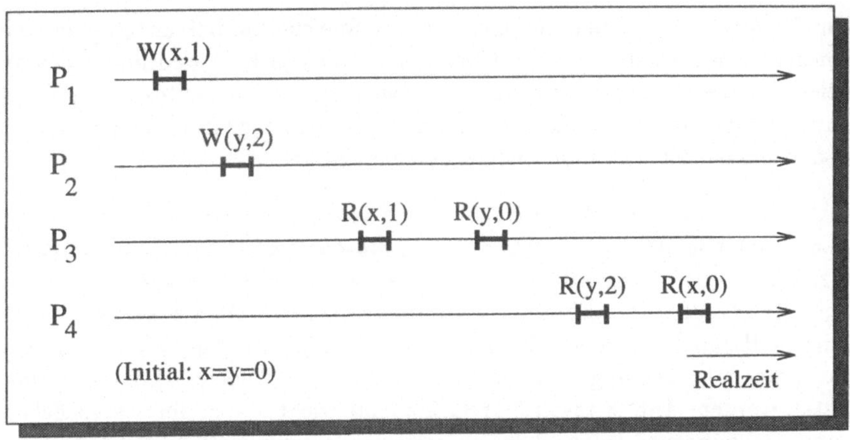

Abbildung 6.5: Ein nicht sequentiell-konsistentes DSM.

darauf hin, daß es viele Systeme gibt, in denen der Benutzer keine Annahmen über die Reihenfolge machen kann, mit der Schreiboperationen zwischen zwei benutzerdefinierten Synchronisationspunkten von anderen Prozessen wahrgenommen werden; dagegen werden Synchronisationspunkte in diesen Systemen in sequentiell-konsistenter Art realisiert [DSB88a]. In dieser Abschwächung können Aktualisierungsanfragen zwischen Synchronisationspunkten verzögert werden und schließlich in einer einzigen Nachricht gebündelt übertragen werden. So lassen sich die Auswirkungen hoher Latenzzeiten reduzieren, die typischerweise in verteilten Systemen zum Übertragen von Nachrichten auftreten. Als Folge davon wird die Effizienz von Zugriffen auf ein DSM verbessert. Ähnliche Ansätze werden in [BNR89a, BOH90a, CBZ91a] diskutiert. *Hybride Konsistenz* von Attiya und Friedman kann als Verallgemeinerung dieser Idee aufgefaßt werden [ATF92a]. In einem hybrid-konsistenten DSM kann der Benutzer optional einzelnen Lese- und Schreiboperationen die gleiche Wirkung wie für obige Synchronisationspunkte zuordnen. Attributiert ein Benutzer *alle* Operationen mit dieser Eigenschaft, so resultiert beispielsweise ein sequentiell-konsistentes DSM. Die Flexibilität dieses Ansatzes erlaubt dem Benutzer zwar die Konsistenz (und damit bis zu einem gewissen Grad auch die Effizienz) eines logisch gemeinsamen Speichers auf seine Bedürfnisse zuzuschneiden; möglicherweise wird es jedoch gleichzeitig schwerer zu überschauen, ob das spezifizierte Programmverhalten in allen Fällen noch mit dem gewünschten Verhalten übereinstimmt. In [ACF93a] wird daher auch die Idee verfolgt, dem Benutzer ein sequentiell-konsistentes Speichermodell anzubieten, die Konsistenz jedoch durch einen Compiler automatisch — und infolgedessen meist sicherer — abzuschwächen. Inwieweit eine solche automatische Abschwächung möglich ist, ohne die Korrektheit des Programms zu gefährden, ist allerdings z.Zt. noch ein offenes Forschungsthema.

Als ein attraktives Beispiel schwach-konsistenter Speicher wird im folgenden der von Hutto et al. vorgestellte *kausale Speicher* (*Causal-memory*) skizziert [ABH91a, HUA90a]. Ein Speicher wird *kausal-konsistent* genannt, wenn alle Prozesse die Effekte kausal abhängiger Schreiboperationen in der gleichen Reihenfolge sehen; kausal unabhängige Schreiboperationen hingegen können in beliebiger Reihenfolge durch verschiedene Prozesse beobachtet werden. Die Kausalitätsrelation entspricht dabei im wesentlichen Lamports *happened-before*-Relation angewendet auf Lese- und Schreiboperationen [LAM78a].

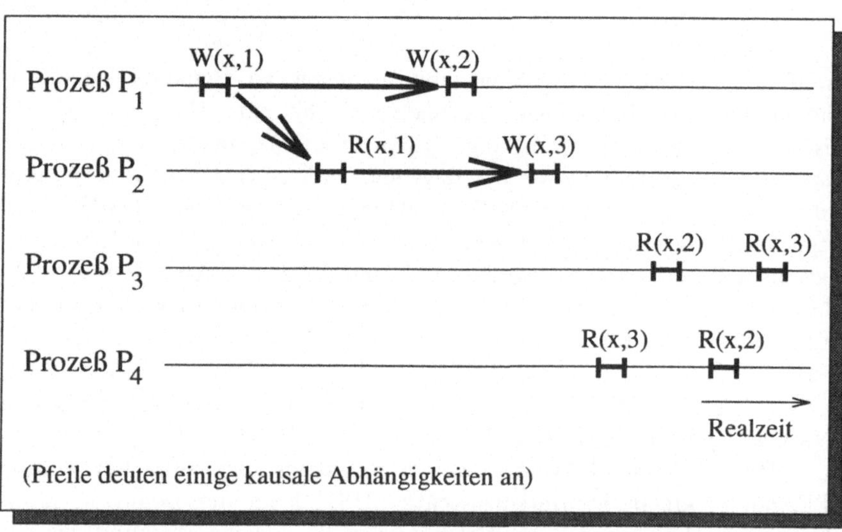

Abbildung 6.6: Beispiel eines kausal, aber nicht sequentiell-konsistenten Speichers.

Beispiel. Abb. 6.6 zeigt ein aus [HUA90a] leicht modifiziertes Beispiel. „$W(x, y)$" bedeutet darin eine Aktualisierungoperation, welche der gemeinsamen Variablen x den Wert y zuweist, und „$R(x, y)$" ist eine Leseoperation, welche als Ergebnis des Lesens der Variablen x den Wert y zurückliefert. Die Aktualisierung $W(x, 3)$ ist kausal abhängig von der Leseoperation $R(x, 1)$, da die Leseoperation vor der Schreiboperation im gleichen

Prozeß stattfindet. $R(x, 1)$ ist kausal von $W(x, 1)$ abhängig, da diese Leseoperation im Beispiel den Wert zurückliefert, der durch $W(x, 1)$ geschrieben wird. Aufgrund der Transitivität der Kausalitätsrelation folgt nun, daß die Schreiboperation $W(x, 3)$ kausal von $W(x, 1)$ abhängig ist. Daher darf in einem kausal-konsistenten Speicher kein Prozeß erst die Aktualisierung durch $W(x, 3)$ sehen und später die Aktualisierung durch $W(x, 1)$. Umgekehrt sind die Schreiboperation $W(x, 2)$ und $W(x, 3)$ in diesem Beispiel nicht kausal abhängig und können — wie durch die Prozesse P_3 und P_4 angedeutet — in verschiedenen Reihenfolgen wahrgenommen werden. Dies zeigt gleichzeitig, daß kausal-konsistente Speicher im allgemeinen nicht sequentiell-konsistent sind. ■

Eine Implementierung kausal-konsistenter Speicher, in der die Kausalität durch die Vektormethode von Mattern und Fidge [MAT88a, FID88a] erkannt wird, wird in [AHJ91a] vorgestellt. Eine andere Implementierung kausal-konsistenter Speicher ist in [BOY91a] beschrieben.

Es gibt viele weitere schwach-konsistente Schemata. Einige von ihnen sollen zumindest kurz genannt werden. *Prozessorkonsistenz* [GLL90a, NIL91a] fordert von je zwei Prozessoren P_1 und P_2, daß P_1 Aktualisierungen durch P_2 nur in der Reihenfolge ihrer Durchführung auf P_2 erkennen kann. Aktualisierungen können jedoch von verschiedenen Prozessoren in verschiedenen relativen Reihenfolgen beobachtet werden. Prozessorkonsistenz ist schwächer als sequentielle Konsistenz, d.h. ein sequentiell-konsistenter Speicher ist auch prozessorkonsistent, aber nicht umgekehrt. Bei *Freigabekonsistenz* (*Release-consistency*) [CBZ91a, GLL90a, LLG92a] muß der Benutzer definieren, wann eine Schreiboperation sichtbar werden soll. Zu diesem Zweck können die Synchronisierungsprimitive *Acquire* und *Release* benutzt werden, deren Ausführung auf anderen Prozessoren in prozessorkonsistenter Art und Weise sichtbar werden. Lese- und Schreiboperationen werden (entsprechend gewisser Regeln) relativ zu der Reihenfolge sichtbar, in der auch die Acquire- und Release-Operationen sichtbar werden. In sogenannten *strukturierten* DSMs [BCC91a] muß ein Benutzer logisch gemeinsame Datenobjekte und Prozesse, die diese Datenobjekte gemeinsam benutzen sollen, explizit spezifizieren. Lese- und Schreiboperationen auf gemeinsamen Daten werden direkt auf lokalen Kopien ausgeführt. Für den Erhalt der Konsistenz ist der Benutzer verantwortlich: Er macht Aktualisierungen durch Aufruf einer speziellen blockierenden Synchronisationsoperation für alle anderen Prozessoren sichtbar, die das gleiche Datenobjekt benutzen. Sobald die Ausführung dieser Synchronisationsoperation beendet ist, kann der Benutzer konzeptionell davon ausgehen, daß alle Kopien des entsprechenden Datenobjekts aktualisiert wurden. In *Slow-memories* [HUA90a] einigen sich alle Prozessoren auf die Reihenfolge der Aktualisierungen jedes *einzelnen* Datenobjekts, anstelle der Reihenfolge der Aktualisierungen auf allen gemeinsamen Datenobjekten.

Beispiel. Die Wirkungsweise eines Slow-memory sei durch drei aufeinanderfolgenden Aktualisierungen in einem einzigen Prozeß verdeutlicht. Es sei angenommen, daß die erste Aktualisierung ein Datenobjekt x auf 1 setzt, die zweite x auf 2 und die dritte das Datenobjekt y auf 3 setzt. In diesem Fall ist ein Speicher im Sinne eines Slow-memory immer noch konsistent, wenn in einem anderen Prozeß eine Leseoperation auf y zunächst den Wert 3 zurückliefert und eine anschließende Leseoperation des gleichen Prozesses auf x den Wert 1 erhält (anstelle von 2). ■

Schließlich gibt es auch einige DSM-Systeme, die sogar temporäre Inkonsistenzen zulassen. Ein Argument für solche DSM-Systeme mag sein, daß es Anwendungen gibt, die temporäre Inkonsistenzen tolerieren, solange der „Grad“ an Inkonsistenz von der Anwendung hinreichend gut vorhersehbar ist [BAG90a]. Zu DSM-Systemen in dieser Klasse gehören das *Mether*-System und das sogenannte *Problemorientierte-Shared-memory* [CHE86a, MIF90a].

Interessanterweise wurde anstelle eines schwach-konsistenten Speichers mit sequentiell-konsistenten benutzerspezifizierten Synchronisationspunkten auch der duale Ansatz dazu vorgeschlagen: Ein sequentiell-konsistenter Speicher, in welchem Prozesse benutzerspezifizierte, sogenannte schwachkonsistente Blöcke (*Weak-blocks*) betreten können [GHS91a]. Solange Prozesse sich in einem schwach-konsistenten Block aufhalten, können sie verschiedene Teile eines gemeinsamen Datenobjekts in schwach-konsistenter Art aktualisieren. Eine Realisierung dieses Konzepts könnte wie folgt aussehen. Sobald ein Prozeß P einen schwach-konsistenten Block betritt, fordert er eine gültige Kopie des potentiell zu aktualisierenden Datenobjekts an. Diese Kopie wird dupliziert und in einem von außen nicht zugreifbaren, privaten Speicherbereich abgelegt. Eine der Kopien wird *Referenzkopie* genannt, die andere *Arbeitskopie*. Solange P sich im schwach-konsistenten Block aufhält, führt er alle Aktualisierungen lediglich auf der privaten Arbeitskopie aus. Sobald P jedoch den schwach-konsistenten Block verlassen will, ermittelt er (durch Vergleich mit der Referenzkopie) alle innerhalb des schwach-konsistenten Blockes von ihm durchgeführten Aktualisierungen und bringt sie in sequentiell-konsistenter Art und Weise in das DSM ein. Ein- und Austritt aus schwach-konsistenten Blöcken werden auf diese Weise immer in sequentiell-konsistenter Art und Weise durchgeführt. Erste Erfahrungen mit diesem Ansatz werden etwa in [LAP92a] diskutiert.

Obwohl durch schwache Konsistenz ein DSM effizienter realisiert werden kann, wird dadurch oftmals seine Benutzung schwieriger. Ein Programmierer der schwach-konsistente Speicher einsetzen möchte, muß sich jederzeit über alle möglichen Aktualisierungsreihenfolgen im Klaren sein, die von Anwendungsprozessen gesehen werden könnten. Manche Wissenschaftler stehen dem Nutzen schwach-konsistenter DSMs daher skeptisch gegenüber[5]. Befürworter schwach-konsistenter Speicher halten dem jedoch entgegen, daß ein Benutzer normalerweise ohnehin fast immer Zugriffe auf ein DSM synchronisiert, etwa durch Sperren, Barrieren oder Monitore. Der erhöhte Aufwand zur Realisierung sequentieller Konsistenz wäre daher unnötig, da der geringere Aufwand zur Realisierung schwacher Konsistenz in diesem Fall ausreichen würde.

6.2.3 DSM-Basisalgorithmen

In diesem Abschnitt werden Basisalgorithmen vorgestellt, die die Illusion eines konsistenten logisch gemeinsamen Speichers realisieren. Die Beschreibung folgt der Klassifikation von DSM-Algorithmen nach Stumm und Zhou [STZ90a]. Prinzipiell unterscheiden sich DSM-Basisalgorithmen darin, ob sie Daten replizieren und/oder migrieren. Replikation und Migration können daher als die Schlüsselmechanismen aufgefaßt werden, um die mittlere Zugriffszeit auf logisch gemeinsame Daten zu verbessern.

Central-server-Algorithmus (keine Replikation, keine Migration)

Der wohl einfachste Weg, ein DSM zu realisieren, besteht darin, einen einzelnen zentralen Server bereitzustellen, der für jedes gemeinsame Datenobjekt lokal eine Kopie abspeichert. Derjenige Prozessor, der die Kopie speichert, wird *Owner* dieses Datenobjekts genannt. Lese- und Schreiboperationen des Owners können umgehend durch Zugriff auf die lokale Kopie beantwortet

[5]Tanenbaum et al. argumentieren beispielsweise in [TKB92a, S. 12]: „*It is simpler for the programmer to think of a read as always returning the most recently written value. Making this true only under certain conditions increases the possibility of subtle errors*“.

werden. Prozesse hingegen, die auf anderen Prozessoren laufen, generieren in jeder Leseoperation eine *Leseanfrage*, die an den Owner weitergeleitet wird. Der anfragende Prozeß unterbricht die Fortsetzung seiner Programmausführung bis der Owner den gültigen Wert des Datenobjekts zurückgeliefert hat. Entsprechend führen Schreiboperationen von Prozessen auf anderen Prozessoren zu *Aktualisierungsanfragen*, und die anfragenden Prozesse blockieren, bis sie eine Empfangsquittung vom Owner erhalten haben (Abb. 6.7).

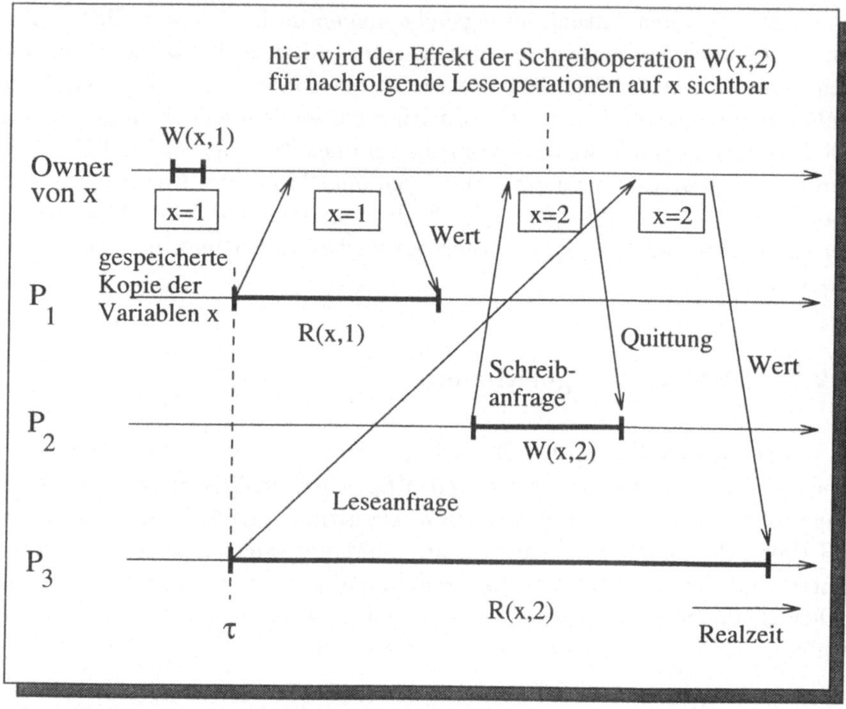

Abbildung 6.7: Ein einfacher DSM-Algorithmus ohne Replikation.

Eine Aktualisierung „tritt in dem Moment ein" (d.h. wird sichtbar für nachfolgende Leseoperationen), in dem sie auf der zentral verwalteten Kopie durchgeführt worden ist. Natürlich wird i.a. nicht ein einziger zentraler Server *alle* gemeinsamen Daten verwalten. Vielmehr werden typischerweise zur Vermeidung von Flaschenhälsen und damit zur Verbesserung der Skalierbarkeit verschiedene Datenobjekte von verschiedenen Ownern verwaltet. Da dieser Ansatz ohne Migration auskommt, ist die Zuordnung zwischen Owner und gemeinsamem Datenobjekt statisch, und eine Lokalisierung desjenigen

Owners, der ein zu lesendes Datenobjekt verwaltet, einfach (etwa über eine geeignete Hashtabelle).

Der Central-server-Algorithmus realisiert sequentielle Konsistenz. Dies bedeutet, daß keine zwei Prozesse dieselben zwei Aktualisierungen in unterschiedlicher relativer Reihenfolge beobachten können. Interessanterweise schließt dies jedoch nicht aus, daß zwei Leseoperationen in verschiedenen Prozessen unterschiedliche Werte erhalten, obwohl die Leseoperationen zu dem gleichen Realzeitpunkt gestartet wurden (Abb. 6.7). Sequentielle Konsistenz schließt ebenfalls nicht aus, daß alle Prozesse eine Folge von Aktualisierungen sehen, die von der tatsächlich stattgefundenen abweicht. Die Aktualisierung von y in Abb. 6.4 ereignete sich beispielsweise in Realzeit vor der Aktualisierung von z. Dennoch einigen sich alle Prozesse auf eine Serialisierung, in der die Aktualisierung von z vor der von y stattfindet. Dies ist jedoch i.a. nicht problematisch: Da angenommen wird, daß Prozesse keinen Zugriff auf eine gemeinsame Realzeituhr haben, können sie sich nie über die tatsächliche Ausführungsreihenfolge bewußt werden.

Man beachte, daß Aktualisierungsanfragen im Central-server-Algorithmus quittiert und die anfragenden Prozesse auf die Quittungen warten müssen, da sich Nachrichten auf dem Kommunikationsmedium potentiell überholen können. Ohne Quittungen könnte die realisierte Konsistenz u.U. nicht die Programmreihenfolge (d.h. die relative Ausführungsreihenfolge von Zugriffen auf den gemeinsamen Speicher durch einen einzelnen Prozeß) einhalten.

Beispiel. In Abb. 6.8 aktualisiert P_1 die Variable x auf den Wert 2 und liest anschließend die gleiche Variable wieder aus. Aufgrund unterschiedlicher Latenzzeiten bei der Übertragung von Nachrichten und aufgrund obiger Definition, wann eine Aktualisierung eintritt, ist $W(x, 1)$ die „letzte" Aktualisierung vor der Bearbeitung der Leseanfrage. ■

Durch die Forderung, Quittungen zurückzusenden, garantiert der Central-server-Algorithmus jedoch die Einhaltung der Programmreihenfolge, da Aktualisierungen dann immer *während* der Ausführung der entsprechenden Schreiboperation eintreten.

Als nächstes wird eine Variante des Central-server-Algorithmus beschrieben, die ebenfalls sequentielle Konsistenz sichert, in der jedoch der Owner nicht fest und vornherein bekannt ist.

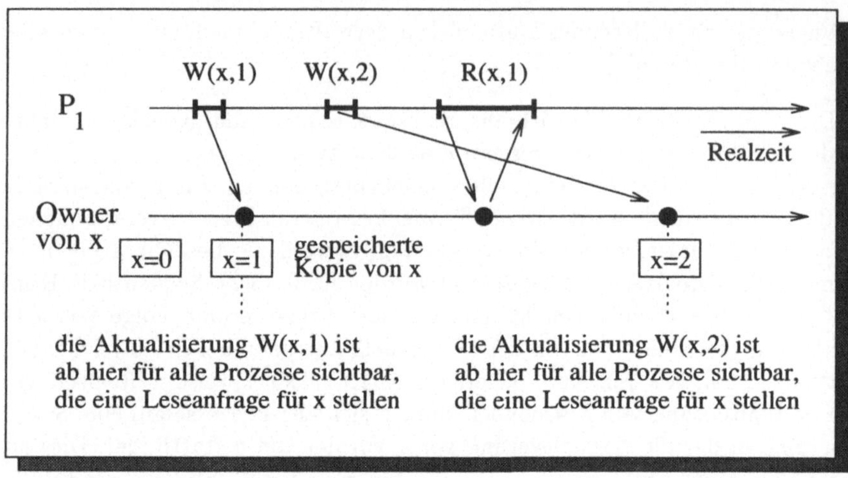

Abbildung 6.8: Ein Effekt einer nichtblockierenden Schreiboperation.

Migrating-server-Algorithmus (keine Replikation, Migration)

Der Central-server-Algorithmus nutzt die möglicherweise vorhandene Lokalität im Zugriffsverhalten der Anwendungsprozesse nicht aus; jeder Zugriff auf gemeinsame Daten kostet zwei Nachrichten. Eine Ausnahme stellen Zugriffe des Owners dar. Hier sind die zuzugreifenden Daten lokal verfügbar, so daß keine Nachrichten verschickt werden müssen. Ist das Lokalitätsverhalten der Anwendung hoch, so kann es sich lohnen, bei jedem Zugriff eines Prozessors P auf nicht lokal gespeicherte Daten eine Kopie dieser Daten und das Besitzrecht darüber nach P zu migrieren. P ist dann der neue Owner dieser Daten und kann im Idealfall häufig darauf zugreifen, bevor die Kopie und das Besitzrecht zu einem anderen Prozessor migrieren. Diese Variante des Central-server-Algorithmus wird *Migrating-server-Algorithmus* genannt. Da die Migration eines einzelnen kleinen Datenobjekts sehr teuer wäre, besteht eine Kopie üblicherweise aus einem Datenblock fester Größe, der neben dem angeforderten auch weitere Datenobjekte enthalten kann.

Dem genannten Vorteil, möglicherweise vorhandene Lokalität besser ausnutzen zu können, stehen auch einige Nachteile gegenüber. Greifen Prozesse verschiedener Prozessoren abwechselnd auf Daten zu, die im gleichen Datenblock verwaltet werden, so migriert dieser Block (und damit auch das Besitzrecht) häufig und in schneller Folge von Prozessor zu Prozessor. Ein solches Verhalten wird *Thrashing* genannt. Thrashing führt zu schlechter Performanz, da fast kein Zugriff auf gemeinsame Daten ohne Kommunikationsaufwand befriedigt werden kann. Um die Gefahr von Thrashing zu reduzieren, könnte ein DSM-Algorithmus sicherstellen, daß ein Datenblock minimal τ Millisekunden lokal verfügbar bleibt. Dieser Ansatz wurde beispielsweise im Mirage-System verfolgt. In diesem System kann der Wert von τ sowohl statisch als auch dynamisch festgelegt werden [FLP89a]. Andere Prozesse müssen mit ihrem Datenzugriff allerdings warten, bis die Zeit τ abgelaufen ist. Ein ähnliches Schema zur Reduzierung der Thrashinggefahr besteht im „Einfrieren“ eines Datenblocks, wenn der Owner eine Aktualisierungsanfrage innerhalb weniger als t_1 Millisekunden seit der letzten Aktualisierungsanfrage erhält. Solange ein Block eingefroren ist, kann er nicht migriert werden. Andere Prozesse können jedoch eingefrorene Blöcke ohne Datenmigration (d.h. ähnlich dem Central-server-Algorithmus) zugreifen. Alle t_2 Sekunden wird ein eingefrorener Block wieder aufgetaut. Diese Idee wurde in *Platinum* realisiert [COF89a]. Ein weiterer Ansatz, die Gefahr von Trashing zu verringern, besteht darin, den Benutzer mit dieser Aufgabe zu betrauen. Durch Aufruf einer speziellen Operation könnte der Benutzer dem DSM-Algorithmus signalisieren, daß derjenige Block, der ein bestimmtes Datenobjekt enthält, nicht vom lokalen Prozessor wegmigrieren soll, da er in naher Zukunft häufig zugegriffen werden wird. Solche spezielle Operationen könnten mit Sperren kombiniert werden, die ein Benutzer überlicherweise ohnehin verwendet, um konkurrente Datenzugriffe auf einer höheren Ebene zu synchronisieren [STK89a]. Schließlich kann der Thrashing-Effekt auch dadurch reduziert werden, daß eine Migration lediglich durch Aktualisierungsanfragen anstatt durch Lese- und Aktualisierungsanfragen ausgelöst wird. Um dennoch häufige Lesezugriffe zu unterstützen, könnte der DSM-Algorithmus Nur-Lesereplikate bereitstellen, etwa wie in dem im nächsten Abschnitt beschriebenen Read-replication-Algorithmus.

Ein weiterer Nachteil des Migrating-server-Algorithmus ist, daß der Owner nicht mehr a priori bekannt ist. Um auf ein Datenobjekt zuzugreifen, muß zunächst der Owner lokalisiert werden (etwa durch einen Broadcast). Der Aufwand amortisiert sich normalerweise jedoch, wenn die Anwendung hinreichend viel Lokalität enthält und Trashing nicht vorkommt.

Wie weiter oben angesprochen, ist Replikation der zweite Hauptmechanismus, um die Performanz von DSM-Systemen zu erhöhen. Die folgenden zwei Algorithmen sind typische Beispiele dieser Idee.

Read-replication-Algorithmus (Replikation, Migration)

Im *Read-replication-Algorithmus* werden Leseanfragen auf gemeinsame Daten durch die Verwaltung von Replikaten in mehreren Prozessoren unterstützt. Das Grundverfahren sieht vor, daß ein gemeinsames Datenobjekt zu jedem Zeitpunkt entweder durch ein oder mehrere Nur-Lesekopien, oder aber durch höchstens eine lesbare- und beschreibbare Kopie repräsentiert wird. Typischerweise wird hier unter einer Kopie ein Datenblock mit mehreren Datenobjekten verstanden. Wenn auf einem Prozessor eine Leseoperation auf ein gemeinsames Datenobjekt ausgeführt wird, auf dem eine entsprechende lesbare Kopie vorhanden ist, so kann die Leseanfrage unmittelbar lokal befriedigt werden. Andernfalls leitet der anfragende Prozessor eine Leseanfrage zu dem entsprechenden Owner[6]. Der anfragende Prozeß unterbricht seine Programmausführung bis der Owner eine Nur-Lesekopie zurückgeschickt hat. Umgekehrt, wenn eine Schreiboperation ausgeführt wird und der Prozessor eine beschreibbare Kopie besitzt, die das zu aktualisierende Datenobjekt enthält, so kann die Aktualisierung umgehend lokal durchgeführt werden. Da es zu diesem Zeitpunkt weder eine andere lesbare, noch eine andere beschreibbare Kopie gibt, ist die Konsistenz in diesem Fall ohne Zusatzaufwand gewahrt. Hat jedoch der Prozessor keine beschreibbare Kopie, so leitet er eine entsprechende Anfrage an den Owner. Anschließend unterbricht der anfragende Prozeß seine Ausführung bis der Owner geantwortet hat. Die Antwort des Owners enthält (1) eine beschreibbare Kopie und (2) Informationen über Prozessoren, die gegenwärtig Nur-Lesekopien des entsprechenden Blockes besitzen. Die unter (2) genannte Information wird im sogenannten *Copy-set* gespeichert. Durch die Antwort des Owners wird der anfragende Prozessor der neue Owner des Datenblocks; er invalidiert alle Nur-Lesekopien entsprechend dem Copy-set und führt nach Erhalt aller Quittungen über die Invalidierungsnachrichten die gewünschte Aktualisierung auf seiner Kopie durch (*Invalidierungsansatz*). Da in diesem Algorithmus Aktualisierungen nur zu einem Zeitpunkt durchgeführt werden, zu dem kein anderer Prozessor eine gespeicherte Kopie des gleichen Datenobjekt besitzt, wird sequentielle Konsistenz erreicht.

In einer Variante dieses Verfahrens werden *alle* Kopien direkt mit dem neuen Wert aktualisiert, anstatt erst alle Kopien zu invalidieren und dann nur die Kopie des neuen Owners zu aktualisieren (*Aktualisierungsansatz*). Im allgemeinen ist es jedoch bei diesem Ansatz aufwendiger, die Konsistenz

[6]Der Owner eines Datenblocks ist hier der eindeutig bestimmte Prozessor, der als letztes eine beschreibbare Kopie des entsprechenden Blockes besaß.

sicherzustellen[7]. Der Aufwand für diese Variante kann sich jedoch amortisieren, wenn es (1) nur wenige Kopien gibt, (2) Blöcke eine große Menge von Daten enthalten, Aktualisierungen sich aber nur auf kleine Teile davon beziehen oder (3) wenn es ausreicht, eine Funktion mit gewissen Parametern zu versenden, die die Aktualisierung auf jeder Kopie durchführen kann [HEL90a, S. 47].

Eine weitere interessante Variante des Read-replication-Ansatzes ist in [BAK91a] für das Orca-System beschrieben. Anstatt Nur-Lesereplikate auf Anfrage zu erzeugen, werden Kopien vorab repliziert. Die Entscheidung, wann eine Kopie erzeugt und wohin diese versendet wird, wird benutzertransparent durch eine Übersetzungszeitanalyse und Laufzeitstatistiken über die Anzahl von Lese- und Schreiboperationen gesteuert. Natürlich kann die korrekte Anzahl ausgeführter Lese- und Aktualierungsoperationen im allgemeinen nicht zur Übersetzungszeit ermittelt werden. Daher verwendet der Orca-Compiler hier Heuristiken der Art „Zugriffe auf gemeinsame Daten innerhalb von Schleifen werden wahrscheinlich häufiger ausgeführt als Zugriffe außerhalb von Schleifen" oder „Zugriffe in bedingten Anweisungen finden weniger wahrscheinlich statt als solche außerhalb bedingter Anweisungen". Falls das Verhältnis von Lese- zu Schreiboperationen größer als ein vorgegebener Schwellwert ist (d.h., falls mehr Leseoperationen als Aktualisierungen erwartet werden), werden die zugehörigen Daten repliziert.

Abschließend zur Diskussion des Read-replication-Algorithmus sollen nun noch zwei Schemata betrachtet werden, mit denen der Owner lokalisiert werden kann. Solange das Besitzrecht fest ist und Daten nicht migrieren können, ist das Lokalisieren des Owners eines Datenblocks kein Problem. Kann das Besitzrecht jedoch zwischen Prozessoren wandern, so müssen Prozesse auch weiterhin in der Lage sein, ihre Lese- und Aktualisierungsanfragen dem Owner zu übermitteln. Wie bereits weiter oben angedeutet, ist der einfachste Weg hierzu, die Anfrage an alle Prozessoren zu senden: Alle Prozessoren, die nicht Owner der angefragten Kopie sind, würden diese Anfrage einfach ignorieren. Diese Lösung ist jedoch oft unbefriedigend, da *jede* Anfrage einen Broadcast erzwingt und somit die Netzlast erhöht. Darüber

[7] Für sequentielle Konsistenz muß etwa garantiert werden, daß konkurrente Aktualisierungen von Daten in *verschiedenen* Blöcken für jede Kopie in der gleichen Reihenfolge stattfinden. Darüber hinaus mag es schwierig sein, diesen Algorithmus zusammen mit einem Seitenfehler-Mechanismus des Betriebssystems zu verwenden: Wird zu Beginn einer Schreiboperation ein Seitenfehler ausgelöst, weil die entsprechende Kopie nicht mit Schreibberechtigung vorliegt, so ist überlicherweise der zu schreibende Wert noch nicht bekannt; dennoch müßte er in diesem Moment an alle anderen Kopien versendet werden.

hinaus müssen bis auf einen alle Prozessoren die Broadcast-Nachricht erst unnötigerweise lesen, um schließlich festzustellen, daß sie die Nachricht ignorieren dürfen. Eine interessante Alternative, um Anfragenachrichten effizient an den Owner weiterzuleiten, stellt das von Li und Hudak vorgeschlagene *Probable-owner*-Schema dar [LIH89a]. In diesem Schema hält jeder Prozessor Informationen (sogenannte *Hints*) über den „wahrscheinlichen“ Owner eines jeden Datenblocks gemeinsamer Daten. Wenn eine Lese- oder Aktualisierungsanfrage an den Owner gesendet werden soll, wird diese von dem anfragenden Prozessor P zu demjenigen Prozessor gesendet, von dem P glaubt, es könnte der gegenwärtige Owner sein. Ist der Empfänger tatsächlich der Owner, hat die Anfragenachricht ihr Ziel erreicht. Andernfalls leitet der empfangende Prozessor die Nachricht zu dem Prozessor weiter, von dem *er* glaubt, es könnte der gegenwärtige Owner sein. Von einer Implementierung dieses Algorithmus im *IVY*-System kann etwa gezeigt werden, daß der tatsächliche Owner nach höchstens $n - 1$ Nachrichten gefunden wird, wenn n die Anzahl der Prozessoren ist [LIH89a, Theorem 1]. Typischerweise wird der Owner jedoch schon viel früher gefunden. Die Verwaltung der Hints muß sehr sorgfältig vorgenommen werden, um beispielsweise Zyklen von Hints zu vermeiden, die den tatsächlichen Owner gar nicht mehr enthalten. Sobald ein solcher Zykel existieren würde, könnte eine Anfragenachricht endlos weitergeleitet werden, ohne je den Owner zu erreichen. Lokale Hints in einem Prozessor P werden u.a. in folgenden Fällen aktualisiert:

- P erzeugt eine Aktualisierungsanfrage

  Offensichtlich wird P in naher Zukunft der tatsächliche Owner sein. Nachdem die Anfrage an den Prozessor weitergesendet wurde, den P für den möglichen gegenwärtigen Owner hält, setzt er daher seinen Hint (der mit dem angefragten Datenobjekt assoziiert wird) auf sich selbst.

- P erzeugt eine Leseanfrage

  Da eine Nur-Lesekopie von dem Owner zurückgeliefert werden wird, setzt P seinen Hint auf die Adresse des Prozessors, der die Kopie zurückliefert. (Falls das Besitzrecht auch bei Lesezugriffen migriert, würde P nach Ende der Leseoperation der Owner sein; in diesem Fall würde P seinen Hint auf sich selbst setzen.)

- P empfängt eine Aktualisierungsanfrage, die von P' erzeugt wurde

  Falls P der Owner ist, transferiert er das Besitzrecht zu P' und setzt seinen Hint auf die Adresse von P'. Andernfalls leitet er die Anfrage entsprechend seinem aktuellen Hint weiter und überschreibt anschließend seinen Hint durch die Adresse von P', da P' in naher Zukunft der Owner sein wird.

- P empfängt eine Invalidierungsnachricht, die von P' erzeugt wurde

  Da eine Invalidierungsnachricht nur durch eine Schreiboperation verursacht werden kann, ist P' der aktuelle Owner und P kann seinen Hint auf die Adresse von P' setzen.

Beispiel. Abb. 6.9 zeigt ein Beispiel zu dem Probable-owner-Schema. Initial, d.h. zu dem Zeitpunkt, an dem die verteilte Anwendung gestartet wurde, sind die Hints in jedem Prozessor auf den richtigen Owner gesetzt. Sei nun angenommen, daß P_4 eine Schreiboperation ausführt. Dann sendet P_4 gemäß seinem aktuellen Hint eine entsprechende Anfragenachricht an P_2 und setzt seinen Hint anschließend auf sich selbst. Da P_2 bereits der wirkliche Owner ist, sendet P_2 das Besitzrecht, die angefragten Daten und den Copy-set an P_4 und setzt seinen Hint für dieses Datenobjekt auf P_4. Wenn anschließend P_1 eine Schreiboperation ausführt, so wird die entsprechende Anfragenachricht über P_2 an P_4 weitergeleitet. ■

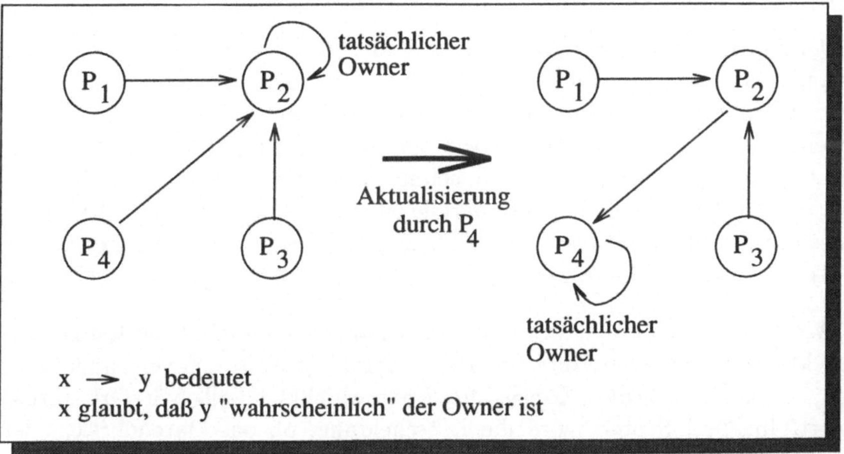

Abbildung 6.9: Lokalisieren des Owners mit dem Probable-owner-Schema.

Full-replication-Algorithmus (Replikation, keine Migration)

Die Idee, die Verfügbarkeit von Daten durch Replikation zu erhöhen, wird im *Full-replication-Algorithmus* noch mehr als im vorigen Algorithmus ausgenutzt. Wie der Name des Algorithmus bereits suggeriert, verwaltet jeder Prozessor eine Kopie jedes gemeinsamen Datenobjektes. Auf den ersten Blick mag dies unvorteilhaft erscheinen, da dies impliziert, daß Aktualisierungen von einem Prozessor zu allen anderen propagiert werden müssen. Der Vorteil dieses Schemas liegt jedoch darin, daß Leseoperationen lokal, d.h. ohne Kommunikation und damit effizient befriedigt werden können.

Um sequentielle Konsistenz zu gewährleisten, müssen Aktualisierungen durch jeden Prozessor in der gleichen Reihenfolge durchgeführt werden. Dies könnte beispielsweise wie folgt geschehen [STZ90a]. Als erstes wird eine Aktualisierungsanfrage zu einem zentralen Server gesendet, welcher jeder empfangenen Anfrage zunächst eine global eindeutige Seriennummer zuordnet. Dann wird die Aktualisierungsanfrage zusammen mit der assoziierten Nummer an alle Prozessoren gesendet. Empfangene Aktualisierungsanfragen werden von jedem Prozessor in der Reihenfolge der assoziierten Nummer durchgeführt. Hatte die zuletzt von einem Prozessor durchgeführte Aktualisierung beispielsweise die Nummer n zugeordnet, dann werden alle Aktualisierungsnachrichten mit assoziierter Nummer größer als $n+1$ durch diesen Prozessor gepuffert, bis die Aktualisierungsanfrage mit der Nummer $n+1$ empfangen und verarbeitet wurde (Abb. 6.10).

Der Aufwand für Leseoperationen im Full-replication-Algorithmus ist sehr gering. Dafür ist jedoch der Aufwand für Schreiboperationen sehr hoch, da *jede* Aktualisierung einen Broadcast nach sich zieht. Dieser Algorithmus scheint deshalb für Anwendungen sehr gut geeignet zu sein, in denen gemeinsame Daten oft gelesen, aber nur selten aktualisiert werden. Ein Beispiel für eine solche Anwendung (ein paralleler Algorithmus, der das Traveling-salesman-Problem mittels eines parallelen Branch-and-bound-Algorithmus löst) wird etwa in [TKB92a] gegeben.

Wie bereits weiter oben erwähnt, könnte anstelle des modifizierten Datenobjekts auch eine Funktion an alle anderen Prozessoren versendet werden, deren Ausführung Kopien des Datenobjekts jeweils vor Ort aktualisiert. Im Orca-System wird die Entscheidung, ob das Datenobjekt oder eine geeignete Funktion versendet wird, dynamisch zur Laufzeit getroffen [BKT89a, TKB92a]. In anderen Systemen kann der Benutzer explizit spe-

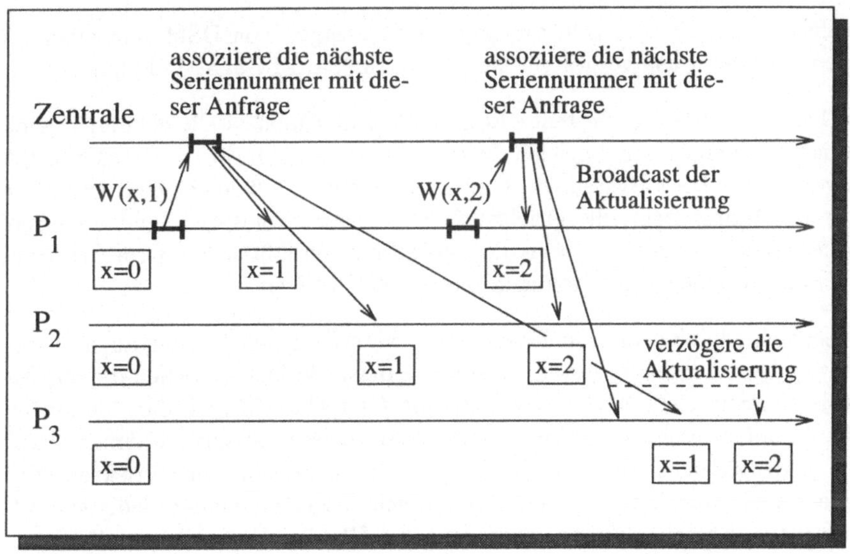

Abbildung 6.10: Ein Full-replication-Algorithmus, der sequentielle Konsistenz gewährleistet.

zifizieren, daß eine Funktion verschickt werden soll (*Function-shipping*) anstelle der Daten (*Data-shipping*). Eine Möglichkeit, dies zu tun, besteht in der Verwendung sogenannter *Fetch_and_ϕ*-Operationen. Typische Funktionen für ϕ sind die Minimumsfunktion und eine Inkrementfunktion, die den Wert einer Variablen um ein Inkrement erhöht und das Ergebnis zurückliefert. Solche *Fetch_and_ϕ*-Operationen werden beispielsweise im *Munin*- und im *Dash*-System angeboten [CBZ91a, LLG92a].

6.2.4 Existierende Implementierungen

Gegenwärtig gibt es viele Systeme, die logisch gemeinsamen Speicher bereitstellen. Viele von ihnen benutzen den Read-replication-Algorithmus, bei dem Kopien vor einer Aktualisierung invalidiert werden (etwa *Mach*, *Koan*, und *SVM* [FBY88a, LAP92a, LIS89a]). Der Aktualisierungsansatz des Read-replication-Algorithmus ist beispielsweise in *Plus* realisiert [BIR90a]. In *IVY*, eines der ersten transparenten DSM-Systeme [NIL91a], wird der Invalidierungsansatz realisiert [LI88a, LIH89a]. Der Full-replication-Algorithmus ist in einer der DSM-Implementierungen des *Orca*-Systems realisiert [TKB92a]. Hardware-Implementierungen von DSM sind etwa bei *Memnet* oder *Dash* vorgestellt worden [GLL90a, LLG92a, TSF90a].

Das objektbasierte verteilte Betriebssystem *Clouds* stellt ebenfalls einen logisch gemeinsamen Speicher zur Verfügung. Einer der interessantesten Aspekte des DSM-Systems in Clouds ist jedoch, daß es einzelne Primitive zur Verfügung stellt, die gleichzeitig Prozeßsynchronisation und Speicherkohärenz kontrollieren. Durch diese Kombination läßt sich der Nachrichtenaufwand in vielen Anwendungen reduzieren [RAK89a].

Logisch gemeinsamer Speicher wird in verschiedenen Formen auch in verteilten Sprachen bereitgestellt. Bekannte Beispiele hierfür stellen die objektbasierten Sprachen *Amber* und *Emerald* [CAL89a, JLH88a] dar. Sie stellen einen gemeinsamen Objektraum mit einem ortsunabhängigen, transparenten Aufrufmechanismus zur Verfügung. Die Migration von Objekten wird jedoch nicht durch das System automatisch ausgelöst, sondern lediglich aufgrund von Entscheidungen, die bereits zur Übersetzungszeit getroffen wurden, oder aber durch explizite Benutzeranweisungen. Replikation wird in Emerald nicht zur Erhöhung der Datenverfügbarkeit eingesetzt; in Amber sind Nur-Lesekopien möglich.

In *Linda* [ACG86a, LEL90a] wird ein einziger logisch gemeinsamer Adreßraum bereitgestellt. In diesen können Datenobjekte, die in Linda *Tupel* genannt werden, entweder hinzugefügt, gelesen, oder atomar gelesen-und-gelöscht werden. Um den Inhalt eines Tupels zu verändern, muß ein Prozeß diesen Tupel erst lesen-und-löschen, ihn lokal wie gewünscht verändern und anschließend den modifizierten Tupel wieder in den Adreßraum hinzufügen. Das Lesen von Tupel ist blockierend; das Adressieren von Tupel erfolgt assoziativ (d.h. über den Inhalt): Solange es keinen „passenden“ Tupel gibt, blockiert der lesende Prozeß. Synchronisation wird daher in Linda mit einer einfachen Schnittstelle zu einem logisch gemeinsamen Speicher kombiniert. Einige Implementierungen von Linda (etwa das *S/Net*-System [CAG86a]) replizieren Tupel vollständig, ähnlich dem Full-replication-Algorithmus. Andere Implementierungen verzichten völlig auf Replikation [BAL92a].

In letzter Zeit wurden auch *adaptive* DSM-Schemata vorgestellt. Ein Beispiel hierfür ist das *Munin*-System [BCZ90a, CBZ91a]. Es erlaubt die gleichzeitige Verwendung *verschiedener* DSM-Algorithmen für verschiedene Datenobjekte. Die Auswahl eines DSM-Algorithmus für ein Datenobjekt erfolgt durch benutzerspezifizierte *Annotationen.* Jede Annotation reflektiert das erwartete Zugriffsverhalten auf das zugehörige Datenobjekt. Beispielsweise wird von *Producer-consumer* annotierten gemeinsamen Daten erwartet, daß sie nur von einem einzigen Prozeß aktualisiert (dem „Erzeuger"), aber von einem oder mehreren Prozessen gelesen werden (den „Verbrauchern"). Für solchermaßen annotierte Datenobjekte wählt das System eine Variante des Read-replication-Algorithmus, in der Replikate nicht invalidiert, sondern sofort aktualisiert werden (Aktualisierungsansatz). Auf diese Weise kann etwa die Anzahl der Leseanfragen, die lokal nicht unmittelbar eine lesbare Kopie vorfinden, sehr klein gehalten werden, da gültige Kopien oft bereits verfügbar sind, bevor sie benutzt werden sollen. Datenobjekte, die innerhalb einer gewissen Zeitspanne oft ausschließlich von einem einzigen Prozeß zugegriffen werden (etwa weil das gemeinsame Datenobjekt nur in kritischen Abschnitten zugegriffen wird) können als *Migratory* annotiert werden. In diesem Fall migriert bei jedem Zugriff eine lesbare und beschreibbare Kopie des Datenobjekts zu dem zugreifenden Prozessor (selbst wenn der erste Zugriff nur ein Lesezugriff ist).

Offensichtlich kann das Ausnutzen von semantischem Wissen zu einer Verbesserung der Performanz führen. Der Nachteil davon ist jedoch nicht nur die fehlende Transparenz, sondern auch die Erschwerung der Wartbarkeit und das potentiell höhere Risiko fehlerhafter Weitergabe semantischen Wissens (ein DSM-System könnte u.U. die Konsistenz verletzen, wenn das tatsächliche Programmverhalten nicht mit den spezifizierten Annotationen übereinstimmt).

Die Performanz von DSM-Systemen ist vielversprechend. Im IVY-System wurde beispielsweise für einige Anwendungen linearer Speedup gemessen. Dies bedeutet, daß diese Anwendungen auf n Prozessoren n mal schneller als auf einem einzigen Prozessor liefen. In einigen Messungen stellte sich sogar „superlinearer" Speedup ein [LIH89a]. Die Superlinearität ist jedoch eine Folge davon, daß der Lauf, der auf einem einzigen Prozessor durchgeführt wurde, aufgrund von Speichermangel häufiger Seitenfehler produzierte, die über (relativ langsame) Plattenzugriffe aufgelöst werden mußten. Im allgemeinen kann erwartet werden, daß die Performanz stark von den Laufzeitcharakteristiken der Anwendung abhängt. Dazu gehören insbesondere das Lokalitätsverhalten, die Häufigkeit der Zugriffe auf den gemeinsamen Speicher und das Zugriffsmuster.

In [STZ90a] wird ein Vergleich der weiter oben vorgestellten vier Basisalgorithmen gegeben. Als Fazit schließen Stumm et al., daß keiner der Algorithmen für alle Anwendungen am besten geeignet ist. Ihre weiteren Performanzaussagen lassen sich wie folgt zusammenfassen. Der Central-server-Algorithmus ist eine gute Wahl, wenn ein einfach zu implementierender Algorithmus gefordert ist, der unempfindlich gegenüber dem Grad an vorhandenem Lokalitätsverhalten ist. Auch kann der Central-server-Algorithmus gut sein, wenn es wesentlich mehr Schreib- als Leseoperationen gibt, da die Aktualisierungen der Kopien und die gegebenenfalls zusätzlichen Migrationen für die anderen drei Algorithmen nachteiliger sind. Für viele Anwendungen wird erwartet, daß der Read-replication-Algorithmus besser ist als der Migrating-server-Algorithmus. Der Hauptgrund dafür ist, daß der Read-replication-Algorithmus konkurrentes Lesen ohne Nachrichtenkommunikation erlaubt. Schließlich bietet der Full-replication-Algorithmus typischerweise in solchen Fällen eine gute Performanz, in denen nur wenige Prozessoren gemeinsame Daten benutzen und Aktualisierungen eher selten sind. Auch bei geringem Lokalitätsverhalten kann der Full-replication-Algorithmus besser als der Read-replication-Algorithmus sein.

6.3 Verwandte Konzepte

6.3.1 Multi-Cache-Konsistenz

DSM-Systeme wurden seit den frühen 80er Jahren untersucht [NIL91a]. Einige der dabei angetroffenen Probleme wurden jedoch bereits viel früher im Kontext von Mehrprozessorsystemen mit physisch gemeinsamen Speicher analysiert, in denen jeder Prozessor ein (oder mehrere) Cache-Speicher besitzt. Da in solchen Systemen ein Datenobjekt in mehreren lokalen Prozessor-Caches gepuffert sein kann, muß sichergestellt werden, daß alle Lese- und Schreiboperationen ohne Verletzung der Konsistenz durchgeführt werden. Im wesentlichen wurden drei Lösungen zu diesem *Multi-Cache-Konsistenzproblem* präsentiert [SMI82a]:

(1) Propagiere alle Aktualisierungen zu allen Caches und zum physisch gemeinsamen Speicher.

(2) Führe eine Aktualisierung nur aus, nachdem die entsprechende Speicheradresse in allen anderen Caches invalidiert wurde.

(3) Stelle sicher, daß beschreibbare Daten zu jeder Zeit in höchstens einem Cache vorhanden sind.

Ähnlichkeiten zu den oben vorgestellten DSM-Basisalgorithmen sind offensichtlich. Das Multi-Cache-Konsistenzproblem ist jedoch ein Hardware-Problem, bei dem die Nachrichtenverzögerungszeit typischerweise wesentlich geringer ist als bei Software-DSM-Algorithmen. Obwohl die Grundideen ähnlich sein können, unterscheiden sich daher die konkreten Realisierungen oft signifikant [STZ90a]. Existierende Cache-Konsistenz-Protokolle hören entweder den zentralen Bus ab und treffen geeignete Maßnahmen, um die Konsistenz zu wahren (in sogenannten *Snoopy-cache*-Schemata [ARB86a, GOO83a, PAP84a]), oder sie benutzen eine Tabelle, über die im wesentlichen der Zustand aller Kopien verwaltet wird (etwa [ARB84a, ASH88a, CEF78a]). Snoopy-cache-Schemata lassen sich allerdings oft nicht gut skalieren, da der zentrale Bus einen potentiellen Flaschenhals darstellt. Überdies gibt es *Software-unterstützte* Protokolle, in welchen zur Übersetzungszeit eine parallele Anwendung so instrumentiert wird, daß zur Laufzeit Cache-Inkonsistenzen vermieden werden können (siehe [AAH91a, MIB89a, MIB92a]). Interessanterweise gibt es auch für Multi-Caches Versuche, die Konsistenz abzuschwächen, um die Performanz zu erhöhen (etwa [BRO90a]). Für eine weitere Diskussion des Multi-Cache-Konsistenz-Problems siehe [LIL93a].

6.3.2 Concurrency-control-Algorithmen

Einige der DSM-Probleme treten auch in Datenbanksystemen auf. Um dies zu verdeutlichen, werde eine (Datenbank-)*Transaktion* als endliche Folge von Lese- und Schreiboperationen auf Datenobjekten einer Datenbank betrachtet. Ein Concurrency-control-Algorithmus einer Datenbank hat u.a. sicherzustellen, daß für alle bereits durchgeführten Transaktionen zumindest logisch eine serielle Ausführung existiert, die die gleichen Effekte auf der Datenbank hervorrufen würde[8]. Da Schreiboperationen auf dem gleichen Datenobjekt aus konkurrent ausgeführten Transaktionen zu einem Konflikt führen können, müssen diese korrekt serialisiert werden. Neben Verfahren, die Konflikte durch Anforderung von Sperren a priori vermeiden (Zweiphasen-Sperrprotokolle, [EGL76a]) und Verfahren, die bei der Ausführung von Operationen einer Transaktion Konflikte erkennen (Multiversionen-Zeitstempel-Schemata, [BEG81a]) stellen *optimistische* Concurrency-control-Protokolle eine dritte Lösungsmöglichkeit dar.

---

[8]Würde eine Transaktion aus genau einer Lese- oder Schreiboperation bestehen, die ein einzelnes Datenobjekt der Datenbank zugreift, so würde diese Forderung nach Serialisierbarkeit von Transaktionen gerade der Forderung nach sequentieller Konsistenz entsprechen [HEW90a].

Eine optimistische Ausführung einer Transaktion wird typischerweise in drei Phasen durchgeführt (siehe z.B. [CEP85a]). In der ersten Phase liest die Transaktion Daten von der Datenbank, ohne sich dabei jedoch mit anderen Transaktionen zu synchronisieren. Aktualisierungen während der Transaktionsausführung werden lediglich in einem privaten Puffer gespeichert. Die zweite Phase beginnt am Ende der Transaktionsausführung. Hier validiert ein Test die Korrektheit der optimistischen Ausführung. Wird der Test bestanden, dann war die optimistische Ausführung korrekt (d.h. die Transaktion ist serialisierbar). In diesem Fall werden in einer dritten Phase die gepufferten Aktualisierungen in die Datenbank eingebracht. Wird der Test jedoch nicht bestanden, so wird die Transaktion erneut gestartet. Ein Beispiel, in dem diese optimistische Datenbanktechnik angewendet wurde, um die Konsistenz eines logisch gemeinsamen Speichers zu gewährleisten, stellt das *Toris*-System dar [KRS90a, STK89a]. Ähnlich dem Full-replication-Algorithmus verwaltet in Toris jeder Prozessor ein Kopie von jedem gemeinsamen Datenobjekt. Lese- und Schreiboperationen werden in Transaktionen gruppiert und in obigem Sinne in optimistischer Weise ausgeführt. Wenn die optimistische Ausführung aller Lese- und Schreiboperationen der gleichen Transaktion bestätigt wurden, werden alle Aktualisierungen dieser Transaktion an alle anderen Prozessoren weitergeleitet und dort in die gespeicherten Kopien eingebracht.

6.4 Resümee

In den letzten zehn Jahren wurde ein vielversprechendes neues Paradigma zur Interprozeßkommunikation intensiv untersucht: das Shared-memory-Paradigma. In diesem Modell kommunizieren Prozesse durch Lese- und Schreibzugriffe auf logisch gemeinsamen Speicher. Das Konzept des logisch gemeinsamen Speichers bietet einige interessante Vorteile. Hier ist vor allem die Einfachheit der Programmierung zu nennen. Beispielsweise können Prozesse auf verschiedenen Rechnerknoten mit Hilfe eines DSM leicht Zustandsinformationen oder sogar komplexe Datenstrukturen gemeinsam benutzen. Ein weiterer Vorteil besteht darin, daß gemeinsame Daten selbst nach der Terminierung von Prozessen zugreifbar sind (Persistenzeigenschaft). Auch läßt sich mit dem Shared-memory-Paradigma ortsunabhängig programmieren. Es muß also nicht bekannt sein, auf welchem Rechner die zuzugreifenden gemeinsamen Daten tatsächlich gespeichert sind. Schließlich sind viele DSM-Systeme leicht skalierbar; zumindest im Vergleich zu Multiprozessorsystemen mit physisch gemeinsamen Speicher bei denen typischerweise der Speicher einen potentiellen Flaschenhals darstellt.

In diesem Kapitel wurden Grundprobleme und Standardtechniken diskutiert, um einen logisch gemeinsamen Speicher zu realisieren. Es zeigt sich, daß keine der diskutierten Basisalgorithmen für alle Anwendungen am besten geeignet ist: Die Performanz hängt zu stark von dem Zugriffsverhalten der Anwendung ab. Möglicherweise bieten in letzter Zeit aufgekommene adaptive Algorithmen eine Lösung für dieses Problem. Erste Experimente in diese Richtung wurden bereits erfolgreich durchgeführt [BCZ90a, BKT92b, CBZ91a]. Eine zusätzliche Möglichkeit, die Performanz zu verbessern, besteht darin, die Konsistenzforderungen abzuschwächen. Schwach-konsistente DSM-Systeme benötigen i.a. weniger Synchronisation und können daher auch effizienter realisiert werden. Ein Programmierer, der solche DSM-Systeme einsetzen möchte, muß jedoch sehr sorgfältig alle möglichen Reihenfolgen berücksichtigen, in denen Anwendungsprozesse Aktualisierungen wahrnehmen können. Dadurch könnte einer der Hauptvorteile von DSM-Systemen — die Einfachheit der Programmierung — verloren gehen. Ein Kompromiß könnte etwa darin bestehen, dem Benutzer ein sequentiell-konsistentes DSM-System bereitzustellen, die Konsistenz jedoch durch den Compiler in einer benutzertransparenten Art und Weise abzuschwächen [ACF93a, BKT92a]. Performanzuntersuchungen verschiedener experimenteller DSM-Systeme, wie etwa dem IVY-System oder Munin, weisen darauf hin, daß das Programmierparadigma logisch gemeinsamer Speicher in verteilten Systemen durchaus eine interessante Alternative zu dem Paradigma der Prozeßinteraktion über Nachrichtenaustausch darstellt.

Kapitel 7

Gemeinsame Variablen in verteilter Simulation

7.1 Überblick

Verteilte Simulation wird auf einem Mehrrechnersystem ohne gemeinsamen Speicher ausgeführt. Daher muß ein verteiltes Simulationsmodell in Teilmodelle mit *disjunkten Zustandsräumen* partitioniert werden, welche jeweils von einem logischen Prozeß ausgeführt werden. Aus Modellierersicht ist diese strikte Disjunktheit jedoch oft unerwünscht. Zwar läßt sich im Prinzip jedes Modell derart partitionieren, aber eine Partitionierung inhärent globaler Daten führt üblicherweise zu einer Replikation der Daten und vielen benutzerspezifizierten Ereignissen, um diese Replikate konsistent zu halten [WHB90a, WIJ89a]. Dies ist jedoch nicht nur fehleranfällig, sondern führt auch zu Simulationsmodellen, die nur schwer zu verstehen und zu warten sind. Aus Anwendungssicht würde man oft gerne gemeinsame Daten zwischen mehreren logischen Prozessen zur Verfügung haben; in [CCU90a, GHF91a, LUB90a] werden beispielsweise Simulationsanwendungen beschrieben, die sich mit gemeinsamen Variablen für räumlich benachbarte Sektoren einer Modellwelt einfacher realisieren lassen. Diese Beobachtungen motivieren eine Untersuchung über mögliche Ansätze, logisch gemeinsamen Speicher konsistent in verteilte Simulation zu integrieren.

Zu diesem Zweck wird in diesem Kapitel zunächst eine adäquate Abstraktion von verteilten Simulationsmodellen eingeführt. Nach einer kurzen

Diskussion über naheliegende, scheinbar praktikable Lösungen wird gezeigt, wie die in Kapitel 6 vorgestellten grundsätzlichen Schemata zur Realisierung eines logisch gemeinsamen Speichers in verteilten Systemen auf verteilte Simulation übertragen werden können. Es werden sowohl Verfahren für konservative als auch für optimistische verteilte (und parallele) Simulation vorgestellt. Diese neuen Algorithmen wurden in dem in Kapitel 3 beschriebenen DSL-System realisiert. Ein empirischer Vergleich der Algorithmen und eine Diskussion verwandter Arbeiten beschließen die Diskussion. Auszüge aus diesem Kapitel wurden im Rahmen eines eingeladenen Beitrags des Autors auf einer internationalen Tagung vorgestellt [MEH93c].

7.2 Das Modell und Definitionen

7.2.1 Einige Annahmen

Zur Vereinfachung der Diskussion wird im folgenden angenommen, daß der verteilte Simulator aus n LPs ($LP_1, \ldots, LP_n$) besteht und daß die ersten k ($2 \leq k \leq n$) LPs eine Variable v in konsistenter Weise gemeinsam benutzen wollen. Die hier vorgestellten Lösungen und Resultate bleiben ungeachtet dessen auf den Fall mehrerer Variablen generalisierbar, die von unterschiedlichen Teilmengen von LPs gemeinsam benutzt werden. Es wird ebenfalls angenommen, daß keine zwei Ereignisse den gleichen Zeitstempel besitzen. Dies vereinfacht die Betrachtungen, ohne eine echte Einschränkung zu sein. Wenn der Benutzer den gleichen Zeitstempel für zwei Ereignisse spezifiziert, so könnte das Simulationsystem diese intern in einer transparenten und deterministischen Art und Weise verschieden voneinander machen, wie in Kapitel 5 gezeigt wurde.

7.2.2 Verteilte Simulationsmodelle

Eine Realisierung eines *verteilten Simulationsmodells* besteht im wesentlichen aus der Definition der Zustandsräume von logischen Prozessen und den Programmcodes der Ereignisse. Ein *Ereignis* wird in diesem Kapitel als eine (endliche) Sequenz von Aktionen betrachtet, die zu einem eindeutigen virtuellen Zeitpunkt eintritt. Folgende Aktionen sind erlaubt:

(1) Ein (lesender oder schreibender) Zugriff auf den lokalen Zustand des LP, bei dem das Ereignis ausgeführt wird.

(2) Ein Zugriff auf (logisch) gemeinsame Variablen.

(3) Die Erzeugung und Einplanung neuer Ereignisse.

Jeder Zugriff auf eine gemeinsame Variable wird entweder durch eine *Lese-* oder eine *Schreiboperation* ausgeführt. Dabei erhält eine Operation den gleichen Zeitstempel zugeordnet, wie das Ereignis, in dem die Operation ausgeführt wird. Jede dieser Leseoperationen (Schreiboperationen) kann nur eine einzige logisch gemeinsame Variable lesen (schreiben). Unter einem *schreibenden* Zugriff auf eine gemeinsame Variable (oder gleichbedeutend einer *Aktualisierung* derselben) wird hierbei verstanden, daß der vorige Inhalt *vollständig* durch einen neuen Inhalt überschrieben wird. Dies bedeutet insbesondere, daß durch eine Aktualisierung einer gemeinsamen Variablen nicht nur Teile des Inhalts modifiziert werden können. Die Reihenfolge, in der Lese- und Schreiboperationen eines verteilten Simulationsmodells auszuführen sind, ist klar definiert: Operationen in *verschiedenen* Ereignissen haben verschiedene Zeitstempel assoziiert (da angenommen wird, daß keine Ereignisse den *gleichen* Zeitstempel besitzen) und müssen in Zeitstempelreihenfolge ausgeführt werden. Operationen im gleichen Ereignis haben den gleichen Zeitstempel zugeordnet, müssen aber in der sequentiellen Reihenfolge ausgeführt werden, in der sie gemäß dem Programmcode des Ereignisses auszuführen sind. Durch diese Reihenfolge liefert eine Leseoperation insbesondere immer denjenigen Wert, der als letztes in virtueller Zeit in diese Variable geschrieben wurde.

Interessanterweise benötigen nicht alle Operationen auf einer gemeinsamen Variablen v eine Synchronisation zwischen mehreren LPs, um die Konsistenz logisch gemeinsamer Variablen sicherzustellen. Wenn beispielsweise in der gleichen Ereignisausführung eine Schreiboperation auf v von einer Leseoperation auf v gefolgt wird, dann braucht die Leseoperation nur den Wert zurückzuliefern, der durch die vorangegangene Schreiboperation geschrieben wurde; kein anderer LP muß von der Leseoperation Kenntnis erhalten. Ähnliches gilt für mehrere Schreiboperationen auf v, die alle während der gleichen Ereignisausführung stattfinden. Da alle diese Aktualisierungen denselben Zeitstempel tragen, müssen andere LPs allenfalls Kenntnis von der letzten dieser Aktualisierungen nehmen. Diese Beobachtung motiviert, von Lese- und Schreiboperation weiter zu *Lese-* und *Schreibanfragen* zu abstrahieren.

Definition (Lese-, Schreibanfrage). *Lese- und Schreibanfragen haben denselben Zeitstempel assoziiert wie das Ereignis, welches sie erzeugt. Ein Ereignis erzeugt eine* Leseanfrage *für eine gemeinsame Variable v, wenn (1) das Ereignis gerade eine Leseoperation auf v ausführt, (2) das Ereignis vorher keine Leseanfrage für v gestellt hat und (3) das Ereignis vorher noch keine Schreiboperation auf v ausgeführt hat. Ein Ereignis erzeugt eine* Schreibanfrage *für eine gemeinsame Variable v mit dem neuen Wert v_{neu}, wenn (1) das Ereignis wenigstens eine Schreiboperation auf v ausgeführt hat, (2) v_{neu} der Wert der letzten Schreiboperation auf v ist, welches das Ereignis ausführt, und (3) das Ereignis vorher noch keine Schreibanfrage für v erzeugt hat.*

Eine mögliche Implementierung von Lese- und Schreiboperationen ist wie folgt. Jedes Ereignis, welches in einem LP ausgeführt wird, der die Variable v benutzt, verwaltet eine temporäre Kopie tmp_v von v. Diese Kopie wird zu Beginn der Ereignisausführung angelegt und bei Ende der Ereignisausführung wieder freigegeben. Eine Schreiboperation auf v aktualisiert lediglich tmp_v. Am Ende einer Ereignisausführung wird eine Schreibanfrage für v erzeugt (mit dem Wert, der dann in tmp_v gespeichert ist), wenn dieses Ereignis wenigstens eine Schreiboperation auf v ausgeführt hatte. Eine Leseoperation auf v erzeugt eine Leseanfrage, falls tmp_v noch nicht gesetzt wurde. In diesem Fall wird zusätzlich der von der Leseanfrage zurückgelieferte Wert in tmp_v geschrieben. Sobald mindestens einmal ein Wert in tmp_v geschrieben wurde, liefern Leseoperationen lediglich den Wert in tmp_v zurück. Alle Schreibanfragen eines Ereignisses (für verschiedene Variablen), die am Ende einer Ereignisausführung an den gleichen LP geschickt werden, können in einer einzigen Nachricht gebündelt werden.

Durch die Abstraktion von Operationen auf Anfragen müssen die Kohärenzprotokolle, die die Illusion konsistenter gemeinsamer Variablen sicherstellen, nur eine Teilmenge aller Lese- und Schreiboperationen berücksichtigen. Auch treten nun aus Sicht der Kohärenzprotokolle keine Leseanfragen (Schreibanfragen) mit gleichem Zeitstempel mehr auf. Dieser Aspekt wird noch an verschiedenen Stellen ausgenutzt werden und soll deswegen durch das folgende Lemma präzisiert werden.

Lemma 7.1 *Wenn m Anfragen auf die gleiche gemeinsame Variable den gleichen Zeitstempel tragen, dann ist $m \leq 2$. Wenn zwei Anfragen den gleichen Zeitstempel tragen, dann ist eine von ihnen eine Leseanfrage und die andere eine Schreibanfrage. In diesem Fall wird die Leseanfrage vor der Schreibanfrage befriedigt.*

Beweis. Da mit einer Anfrage der Zeitstempel des Ereignisses assoziiert wird, welches die Anfrage erzeugt hat, und da es nach Annahme keine zwei Ereignisse mit dem gleichen Zeitstempel gibt, wurden alle Anfragen mit dem gleichen Zeitstempel von dem gleichen Ereignis erzeugt. Aus der Definition einer Anfrage folgt, daß von dem gleichen Ereignis höchstens eine Leseanfrage und eine Schreibanfrage für die gleiche Variable erzeugt werden kann. Folglich gilt $m \leq 2$. Wenn ein Ereignis höchstens eine Lese- und eine Schreibanfrage für eine gemeinsame Variable v erzeugen kann, dann folgt für den Fall $m = 2$, daß eine der Anfragen eine Leseanfrage sein muß und die andere eine Schreibanfrage. Die Existenz einer Schreibanfrage impliziert aus der Definition von Schreibanfragen, daß das gleiche Ereignis mindestens eine Schreiboperation ausgeführt hat, bevor es die Schreibanfrage erzeugte. Aus der Definition einer Leseanfrage folgt jedoch, daß eine Leseanfrage für eine Variable v nicht mehr erzeugt werden kann, nachdem im gleichen Ereignis eine Schreiboperation auf v ausgeführt wurde. Infolgedessen muß die Leseoperation, welche die Leseanfrage erzeugte, vor der ersten Schreiboperation auf v und somit auch vor der Schreibanfrage für v ausgeführt worden sein. Da Lese- und Schreiboperationen des gleichen Ereignisses in der Reihenfolge befriedigt werden müssen, in der sie im Programmcode ausgeführt wurden, und da eine Leseoperation, die eine Leseanfrage generiert, den Wert zurückliefern muß, den die Anfrage zurückliefert, muß die Leseanfrage vor der Schreibanfrage befriedigt werden. ■

7.3 Realisierungsmöglichkeiten für gemeinsame Variablen

Da Lesen und Schreiben gemeinsamer Variablen Aktionen sind, die zu einem bestimmten virtuellen Simulationszeitpunkt auszuführen sind, scheint ein naheliegender Realisierungsansatz darin zu bestehen, Lese- und Schreiboperationen als primitive Ereignisse zu betrachten. Bei einer Implementierung von globalen Variablen mittels Replikation könnten „Schreibereignisse" allen LPs eingeplant werden, die eine Kopie der gemeinsamen Daten besitzen. Dadurch würden Schreibereignisse in den Ereignislisten der LPs gepuffert und automatisch chronologisch (d.h. unter Einhaltung der Konsistenz) ausgeführt werden. Tatsächlich werden Schreibanfragen durch die in diesem Kapitel vorgestellten Kohärenzalgorithmen auch in einer ähnlichen Weise (aber nicht in den Ereignislisten) abgespeichert. „Lese-Ereignisse" würden allerdings Probleme bereiten. Das Ergebnis eines Lese-Ereignisses müßte am Ende der Leseoperation zurückgeliefert werden, also noch *während* der Ausführung des Ereignisses, das die Leseoperation enthält. Dies widerspricht allerdings der Atomizitätsvoraussetzung ereignisgesteuerter Simulation. Prinzipiell könnte ein Ereignis e in mehrere Ereignisse $e_1, \ldots, e_m$ aufgeteilt werden, so daß Leseoperationen, wenn überhaupt, nur am Ende eines solchen Ereignisses e_i ausgeführt würden. Jedes Ereignis e_i könnte sein Folgeereignis e_{i+1} so einplanen, daß wenn e_i ein Lese-Ereignis generiert, dieses zwischen e_i und e_{i+1} eingeplant werden kann. Ereignisse jedoch derart aufzusplitten, ist für einen Benutzer umständlich und führt zu schwierig wartbarem Code. Eine Unterstützung durch den Compiler beim Zerteilen von Ereignissen ist zwar prinzipiell möglich, allerdings führt dies zu gewissen technischen Problemen.

Ein anderer Ansatz besteht darin, die verteilte Simulation auf einer Emulation eines physisch gemeinsamen Speichers (*Distributed-shared-memory*, kurz *DSM*) ablaufen zu lassen. Algorithmen, die logisch gemeinsamen Speicher auf Mehrrechnersystemen ohne physisch gemeinsamen Speicher realiseren, werden im folgenden *DSM-Algorithmen* genannt. Dieser Ansatz führt jedoch auch auf Probleme, da verteilte Simulation — im Gegensatz zu vielen anderen verteilten Anwendungen — genau vorschreibt, in welcher Reihenfolge Lese- und Schreiboperationen auszuführen sind. Beispielsweise könnte LP_1 eine Variable zur Simulationszeit 100 lesen wollen, welche LP_2 zur Simulationszeit 80 aktualisiert. Durch die asynchrone Ausführung von LPs kann es jedoch sein, daß LP_1 zwar die Simulationszeit 100 erreicht hat und daher die Variable lesen möchte, aber LP_2 erst bei Simulationszeit 50 ist. Der zu lesende Wert ist daher noch gar nicht geschrieben (er wird erst geschrieben, sobald LP_2 Simulationszeit 80 erreicht).

Unsere Lösung des Problems beruht auf der Beobachtung, daß die Synchronisation, die nötig ist, um logisch gemeinsame Variablen mit virtueller Zeit zu synchronisieren, ähnlich zu der Synchronisation von Ereignissen in verteilter Simulation ist. Das Grundproblem besteht darin zu entscheiden, wann sich ein LP „traut", einen Wert einer gemeinsamen Variablen tatsächlich zu lesen oder zu schreiben (sein nächstes Ereignis auszuführen), obwohl andere LPs möglicherweise weitere Aktualisierungen dieser gemeinsamen Variablen (weitere Ereignisse) einplanen, die noch vorher auszuführen sind. Dies führt auf die Idee, verteilte Simulationsalgorithmen mit DSM-Algorithmen zu kombinieren.

Wie im letzten Kapitel gezeigt wurde, lassen sich prinzipiell drei Techniken zur Realisierung von DSM-Algorithmen unterscheiden. Entweder werden keine Daten repliziert, oder sie werden nur zum Lesen repliziert, oder Daten werden vollständig bei allen Prozessen repliziert. Des weiteren sind die beiden ersten Ansätze jeweils mit Migration kombinierbar. Migration scheint jedoch aufgrund des typischerweise fehlenden Lokalitätsverhaltens bei verteilter Simulation für die Realisierung logisch gemeinsamer Variablen nicht geeignet[1]. Es bleiben also drei Basisalgorithmen zur Realisierung von logisch gemeinsamem Speicher. Da es auf der anderen Seite im wesentlichen zwei Grundklassen verteilter Simulationsalgorithmen gibt — konservative und optimistische — erhält man durch Kombination potentiell sechs Grundalgorithmen, mit denen konsistente gemeinsame Variablen für verteilte Simulation realisiert werden können. Es zeigt sich, daß eine dieser Kombinationen (konservative Simulation und vollständige Replikation) nicht sinnvoll ist. Die verbleibenden fünf Verfahren stellen jedoch vielversprechende neue Algorithmen dar, die das Problem z.T. besser lösen als die in der Literatur bekannten Ansätze.

7.3.1 Nicht auf Rollbacks basierende Algorithmen

In diesem Abschnitt werden Techniken zur Realisierung eines DSM auf die meisten *konservativen* Simulationsalgorithmen übertragen; die Übertragung auf optimistische Simulationsalgorithmen wird anschließend in Kapitel 7.3.2 betrachtet. Da in konservativen Simulationsalgorithmen keine Möglichkeit besteht, bereits ausgeführte Ereignisse rückgängig zu machen, muß eine Leseanfrage für eine Variable v, welche von $LP_1, \ldots, LP_k$ gemeinsam be-

[1] Für Anwendungen, die ein Lokalitätsverhalten aufweisen, ließen sich die hier vorgestellten Konsistenzverfahren jedoch einfach anpassen, so daß eine Migration möglich ist [MEH92e]. Auch können leicht Varianten realisiert werden, für die eine Migration nur für solche gemeinsamen Variablen durchgeführt wird, die der Benutzer explizit als „migrierbar“ gekennzeichnet hat (vgl. mit Annotationen in Munin (Kapitel 6)). Für eine detailierte Diskussion dieser Problematik wird jedoch auf eine andere Arbeit des Autors verwiesen [MEH92e].

nutzt wird, immer den *korrekten* Wert zurückliefern. Infolgedessen sollte eine Leseanfrage für die Variable v zur Zeit t erst dann befriedigt werden, wenn es keine weitere Aktualisierung zu einem früheren virtuellen Zeitpunkt auf v mehr geben wird. Um diese Gewährleistung geben zu können, wird eine neue Garantieart eingeführt, die mit $\tilde{G}$ bezeichnet wird: Wenn LP_j eine *Garantie* $\tilde{G} = t$ von LP_i erhält, dann kann LP_j sicher sein, keine weiteren Lese- oder Schreibanfragen von LP_i zu erhalten, die irgendeine von LP_i und LP_j gemeinsam benutzte Variable betreffen und einen Zeitstempel kleiner als t tragen. Die folgenden Algorithmen werden durch die logischen Prozesse zusätzlich zu ihren normalen Ereignisausführungen ausgeführt. Ferner wird angenommen, daß alle Nachrichten zwischen zwei LPs in der Reihenfolge empfangen werden, in der sie gesendet wurden. Dies ist eine leicht zu realisierende und für konservative Simulationsverfahren typische Annahme (Kapitel 2).

7.3.1.1 Der Algorithmus A1

Der erste hier vorgestellte Algorithmus wird *A1* genannt. Im Prinzip stellt er eine Abwandlung des Central-server-DSM-Algorithmus (vgl. Kapitel 6) dar. Jeder LP in A1 sendet seine bestmöglichen Garantien $\tilde{G}$, solange er blockiert ist (d.h., solange er nicht in der Lage ist, ein Ereignis auszuführen oder fortzusetzen). Garantien $\tilde{G}$ sowie auch alle Lese- und Schreibanfragen für v müssen zum *Owner* von v gesendet werden[2]. Unter dem Owner wird hier der eindeutig bestimmte logische Prozeß verstanden, der die gespeicherte Repräsentation der Variablen v verwaltet. Sobald er eine Schreibanfrage empfängt, wird ein entsprechendes Tripel `(Sender-Kennung, neuer Wert, Zeitstempel der Anfrage)` abgespeichert. Ein solches Tripel wird im folgenden als *Version* bezeichnet und eine Liste von Versionen als *Multiversionen-Liste*. Durch die Verwaltung logisch gemeinsamer Variablen in einer Multiversionen-Liste, können LPs ihre Ereignisausführungen unmittelbar nach dem Erzeugen von Schreibanfragen fortsetzen: Auch wenn der Owner mehrere Schreibanfragen für v erhält, kann er zu jeder Leseanfrage zur Simulationszeit t die letzte Aktualisierung vor t aus der Multiversionen-Liste extrahieren. Diese Aktualisierung entspricht dem gültigen Wert zur Zeit t, sobald der Owner keine weiteren Schreibanfragen für v mehr empfängt, die einen kleineren Zeitstempel als t tragen. Im folgenden

[2]Im allgemeinen Fall muß eine Garantie von einem LP zu jedem Owner gesendet werden, mit dem sich der sendende LP eine Variable teilt.

werden die Aktionen, die eine Lese- bzw. eine Schreibanfrage implizieren, detailierter beschrieben.

Leseanfragen. Wenn LP_i ($i \in \{1, \ldots, k\}$) zur Simulationszeit t ein Ereignis ausführt und dabei eine Leseanfrage für v erzeugt, so wird diese (einschließlich der Sender-Kennung und dem Zeitstempel t) zum Owner von v gesendet. Anschließend unterbricht LP_i seine Ereignisausführung bis der Owner einen Wert zurückliefert. Der Owner speichert die Leseanfrage in einer *Pending-read-list*, bis er durch den Empfang von Garantien $\tilde{G}$ sicherstellen kann, daß er keine weiteren Schreibanfragen für v mit einem kleineren Zeitstempel als t erhalten wird. Anschließend, wenn der Owner sich diese Zusicherung geben kann, ermittelt er aus der Multiversionen-Liste wie folgt den korrekten Wert von v zu der Simulationszeit t. Da es keine weiteren Aktualisierungen auf v mit einem kleineren Zeitstempel als t geben wird, spiegelt die eindeutig bestimmte Version mit dem größten Zeitstempel echt kleiner als t den korrekten Wert von v zur Zeit t wider. Dieser Wert wird dem anfragenden LP zurückgeschickt. Nachdem der anfragende LP den Wert empfangen hat, kann er seine Ereignisausführung fortsetzen (Abb. 7.1). Man beachte, daß eine Schreibanfrage mit dem gleichen Zeitstempel wie eine Leseanfrage für v nur im gleichen Ereignis, aber *nach* der Leseanfrage, erzeugt werden kann (Lemma 7.1). Infolgedessen muß eine solche Schreibanfrage nicht mehr berücksichtigt werden, um den korrekten Wert für die Leseanfrage zu ermitteln.

Schreibanfragen. Wenn eine Schreibanfrage für v durch LP_i zur Simulationszeit t mit neuem Wert v_{neu} erzeugt wird, dann wird diese Anfrage an den Owner von v gesendet, und LP_i setzt seine Ereignisausführung ohne zu warten fort. Wenn der Owner die Schreibanfrage empfängt, fügt er die Version ("LP_i", v_{neu}, t) in die Multiversionen-Liste von v ein.

Beispiel. Das Zusammenspiel der Garantienarten G und $\tilde{G}$ wird anhand Abb. 7.2 veranschaulicht. Als zugrundeliegendes konservatives Simulationsverfahren sei in diesem Beispiel das LPBlocks-Verfahren (Kapitel 3) angenommen. Dieses versendet neben impliziten Garantien immer dann bestmögliche G-Garantien, wenn der logische Prozeß blockiert. Es sei weiter angenommen, daß der Simulator in diesem Beispiel nur aus den zwei logischen Prozessen LP_1 und LP_2 besteht. Wie durch den Pfeil von LP_2 nach LP_1 in der Abbildung angedeutet wird, kann LP_2 Ereignisse potentiell an LP_1 einplanen, nicht aber umgekehrt. Ferner sei angenommen, daß LP_1 die Ausführung eines Ereignisses zur Simulationszeit 8 beendet hat, sich aber

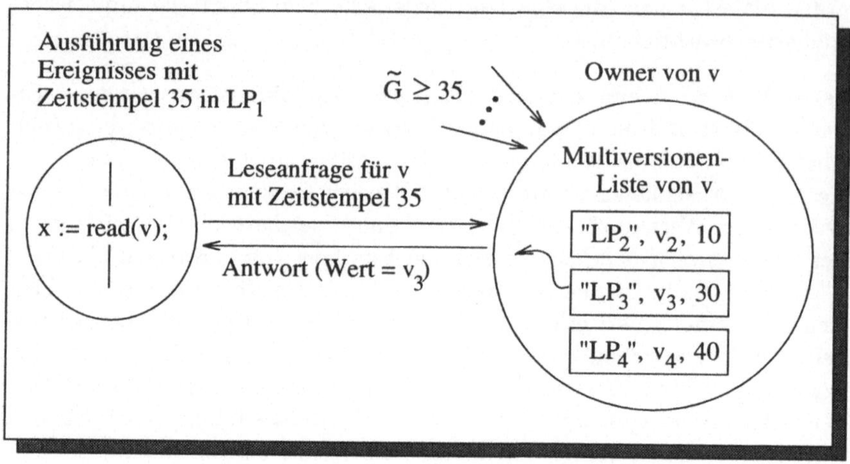

Abbildung 7.1: Eine Leseanfrage in Algorithmus A1.

nicht „traut" sein lokal nächstes Ereignis e_1 auszuführen, weil weitere Ereignisse empfangen werden könnten, die vorher ausgeführt werden müßten ①. Dies bedeutet, daß LP_1 gegenwärtig blockiert ist und somit keine Ereignisse (und damit auch keine Lese- oder Schreibanfragen) mit Zeitstempel kleiner als 8 ausführen kann. Deswegen sendet LP_1 die Garantie $\tilde{G} = 8$ zu allen Ownern, mit denen er eine Variable gemeinsam benutzt (in diesem Beispiel nur LP_2)②. Da LP_2 weiß, daß LP_1 keine Ereignisse an LP_2 einplanen kann, braucht LP_1 keine Garantie G an LP_2 zu senden (konzeptionell könnte man auch sagen, daß LP_1 einmal zu Beginn der Simulation die Garantie $G = \infty$ an LP_2 sendet). Nun werde LP_2 betrachtet. Es sei angenommen, daß LP_2 gerade ein Ereignis mit Zeitstempel 40 ausführt. Im Verlauf dieser Ereignisausführung erzeugt LP_2 eine Leseanfrage für v ③. Bis zur Beantwortung dieser Leseanfrage wird die Ereignisausführung unterbrochen. LP_2 ist nun blockiert ④. Durch das Blockieren generiert der Algorithmus A1 in LP_2 eine Garantie $\tilde{G} = 40$ für sich selbst ⑤. Zusätzlich generiert der Simulationsalgorithmus eine Garantie $G = 40$ für LP_1, welche anzeigt, daß LP_2 keine weiteren Ereignisse an LP_1 schicken wird, die einen Zeitstempel kleiner als 40 tragen ⑥. Da der Zeitstempel des nächsten Ereignisses in LP_1 größer als 40 ist, kann LP_1 nun sicher sein, keine Ereignisse mit Zeitstempel kleiner als 40 mehr ausführen zu müssen. Da Lese- und Schreibanfragen nur *während* Ereignisausführungen erzeugt werden können, kann LP_1 aus der empfangenen Garantie $G = 40$ weiter ableiten, daß er keine Lese- oder

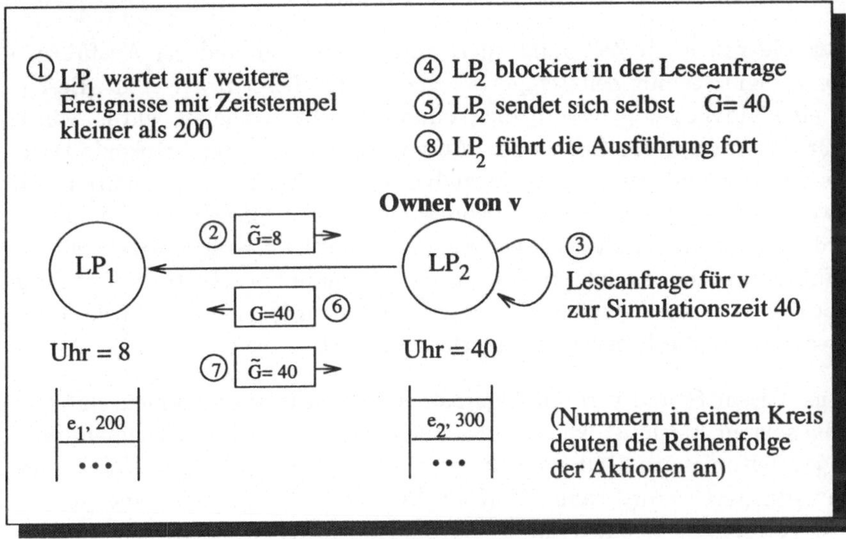

Abbildung 7.2: Das Zusammenspiel der Garantien G und $\tilde{G}$ in A1.

Schreibanfragen mit einem kleineren Zeitstempel als 40 mehr erzeugen wird. Da LP_1 immer noch blockiert ist, sendet er seine bestmögliche Garantie $\tilde{G} = 40$ zum Owner ⑦. Nach Empfang dieser Garantie im Owner kann dieser seine Leseanfrage befriedigen und mit der Ausführung des Ereignisses fortfahren ⑧. LP_1 bleibt jedoch blockiert bis er entweder eine Garantie $G \geq 200$ von LP_2 erhält (wodurch LP_1 das Ereignis e_1 ausführen darf) oder bis LP_2 ein weiteres Ereignis mit kleinerem Zeitstempel als 200 sendet (welches dann vor e_1 auszuführen wäre). ■

7.3.1.2 Der Algorithmus A2

Der Algorithmus A2 läßt sich durch Übertragung des Read-replication-DSM-Algorithmus auf konservative Simulation erhalten. Zentrale Idee des Read-replication-DSM-Algorithmus ist die Replikation von Daten, um Leseanfragen effizient zu unterstützen. In der in Kapitel 6 beschriebenen Grundvariante sind Lesekopien gültig (und können ohne weiteren Kommunikationsaufwand gelesen werden) bis eine explizite Invalidierungsnachricht empfangen wird. Leider läßt sich dieses Schema nicht direkt auf konservative Simulation übertragen. Um dies zu sehen, sei angenommen, daß LP_i eine Nur-

Lesekopie von v zur Zeit t anfordert und später, während der Ausführung eines Ereignisses mit Zeitstempel t'', eine weitere Leseanfrage stellt. Besitzt LP_i eine Nur-Lesekopie von v, die dann noch nicht invalidiert wurde, würde er für die Anfrage zur Zeit t'' den Wert von v aus der Nur-Lesekopie lesen. Eine anschließend empfangene Invalidierung der Kopie zur Simulationszeit t', wobei $t < t' < t''$, wäre nun jedoch nicht mehr umsetzbar. Zur Zeit t'' wurde bereits ein ungültiger Wert gelesen. Damit ist die zugehörige Ereignisausführung falsch. Ereignisausführungen können in konservativen Verfahren jedoch nicht mehr rückgängig gemacht werden. Infolgedessen wurde durch dieses Schema die Konsistenz dauerhaft verletzt.

Aus diesem Grund wird im Algorithmus A2 nicht angenommen, daß eine Kopie solange gültig ist, wie sie noch nicht invalidiert wurde. Vielmehr wird mit jeder Kopie eine Gültigkeitsdauer assoziiert, die im Verlauf der Simulation verlängert werden kann. Wenn ein LP eine Leseanfrage für eine gemeinsame Variable stellt und wenn dieser LP eine gültige Kopie lokal verfügbar hat, so wird diese Kopie dazu verwendet, die Leseanfrage zu befriedigen. In diesem Fall ist keine weitere Kommunikation nötig. Andernfalls fordert der LP eine gültig Kopie vom Owner an. Einige Fälle, in denen die Gültigkeitsdauer verlängert werden kann, werden in einer anderen Arbeit des Autors diskutiert [MEH92e]. Eine offensichtliche Möglichkeit dazu besteht beispielsweise darin, benutzerspezifizierte Garantien auszuwerten, die garantieren, daß kein LP die Variable v in einem bestimmten virtuellen Zeitintervall aktualisiert. Ähnlich zu der Bedeutung des *Lookaheads* (vgl. Kapitel 2) sind diese benutzerspezifizierten Garantien wichtig, um mit dem Algorithmus A2 eine gute Effizienz zu erzielen. Tatsächlich sind solche Garantien auch für den Algorithmus A1 nützlich. Dort könnten in der Pending-read-list wartende Anfragen gegebenenfalls früher befriedigt werden.

7.3.1.3 Anmerkungen zu einem potentiellen „Algorithmus A3“

Durch die Übertragung des Full-replication-Algorithmus auf konservative Simulation könnte potentiell ein „Algorithmus A3“ gewonnen werden. Es zeigt sich jedoch schnell, daß diese Kombination unvorteilhaft ist. Der Grund dafür liegt darin, daß der Full-replication-Algorithmus versucht, Leseanfragen nichtblockierend zu realisieren (d.h. ohne Kommunikationsaufwand) und dafür erhöhte Kosten für Schreibanfragen in Kauf nimmt. In konservativen Algorithmen ist es jedoch unklar, wie alle oder zumindest die meisten Leseanfragen in einer nichtblockierenden Art und Weise lokal befriedigt werden könnten; im allgemeinen kann eine Leseanfrage bereits auftreten, bevor der zu lesende korrekte Wert überhaupt geschrieben wurde. Infolgedessen würde ein solcher „Algorithmus A3" verhältnismäßig teuere Leseanfragen mit teueren Schreibanfragen vereinen, wodurch i.a. keine gute Effizienz erwartet werden kann.

7.3.2 Auf Rollbacks basierende Algorithmen

In diesem Abschnitt werden Algorithmen betrachtet, die konsistente logisch gemeinsame Variablen für optimistische Simulationsverfahren ermöglichen. Wie weiter oben beschrieben, erfordert die in verteilter Simulation nötige Konsistenz, daß Leseanfragen zur Simulationszeit t die letzte Aktualisierung der gleichen Variablen vor der Zeit t zurückliefern. Da im Gegensatz zu konservativen Verfahren in optimistischen ein Mechanismus zum Rücksetzen fehlerhafter Ereignisausführungen existiert, müssen Leseanfragen nicht immer unmittelbar den korrekten Wert einer gemeinsamen Variablen zurückliefern. Statt dessen reicht es hier aus, den richtigen Wert zu „raten". Stellt sich für einen geraten Wert später heraus, daß er nicht dem richtigen Wert entsprach, müssen die betroffenen LPs durch einen Rollback ihre Ereignisausführungen geeignet zurücksetzen. Durch die erneute Ausführung der Ereignisse nach dem Rücksetzen werden die Leseanfragen typischerweise wiederholt, so daß diesmal ein anderer Wert geraten und zurückgeliefert werden kann. Offensichtlich muß der Algorithmus sicherstellen, daß letztendlich immer der richtige Wert „geraten" wird.

Zur Vereinfachung der Beschreibung wird im folgenden angenommen, daß alle Nachrichten, die nötig sind, um gemeinsame Variablen zu verwalten, in der Reihenfolge empfangen werden, in der sie gesendet wurden. Für die Diskussion einer Abschwächung dieser Forderung wird auf eine andere Arbeit des Autors verwiesen [MEH92e]. Des weiteren wird angenommen, daß Rollbacks wie in Time-warp mit Aggressive-cancellation durchgeführt werden (vgl. Kapitel 2 oder [JEF85a]). Im Prinzip sind die Algorithmen auch auf andere Schemata (wie etwa Time-warp mit Lazy-cancellation) anwendbar. In diesem Fall muß jedoch i.a. die Verwaltung der verwendeten Listen entsprechend angepaßt werden, um die Kohärenz sicherzustellen.

7.3.2.1 Der Algorithmus A4

Der Algorithmus A4 wird durch Übertragung des Central-server-DSM-Algorithmus auf optimistische Simulation erhalten. Eine logisch gemeinsame Variable v wird jeweils ohne Replikation von Daten durch einen einzigen LP, den *Owner*, realisiert. Da Rollbacks möglich sind, muß ein Owner in der Lage sein, Werte von v früher zu restaurieren. Zu diesem Zweck verwaltet der Owner eine Multiversionen-Liste für jede gemeinsame Variable. Jede Liste spiegelt bereits durchgeführte Aktualisierungen dieser Variablen (sortiert nach dem virtuellen Aktualisierungszeitpunkt) wider. Darüber hinaus müssen jedoch auch die Leser von Versionen gespeichert werden. Beispielsweise könnte ein LP eine Version lesen, die anschließend aus der Multiversionen-Liste wieder entfernt wird, da das Ereignis, welches die Erzeugung der Version verursacht hat, in einem Rollback rückgängig gemacht wird. In diesem Fall haben alle Leser dieser Version einen falschen Wert gelesen und müssen auf den Zeitpunkt zurückgesetzt werden, zu dem sie die falsche Version das erste Mal gelesen haben. Daher wird mit jeder Version `(Schreiber-Kennung, Wert, Zeitstempel)` eine Liste von Tupel `(Leser-Kennung, Zeitstempel)` verwaltet. In der ersten Komponente eines Tupels wird die Kennung eines LP aufgeführt, der die zugehörige Version gelesen hat. Die zweite Komponente gibt den Simulationszeitpunkt an, zu dem die Version gelesen wurde. Für eine gegebene Version wird eine Liste solcher Tupel als *Leserliste* bezeichnet. (Wenn eine Verwechselung ausgeschlossen ist, wird unter der Multiversionen-Liste die Multiversionen-Liste zusammen mit allen ihren Leserlisten verstanden.) Abb. 7.3b zeigt ein Beispiel einer Multiversionen-Liste mit zwei leeren und einer nicht leeren Leserliste. Man beachte, daß es in einer Multiversionen-Liste keine zwei Versionen mit dem gleichen Zeitstempel geben kann, weil jedes Ereignis höchstens eine Schreibanfrage für die gleiche Variable erzeugen kann und Ereignisse verschiedene Zeitstempel haben (Lemma 7.1).

Im folgenden wird der Algorithmus A4 für Lese- und Schreibanfragen für eine Variable v beschrieben, die von logischen Prozessen $LP_1, \ldots, LP_k$ gemeinsam benutzt wird. Zusätzlich wird das Verhalten im Falle von Rollbacks angegeben. Zur Vereinfachung wird die Menge der Zeitstempel in allen Versionen einer gegebenen Multiversionen-Liste durch das Symbol $\mathcal{T}_{MV}$ bezeichnet. Enthält beispielsweise eine Multiversionen-Liste die zwei Versionen $(\text{“}LP_1\text{”}, v_1, t_1)$ und $(\text{“}LP_2\text{”}, v_2, t_2)$, dann ist $\mathcal{T}_{MV} = \{t_1, t_2\}$.

Leseanfragen. Wenn während der Ausführung eines Ereignisses mit Zeitstempel t in LP_i $(i \in \{1, \ldots, k\})$ eine Leseanfrage für die Variable v erzeugt wird, dann wird diese Anfrage an den Owner von v gesendet; LP_i unterbricht seine Ereignisausführung bis der Owner einen Wert zurückliefert. Empfängt der Owner diese Anfrage, „rät“ er zunächst den zur Zeit t gültigen Wert von v. Genauer gesagt ermittelt er die eindeutig bestimmte Version ("LP_x", v_x, t_x) in der Multiversionen-Liste von v, für die $t_x = max\{t' \in \mathcal{T}_{MV} \mid t' < t\}$ gilt[3]. Diese Version spiegelt die bisher letzte Aktualisierung von v vor der Simulationszeit t wider. Beispielsweise würde ausgehend von der Multiversionen-Liste in Abb. 7.3a die Version ("LP_1", v_2, 20) ausgewählt, wenn eine Leseanfrage mit Zeitstempel 25 empfangen wird, da $t_x = max\{t' \in \{10, 20, 30\} \mid t' < 25\} = 20$. Da v_x an LP_i zurückgeschickt werden wird, fügt der Owner anschließend das Tupel ("LP_i", t) in die Leserliste der Version ("LP_x", v_x, t_x) ein. Schließlich schickt der Owner den Wert v_x an LP_i zurück. Die Abbildungen 7.3a und 7.3b zeigen ein Beispiel wie die Multiversionen-Liste vor bzw. nach einer Leseanfrage von LP_3 mit Zeitstempel 25 aussehen.

Interessanterweise kann der Owner in diesem Protokoll unmittelbar eine Leseanfrage beantworten. Insbesondere muß er nicht warten, bis er entsprechende Garantien empfangen hat, wie in Algorithmus A1. Der Nachteil dieses Verfahrens ist jedoch, daß die bei einer Leseanfrage zurückgelieferten Werte nur Näherungen sind. Diese können sich als falsch erweisen, wenn der Owner weitere Schreibanfragen mit Zeitstempel t'' empfängt, derart daß $t_x < t'' < t$ ist. Hier ist zu beachten, daß eine Schreibanfrage mit Zeitstempel $t'' = t_x$ nicht möglich ist, da bereits eine Version mit Zeitstempel t_x in der Multiversionen-Liste existiert. Es muß also bereits eine Schreibanfrage mit Zeitstempel t_x gegeben haben. Zwei Schreibanfragen für dieselbe Variable mit dem gleichen Zeitstempel können jedoch nach Lemma 7.1 nicht auftreten. Andererseits wäre eine Schreibanfrage mit Zeitstempel $t'' = t$ schon möglich, aber nicht kritisch, da in diesem Fall (wieder nach Lemma 7.1) die Leseanfrage die Aktualisierung zur Zeit t'' nicht berücksichtigen muß.

Schreibanfragen. Wenn LP_i zur Simulationszeit t eine Schreibanfrage für v mit Wert v_{neu} erzeugt, wird diese Anfrage zum Owner von v gesendet, und LP_i setzt die Ereignisausführung fort. Wenn der Owner die Schreibanfrage erhält, wird zunächst eine neue Version ("LP_i", v_{neu}, t) erzeugt und in die Multiversionen-Liste von v einsortiert. Anschließend werden alle LPs ermittelt, die den falschen Wert von v gelesen haben, weil die aktuelle Schreibanfrage bei Beantwortung der Leseanfrage nicht berücksichtigt wurde. Zu diesem Zweck bestimmt der Owner diejenige Version in der Multiversionen-Liste mit dem größtem Zeitstempel t_{prev}, welcher echt kleiner ist als t, d.h.

[3] Jede Multiversionen-Liste enthält zusätzlich eine Version mit einem Zeitstempel, der kleiner als jeder in der Simulation mögliche Zeitstempel ist. Daher wird immer eine Version gefunden, auch wenn vor der ersten Leseanfrage noch keine Aktualisierung von v stattgefunden hat.

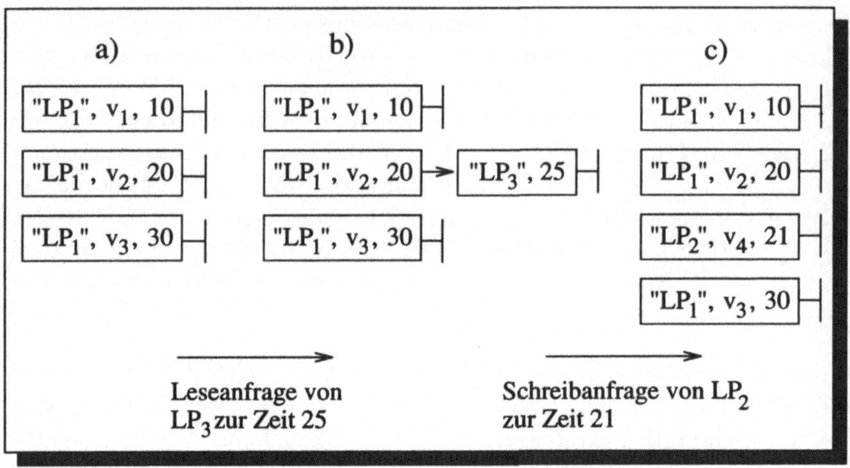

Abbildung 7.3: Lese- und Schreibanfragen in Algorithmus A4.

$t_{prev} = max\{t' \in \mathcal{T}_{MV} \mid t' < t\}$. Sei ("$LP_{prev}$", v_{prev}, t_{prev}) diese Version und r_{prev}, die mit ihr assoziierte Leserliste. Alle LPs, die anstelle von v_{prev} den Wert v_{neu} hätten lesen sollen, müssen eine Leseanfrage für v zur Simulationszeit t_x erzeugt haben, wobei $t_{prev} < t < t_x$. Da sie tatsächlich den Wert v_{prev} gelesen haben, muß ihre Kennung in den Tupel der Leserliste r_{prev} auftreten. Deswegen untersucht der Owner die Leserliste r_{prev} auf Tupel ("LP_x", t_x), die der Bedingung $t_{prev} < t < t_x$ genügen. Für jedes dieser Tupel ("LP_x", t_x) wird in LP_x ein Rollback auf die Simulationszeit t_x ausgelöst und der entsprechende Tupel aus r_{prev} gelöscht. Falls nach dem Rollback LP_x erneut eine Leseanfrage für die Variable v mit Zeitstempel t_x stellt, wird automatisch der nun in der Multiversionen-Liste enthaltene Wert v_{neu} zurückgeliefert.

Beispiel. Zur Veranschaulichung der Behandlung von Schreibanfragen wird von der Multiversionen-Liste in Abb. 7.3b ausgegangen. Wenn der Owner eine Schreibanfrage von LP_2 mit neuem Wert v_4 und Zeitstempel 21 erhält, wird zunächst die Version ("LP_2", v_4, 21) erzeugt und in die Multiversionen-Liste eingefügt. Anschließend bemerkt der Owner, daß LP_3 zur Zeit 25 den Wert v_2 gelesen hat, anstelle von v_4. Daher löst er einen Rollback in LP_3 zurück auf die Simulationszeit 25 aus und entfernt den Tupel ("LP_3", 25) aus der Leserliste der Version ("LP_1", v_2, 20) (Abb. 7.3c). Falls LP_3 nach dem Rollback erneut die Variable v zur Zeit 25 lesen möchte, wird er diesmal den Wert v_4 erhalten, und es würde der Tupel ("LP_3", 25) in die Leserliste der Version ("LP_2", v_4, 21) eingetragen. Natürlich würde der Owner nicht zwei Rollbacks in LP_3 — einen zurück auf die Zeit 25 und einen zurück auf die Zeit 28 — auslösen, wenn die nichtleere Leserliste in Abb. 7.3b zusätzlich den Tupel ("LP_3", 28) enthielte. Vielmehr würde in diesem Fall ein einziger Rollback auf die Zeit 25 genügen. ■

Rollbacks. Durch den Einsatz optimistischer Simulationsverfahren wird eine Multiversionen-Liste nicht nur durch Lese- und Schreibanfragen beeinflußt, sondern auch durch Rollbacks. Wie gezeigt, können Rollbacks durch den Owner im Rahmen der Behandlung von Schreibanfragen ausgelöst werden. Eine andere Ursache für Rollbacks stellt der Empfang von Ereignissen (sogenannte *Straggler*) dar, deren Zeitstempel kleiner als die aktuelle lokale Uhrzeit ist. Solche Ereignisse hätten vor anderen bereits ausgeführten Ereignissen verarbeitet werden müssen. In jedem Fall müssen bei Auftritt eines Rollbacks alle Effekte gewisser bereits ausgeführter Ereignisse rückgängig gemacht werden (vgl. Kapitel 2). Einige dieser Effekte könnten jedoch Lese- und Schreibanfragen auf gemeinsame Variablen sein, die die Multiversionen-Liste der zugehörigen Owner verändert haben. Während Rollbacks lokaler Zustände sowie das Annullieren fälschlicherweise erzeugter Ereignisse durch den Simulationsalgorithmus kontrolliert werden, müssen Rücksetzungen der Multiversionen-Listen durch den Algorithmus A4 behandelt werden. Führt etwa LP_i einen Rollback auf die Zeit t aus, so reicht es aus, wenn LP_i den Owner (im allgemeinen Fall alle Owner, die mit LP_i gemeinsame Variablen benutzen) über seine Kennung und die Rücksetzzeit t informiert. Der Owner entfernt daraufhin alle Versionen in der Multiversionen-Liste (im allgemeinen Fall in allen seinen Multiversionen-Listen) und alle Tupel in Leserlisten, die aufgrund von Anfragen durch LP_i zu einer Simulationszeit $t' \geq t$ eingefügt wurden und löst entsprechende Rollbacks aus.

Beispiel. Das Schema zur Durchführung von Rollbacks soll an zwei Beispielen illustriert werden. Im ersten Beispiel wird von der Multiversionen-Liste in Abb. 7.3b ausgegangen. Muß LP_2 von der Simulationszeit 50 auf die Zeit 5 zurücksetzen, so muß der Owner offensichtlich nichts tun, da die Multiversionen-Liste nur Einträge enthält, die durch Anfragen anderer LPs eingefügt wurden. Dies ändert sich jedoch, wenn die Multiversionen-Liste aus Abb. 7.4 betrachtet wird. Durch das Rücksetzen von LP_2 auf die Zeit 5 muß die von LP_2 zur Zeit 21 verursachte Version aus der Multiversionen-Liste entfernt werden. Alle LPs, die einen Wert aus dieser Version gelesen haben, müssen ebenfalls zurückgesetzt werden. Folglich muß LP_3 und LP_4

auf die Zeit 25 bzw. 28 zurückgesetzt werden. Natürlich muß kein Rollback in LP_2 auf die Zeit 29 ausgelöst werden, da LP_2 bereits auf die Zeit 5 zurücksetzt. Da dieses Protokoll an das Aggressive-cancellation-Schema in Time-warp erinnert, soll es *Aggressive-discarding* genannt werden.

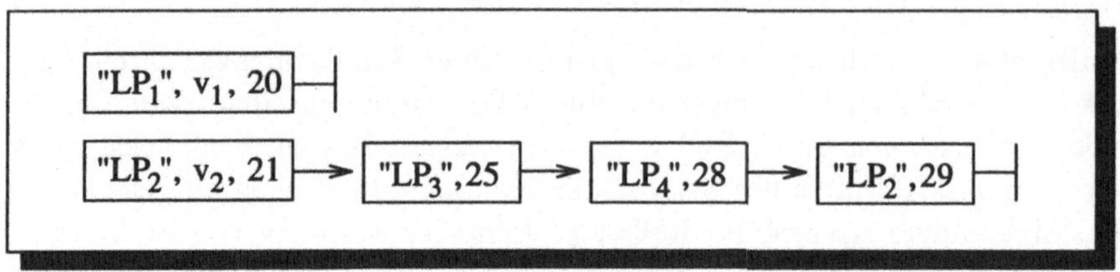

Abbildung 7.4: Verwalten einer Multiversionen-Liste.

Offensichtlich könnte die Multiversionen-Liste auch ähnlich dem Lazy-cancellation-Ansatz von Time-warp verwaltet werden. In dieser *Lazy-discarding* genannten Variante würden Versionen ("LP_x", v_x, t_x) nicht sofort aus der Multiversionen-Liste gelöscht, wenn LP_x den Owner über seinen Rollback von Zeit t'' auf Zeit t' informiert ($t'' \geq t_x \geq t'$). Vielmehr wartet der Owner, bis LP_x erneut die Simulationszeit t'' erreicht und löscht dann nur diejenigen Versionen (und löst die entspechenden Rollbacks aus), die nicht erneut erzeugt wurden. Einträge ("LP_x", t_x) in den Leserlisten mit $t_x \geq t'$ werden jedoch immer noch sofort gelöscht, da dies keine weiteren Rollbacks auslöst und da die Anfragen (falls nötig) während der erneuten Ereignisausführung in LP_x wiederholt werden. Wie mit Aggressive- und Lazy-cancellation [RFB90a] scheint es anwendungsabhängig zu sein, welcher der beiden Rollbackmechanismen besser ist. ■

7.3.2.2 Die Algorithmen A5 und A6

Im folgenden werden die Algorithmen A5 und A6 kurz skizziert. Eine detailierte Diskussion kann einer anderen Arbeit des Autors entnommen werden [MEH92e]. Bei Algorithmus A5 wurde der Read-replication-DSM-Algorithmus auf optimistische Simulation übertragen. Logische Prozesse können in diesem Algorithmus Nur-Lesekopien für v vom Owner anfordern und diese anschließend benutzen, um ihre Leseanfragen für v lokal zu befriedigen. Jeder Kopie wird eine Gültigkeit (gemäß aktuellem Wissen im Owner) und die Simulationszeit der letzten lokalen Leseanfrage für diese Kopie zugeordnet. In der Multiversionen-Liste in Abb. 7.3a wäre etwa die maximale Gültigkeit einer Nur-Lesekopie, die in Antwort auf eine Leseanfrage mit Zeitstempel 25 zurückgesendet wird, durch das Intervall von 25 bis 30 gegeben. Mit jeder Schreibanfrage für v berechnet der Owner die Gültigkeitsdauer von Replikaten von v erneut. Ändert sich die Gültigkeitsdauer (sie kann größer oder auch kleiner werden), so informiert der Owner diejenigen LPs, die eine Kopie besitzen. Auf diese Weise kann jeder LP selbst überprüfen, ob es notwendig ist, zurückzusetzen. Ein Rollback ist nötig, wenn der letzte lesende Zugriff auf die lokale Kopie zu einer Simulationszeit durchgeführt wurde, zu der die Kopie — gemäß der neuen Gültigkeitsdauer — bereits ungültig war.

In Algorithmus A6 verwaltet *jeder* LP, der die Variable v benutzt, eine Multiversionen-Liste für v. Logisch gemeinsame Daten sind somit vollständig repliziert wie in dem Full-replication-DSM-Algorithmus. Leseanfragen können folglich direkt aus den Daten der Multiversionen-Liste beantwortet werden. Leseanfragen sind also im Aufwand sehr billig. Schreibanfragen müssen dagegen an alle LPs, die v gemeinsam benutzen, propagiert werden. Neben dem Nachrichtenaufwand kann dies auch Rollbacks auslösen, wenn ein LP bereits eine Leseanfrage aus der Multiversionen-Liste befriedigt hat, die eine gerade empfangene Schreibanfrage hätte berücksichtigen müssen.

7.3.3 Empirischer Vergleich der Algorithmen

Für einen empirischen Vergleich der fünf Algorithmen A1, A2, A4, A5 und A6 wurden mehrere Simulationsmodelle in DSL spezifiziert. Einige von ihnen werden im folgenden kurz beschrieben. Für eine ausführlichere Diskussion wird auf [SIM93a] verwiesen.

7.3.3.1 Die Modelle M1 und M2

Zunächst seien zwei einfache Modelle betrachtet, in denen jeweils mehrere LPs eine einzige gemeinsame Variable benutzen (Abb. 7.5). Im Modell M1 gibt es einen einzigen LP, der schreibend auf die gemeinsame Variable zugreift und sechs LPs, die lesend darauf zugreifen. Dadurch wird ein Zugriffsverhalten modelliert, bei dem Lesezugriffe deutlich gegenüber Schreibzugriffen überwiegen. Umgekehrt gibt es in Modell M2 einen lesenden LP gegenüber sechs schreibenden LPs, so daß hier die Schreibzugriffe überwiegen. In beiden Modellen führen Ereignisse lediglich Zugriffe auf die gemeinsame Variable durch und planen lokale Folgeereignisse ein. Weil die Topologie keine Kanäle enthält, über die Ereignisse ausgetauscht werden können, wird der Einfluß des zugrundeliegenden Simulationsverfahrens stark reduziert (in konservativen Verfahren brauchen beispielsweise keine G-Garantien ausgetauscht zu werden).

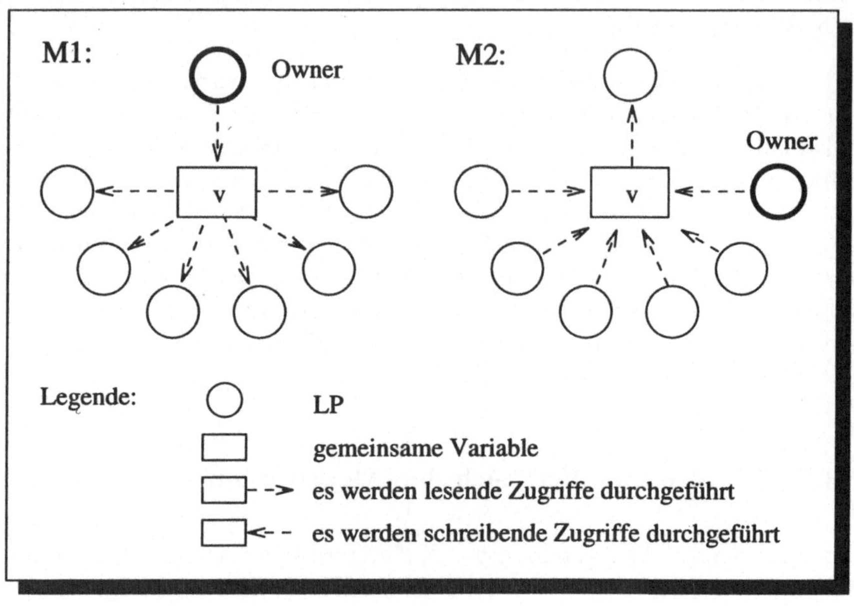

Abbildung 7.5: Die Modelle M1 und M2.

Wie Abb. 7.6 zeigt, verhält sich bei beiden Modellen die relative Performanz der Algorithmen untereinander wie erwartet. Generell „siegen" jeweils die optimistischen Algorithmen, da bei ihnen die LPs nie blockieren, gleichzeitig aber der Aufwand (etwa an Rollbacks) verhältnismäßig gering bleibt. Die Algorithmen A1 und A2 bzw. A4 und A5 zeigen jeweils keinen signifikanten Unterschied in ihrer Performanz. Lesekopien haben sich in diesen Modellen also noch nicht hinreichend amortisieren können. In Modell M1 ist der Algorithmus A6 am besten, da kaum Schreibvorgänge auftreten, aber viel gelesen wird. In Modell M2 hingegen wird viel geschrieben, so daß die Performanz von Algorithmus A6 aufgrund der in diesem Fall nötigen

Broadcasts schlechter wird. Auch überrascht es nicht, daß mit Ausnahme von A6 die Algorithmen das Modell M2 jeweils schneller ausführen können als das Modell M1. Dies liegt vor allem daran, daß Leseanfragen i.a. mehr Aufwand erfordern als Schreibanfragen.

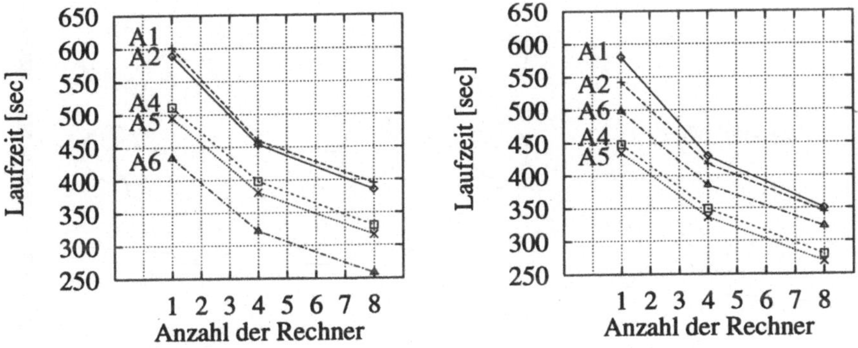

Abbildung 7.6: Meßergebnisse für Modell M1 (links) bzw. M2 (rechts).

7.3.3.2 Die Modelle M3 und M4

Abb. 7.7 gibt die Topologie der Modelle M3 und M4 wieder. Bei der Konstruktion dieser Modelle stand die Überlegung im Vordergrund, „realistischer" als in M1 und M2 zu werden. So wurde zum einen nicht nur genau eine gemeinsame Variable verwendet, sondern mehrere. Gleichzeitig wurde den LPs erlaubt, anderen LPs Ereignisse einzuplanen. Allein durch die potentielle Möglichkeit, anderen LPs Ereignisse einzuplanen, wird eine Synchronisation der LPs erforderlich. Der Unterschied zwischen den Modellen M3 und M4 besteht in der Anzahl der gestellten Lese- bzw. Schreibanfragen. In M3 überwiegen die Leseanfragen und in M4 die Schreibanfragen.

Abb. 7.8 zeigt jedoch ein überraschendes Meßergebnis. Zumindest für diese Modelle ergeben sich *keine* signifikanten Unterschiede zwischen den Algorithmen A1 bis A5. Allein der Algorithmus A6 ist in beiden Fällen schlechter. Die feinen theoretischen Vorteile einzelner Varianten scheinen sich durch die enge Koppelung mehrerer gemeinsamer Variablen für diese

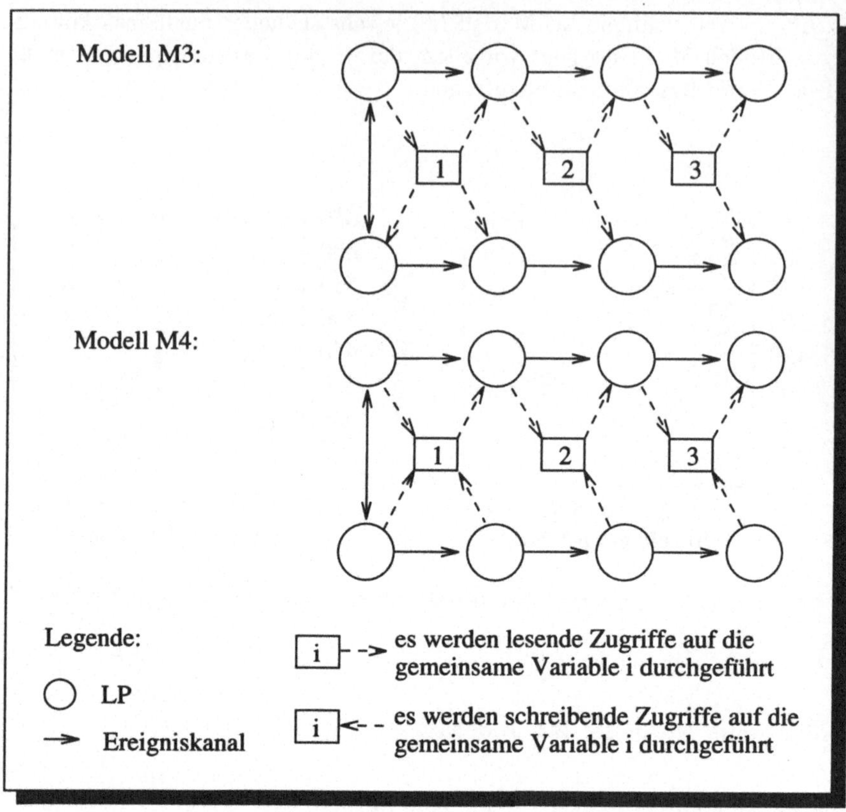

Abbildung 7.7: Die Modelle M3 und M4.

Modelle gegeneinander aufzuheben. Die nächste Messung wird jedoch zeigen, daß bei entsprechend gutem Lookahead die konservativen Algorithmen A1 und A2 den optimistischen auch deutlich überlegen sein können (Abb. 7.9).

7.3.3.3 Die Modelle M5 und M6

Um den Aufwand der Algorithmen A1 bis A6 fair zu vergleichen, wurden zwei funktionell identische Modelle realisiert. In Modell M5 wurde dabei das Konzept gemeinsamer Variablen verwendet, in M6 nicht. Statt des-

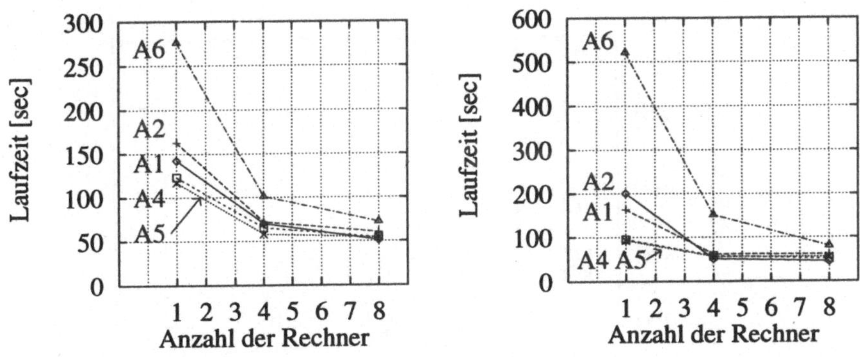

Abbildung 7.8: Meßergebnisse bei Modell M3 (links) bzw. M4 (rechts).

sen wurde in M6 die gemeinsam benötigte Information explizit durch Austausch von Ereignissen erfragt und konsistent gehalten. Bei den Modellen handelt es sich um eine vereinfachte Variante des bekannten *Sharks-world*-Benchmarkmodells [CCU90a, NIR90a]. In diesem schwimmen Haifische und andere Fische mit einer fest vorgegebenen Geschwindigkeit immer in die gleiche Richtung innerhalb eines toroiden Ozeans. Haifische fühlen sich in gewissen Gebieten des Ozeans besonders hungrig. Gelangen sie in ein solches „Hungergebiet“ und befinden sich zu diesem Zeitpunkt Fische in diesem oder einem benachbarten Hungergebiet, so wird ein gewisses Quantum der Fische gefressen. Die Einführung der Hungergebiete stellt eine Vereinfachung des Modells dar. Durch sie wird eine Entkoppelung der gemeinsamen Variablen erreicht, die für die Verwaltung der Anzahl der Fische in Hungergebieten verwendeten werden. Ziel der Simulation ist es, für jeden Fisch zu ermitteln, ob er am Ende der Simulation noch lebt oder wann er durch welchen Haifisch gefressen wurde.

Bei der *Modellierung* dieser Modelle zeigte sich, daß die Realisierung ohne das Konzept gemeinsamer Variablen deutlich unübersichtlicher und umständlicher ist. Das Hauptproblem besteht darin, daß Zugriffe zu „gemeinsamen“ Variablen nun durch das Einplanen entsprechender Ereignisse realisiert werden müssen, ohne daß dabei die Vorhersehbarkeitsforderung (vgl. Kapitel 2) verletzt wird. Für jeden Zykel von LPs muß also die Summe der aus den Lookaheads ableitbaren Garantien positiv sein. Bei einer Ver-

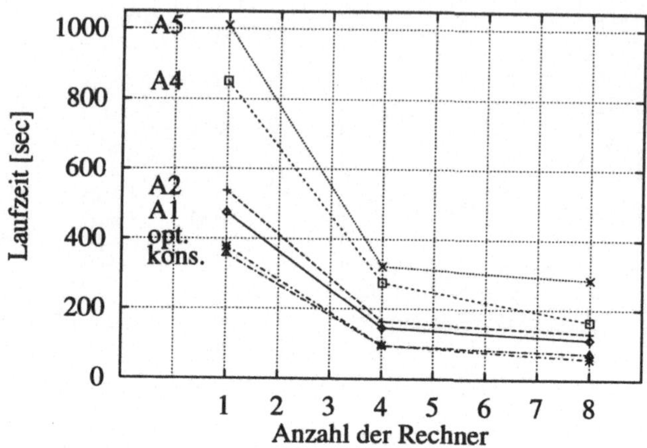

Abbildung 7.9: Meßergebnis des *Sharks-world*-Modells mit bzw. ohne Verwendung von gemeinsamen Variablen.

letzung dieser Forderung würde sich das Modell durch viele konservative Simulationsverfahren nicht mehr ausführen lassen.

Der einfachen Realisierung, Validierung und Wartungsfreundlichkeit bei der Modellierung von M5 unter Verwendung logisch gemeinsamer Variablen steht jedoch für dieses Modell ein Performanzverlust gegenüber (Abb. 7.9). Wie aus den detailierteren Meßdaten in [SIM93a] hervorgeht, resultiert dieser Verlust bei den konservativen Algorithmen A1 und A2 im wesentlichen aus einer Erhöhung der Anzahl der G-Garantien. Diese wird durch A1 und A2 direkt verursacht. Bei den optimistischen Algorithmen A4, A5 und A6 hingegen lag der Grund in der deutlich erhöhten Anzahl der Rollbacks.

Sicherlich wäre es verfrüht, aus diesen ersten Messungen bereits ein endgültiges Fazit ziehen zu wollen. Nicht immer werden sich die Modelle ohne Verwendung von gemeinsamen Variablen so effizient wie in Modell M6 konsistent halten lassen, so daß u.U. auch mit einer Performanzverschlechterung bei der Modellierung ohne gemeinsame Variablen zu rechnen ist. Andererseits lassen sich die Algorithmen A1 bis A6 sicherlich noch optimieren. Es besteht daher die Hoffnung, daß gemeinsame Variablen mit tolerierbaren Performanzverlusten realisiert werden können. In jedem Fall scheint jedoch eine Abstraktion, wie sie durch das Konzept gemeinsamer Variablen hier vorgestellt wurde, notwendig, um die Wartbarkeit und Validierung vieler verteilter und paralleler Simulationsmodelle zu unterstützen. Durch die Bereitstellung von gemeinsamen Variablen in verteilter Simulation hat der Modellierer damit einen Mechanismus zur Verfügung, um verteilte Simulationsanwendungen trotz einiger inhärent globaler Daten einfach und effizient zu realisieren.

7.3.4 Diskussion verwandter Arbeiten

Wohl am meisten verwandt mit den hier besprochenen Kohärenzalgorithmen ist das Konzept des *Space-time-memory* [GHF91a], welches konsistente gemeinsame Datenobjekte für Time-warp bereitstellt. Es wurde auf einem GP1000 BBN-Butterfly-Multiprozessorsystem mit physisch gemeinsamen Speicher realisiert. Das Protokoll, welches Space-time-memory realisiert, ist sehr ähnlich zu dem hier vorgestellten Algorithmus A4: Gemeinsame Datenobjekte werden ohne Replikation realisiert, Schreibanfragen erzeugen neue Versionen in einer Multiversionen-Liste und Leseanfragen werden durch Inspektion der Multiversionen-Liste befriedigt. Es gibt jedoch eine Reihe von Unterschieden. Beispielsweise ist jede Lese- oder Schreiboperation im Space-time-memory ein Zugriff auf ein *gemeinsames Datenobjekt*, welches als Verbund mehrerer gemeinsamer Variablen (anstelle einer einzelnen gemeinsamen Variablen wie bei Algorithmus A4) aufgefaßt werden kann. Da Schreiboperationen im Space-time-memory jedoch nicht das ganze gemeinsame Datenobjekt verändern müssen, wird implizit immer zunächst eine Leseoperation auf das ganze Datenobjekt ausgeführt, bevor Teile des Datenobjekts verändert werden können. Im Grunde ist diese implizite Leseoperation verantwortlich dafür, daß *alle* Versionen mit einem Zeitstempel $t' > t$ aus der Multiversionen-Liste gelöscht (und entsprechende Rollbacks ausgelöst) werden müssen, sobald eine Schreiboperation mit Zeitstempel t verarbeitet wird. Dies ist in A4 nicht notwendig, so daß in vielen Fällen einige dieser Rollbacks eingespart werden können. Darüber hinaus werden im Space-time-memory konkurrente Zugriffe auf logisch gemeinsame Variablen über Sperren synchronisiert. Infolgedessen kann ein Ereignis, welches eine Schreibanfrage gestellt hat, in einer Sperre blockiert werden. Umgekehrt werden in A4 Schreibanfragen nichtblockierend ausgeführt. Schließlich werden im Space-time-memory Zugriffe auf logisch gemeinsame Daten in einem physisch gemeinsamen Speicher durchgeführt. Um dieses Schema daher in einem verteilten System einzusetzen, muß der physisch gemeinsame Speicher durch ein Distributed-shared-memory-System geeigneter Konsistenz ersetzt werden. Diese zusätzliche Software-Schicht erhöht jedoch typischerweise den Gesamtaufwand durch Reibungsverluste beim Übergang vom Space-time-memory auf das DSM-System.

Das Time-warp-operating-system (TWOS) enthielt in einer früheren Version einen Mechanismus, mit dem ein Ereignis mit Zeitstempel t Zustandsvariablen anderer LPs zur Zeit t abfragen und verändern konnte [JBW87a]. Zu diesem Zweck konnte ein Ereignis eine *Query-Nachricht* genannte Anfrage versenden und sich anschließend unterbrechen, bis eine Antwort empfangen oder ein lokaler Rollback ausgelöst wurde. Sobald ein logischer Prozeß LP_i eine Query mit Zeitstempel t empfangen hatte, wurde die Query ähnlich zu Ereignissen behandelt: Falls die Simulationszeit von LP_i bereits größer oder gleich t war, mußte LP_i zunächst einen Rollback auf die Zeit t durchführen. Anschließend wurde die Query beantwortet. Andernfalls wurde die Query so in die Ereignisliste von LP_i eingeplant, daß sie vor potentiellen lokalen Ereignissen zur Zeit t oder größer ausgeführt wurde. Solange eine Query noch unverarbeitet war, blieb das anfragende Ereignis (und damit der ganze LP, der dieses Ereignis ausführte) blockiert. Ausführen einer Query bedeutete, einen benutzerspezifizierten Programmcode auszuführen. Im wesentlichen konnte eine Query dabei den lokalen Zustand eines LP lesen, modifizieren, weitere Queries mit dem gleichen Zeitstempel erzeugen, Ereignisse erzeugen und einige lokale Berechnungen durchführen. Letztendlich mußte eine Query jedoch eine Antwortnachricht an das anfragende Ereignis zurückschicken. Im Vergleich zu den optimistischen Algorithmen A4–A6 ergeben sich damit die folgenden zwei wesentlichen Nachteile des TWOS-Query-Mechanismus: (1) Im TWOS-Schema verursachten Zugriffe auf gemeinsame Daten typischerweise einen höheren Zeitaufwand, da Zugriffe durch Queries nicht immer sofort beantwortet wurden. (2) Im Vergleich zu den Algorithmen A5 und A6 bot der Query-Mechanismus einen geringeren Grad an Parallelismus, da keine Replikation eingesetzt wurde. Varianten dieses Query-Mechanismus wurden in [GAM88a] beschrieben. Auf diese Schemata soll hier jedoch nicht eingegangen werden, da sie nur Lesezugriffe auf gemeinsame Daten erlauben, nicht jedoch Schreibzugriffe.

Ein anderes optimistisches Protokoll, welches nur Lesezugriffe auf logisch gemeinsamen Speicher erlaubt, wurde für das *Moving-time-window*-Verfahren (*MTW*) vorgeschlagen [SSH89a, MWM90a]. Auf eine zur Zeit t erzeugte Leseanfrage verhält sich ein empfangender logischer Prozeß mit aktueller Simulatonszeit t' wie folgt. Falls $t < t'$, so läßt sich der zu lesende Wert aus derjenigen Zustandssicherung ermitteln, die zur Zeit t gültig war[4]. In diesem Fall ist kein Rollback notwendig, da nur Leseanfragen auftreten können und die zu lesenden Daten direkt zugreifbar sind. Falls jedoch $t \geq t'$ ist, wird der aktuelle Wert der entsprechenden Variablen ausgelesen. Dies geschieht in der optimistischen Annahme, daß dieser Wert sich im virtuellen Zeitintervall $[t', t]$ nicht mehr ändert. Stellt sich später heraus, daß diese Annahme falsch war, wird der anfragende LP durch einen Rollback zurückgesetzt. Zusammenfassend läßt sich also feststellen, daß dieser Ansatz speziell auf optimistische Verfahren zugeschnitten ist, die den vollständigen Zustand periodisch (möglichst vor jeder Ereignisausführung) sichern. Die Zustandslisten entsprechen etwa der Multiversionen-Liste in den Algorithmen A1–A6. Ferner werden die logisch gemeinsamen Daten in diesem Ansatz zentral verwaltet. Das Verfahren entspricht deswegen am ehesten Algorithmus A4. Es unterscheidet sich von diesem vor allem in der engen Koppelung an das Simulationsverfahren und darin, daß nur Lesezugriffe möglich sind. Eine direkte Erweiterung, die auch Aktualisierungen zuläßt, würde vermutlich letztlich dem TWOS-Ansatz sehr ähneln. Auch wird durch die Koppelung implizit immer davon ausgegangen, daß der ganze Zustand von allen LPs gemeinsam benutzt wird. Durch diese hohe Granularität läßt sich dieser Ansatz nicht unmittelbar modifizieren, um Replikation zu unterstützen, ohne das Risiko von False-sharing einzugehen. False-sharing, d.h. das gemeinsame Verwalten von Daten, die aus Sicht der Anwendung von keinen der logischen Prozesse gemeinsam benötigt werden, reduziert die Effizienz. Aus diesem Grund ist nicht klar, inwieweit sich dieser Ansatz modifizieren läßt, um Replikation effizient zu unterstützen. Replikation scheint jedoch in vielen Modellen wichtig, um Effizienz zu erhalten. Beispielsweise werden in [WHB90a] Experimente mit einem realistischen Simulationsmodell beschrieben, die *benutzerdefinierte* (d.h. nicht transparente) Replikation von Daten benutzen. Als Ergebnis dieser Experimente wird argumentiert, daß für viele Modelle, beispielsweise für die, die in [CCU90a, LUB90a, WIJ89a] beschrieben sind, *Replikation* trotz des erhöhten Aufwandes zum Erhalt der Konsistenz die Effizienz verbessert. Dieses Ergebnis legt nahe, daß die Algorithmen A2, A5 und A6 (die Replikation einsetzen) für diese Modelle effizienter sind als die Algorithmen A1 und A4.

[4]In diesem Ansatz wird vorausgesetzt, daß das Simulationsverfahren nach der Ausführung eines jeden Ereignisses eine Zustandssicherung anlegt. Wird der Zustand weniger oft gesichert (vgl. Kapitel 2), so könnte es notwendig werden, einige Ereignisse auf einem älteren gesicherten Zustand erneut auszuführen, um den zur Zeit t gültigen Zustand zu generieren.

Kapitel 8

Ausblick

Die Komplexität von Software und die Anforderungen der Benutzer an Rechensysteme steigen in zunehmendem Maße. Zwar werden zur Zeit Einprozessorsysteme schritthaltend leistungsfähiger; sie nähern sich dabei jedoch gleichzeitig immer mehr ihren physikalischen Grenzen. Seit vor wenigen Jahren Mehrprozessorsysteme kommerziell verfügbar wurden, vollzieht sich ein Wandel in der noch jungen Geschichte der Informatik. Viele Anwendungen und Unterstützungssysteme, die traditionell für einen einzelnen Rechner konzipiert wurden, werden für ihren Einsatz auf Mehrprozessorsystemen neu durchdacht und restrukturiert. Möglicherweise läßt sich so in naher Zukunft für viele Anwendungen eine Performanzsteigerung weit über die Grenzen der Leistungsfähigkeit von Einprozessorsystemen hinaus erreichen.

In diesem Sinne werden in diesem Buch die Chancen der Parallelisierung einer traditionell wichtigen, großen und rechenintensiven Klasse von Anwendungen untersucht: der ereignisgesteuerten Simulation. Aus dem am Anfang dieses Buches gegebenen Überblick kristallisierte sich schnell die verteilte und parallele Simulation als vielversprechendster Parallelisierungsansatz heraus. Die in diesem Ansatz notwendige Synchronisation läßt sich entweder konservativ, optimistisch oder durch Kombination der beiden letztgenannten Techniken hybrid realisieren. Typische Probleme und Designalternativen werden hier in einem einheitlichen Modell erarbeitet. Für konservative Verfahren wird dabei durch eine neuartige Charakterisierung der Kausalordnung, vor allem aber durch die Einführung des Garantie-Begriffs eine neue Klassifikation entwickelt. Es wird damit erstmalig gezeigt, daß der Garantie-Begriff das vereinheitlichende zentrale Element konservativer Schemata ist. Darüber hinaus konnte eine ganze Klasse bisher noch nicht berücksichtigter konservativer Methoden angegeben und empirisch untersucht werden. Anders als konservative Verfahren eignen sich optimistische Schemata auch dann, wenn keine oder nur schlechte Garantien spezifiziert werden können. Für einige der optimistischen Methoden wurden hier Detailverbesserungen vorgeschlagen. Schließlich werden hybride Schemata als entweder horizontal- oder vertikal-hybrid charakterisiert und in ihrer Arbeitsweise skizziert. Den Schwerpunkt bei der Beschreibung hybrider Systeme bildet die spekulative Simulation, eine neu entwickelte vertikal-hybride Simulationsmethode.

Hinter allen diesen Verfahren steht letztendlich die Frage, ob sie auf geeigneten Mehrprozessorsystemen zu einer Leistungssteigerung führen können. Zur empirischen Untersuchung dieser Frage, wurde zunächst ein verteiltes Simulationssystem entwickelt. Die darin enthaltene und speziell für diesen Zweck konzipierte Simulationssprache DSL (*Distributed Simulation Language*) erlaubt verteilte Simulationsmodelle einfach und ohne unnötigen Ballast zu spezifizieren. Überdies wurden für das Simulationssystem die wichtigsten konservativen, optimistischen, hybriden sowie ein optimiertes sequentielles Simulationsverfahren implementiert. Um einen fairen Performanzvergleich der Verfahren zu ermöglichen, ist das System so entworfen worden, daß alle Simulationsmethoden jedes in DSL spezifizierte Simulationsmodell ausführen können, ohne verfahrensabhängige Änderungen am Modell vornehmen zu müssen. Einige Ergebnisse durchgeführter Messungen werden in Kapitel 3 und 4 präsentiert; weitere sind in [APE93a, ARM93a, BOC93a, LEO93a, SIM93a, STE93b] zu finden.

Die Ergebnisse deuten darauf hin, daß eine erfolgversprechende Parallelisierung ereignisgesteuerter Simulation durchaus möglich ist. Mehrprozessorarchitekturen mit gemeinsamem Speicher scheinen nach heutiger Technologie hierfür besonders geeignet zu sein, da bei ihnen das Verhältnis von Berechnungsaufwand zu Kommunikationsaufwand sehr günstig ist. Zwar ist nach dem heutigen Stand der Technik neben im Modell vorhandener Parallelität auch eine große Zahl von Prozessoren erforderlich, um eine eher moderate Beschleunigung zu erzielen (z.B. bei 70 Prozessoren eine Beschleunigung von 4). Berücksichtigt man jedoch den Preisverfall von Prozessoren, so ist selbst eine geringe Beschleunigung zunehmend interessant (vor allem bei rechenintensiven Simulationen über viele Stunden). Bevor abschließend über die mit verteilter und paralleler Simulation erreichbare Performanz geurteilt werden kann, sind noch Messungen an großen Simulationsmodellen erforderlich. Ein Beispiel für eine derartige Messung wurde in [WRJ92a] gegeben. Aufgrund des hohen Aufwandes bei der Erstellung solcher Modelle ist es jedoch fraglich, ob eine solche Untersuchung noch in einem universitären Rahmen durchgeführt werden kann oder ob hier nicht eher die Forschungs- und Entwicklungseinrichtungen der Industrie gefordert sind.

Um Einzug in die industrielle Praxis zu halten, müssen auch noch weitere Erkenntnisse über die Auswahl geeigneter Simulationsverfahren für ein jeweils vorgegebenes oder noch zu entwickelndes Simulationsmodell gewonnen werden. Existierende Kriterien sind meist zu pauschal, wie etwa:

- Konservative Verfahren versprechen eine gute Leistung, wenn der Lookahead hoch ist.
- Bestimmte optimistische Verfahren sind eher schlecht, wenn der Zustandsraum im Modell groß ist.

Auch hat die Untersuchung adaptiv-hybrider Verfahren, die möglicherweise das Potential zu einer universell einsetzbaren Methode besitzen, gerade erst begonnen. Spekulative Simulation und das LTW-Verfahren sind vielversprechende Kandidaten hierfür. Um eine hohe Beschleunigung der Simulation zu erreichen, muß jedoch nicht nur ein gutes Verfahren gewählt werden, sondern auch das Modell geeignet spezifiziert werden. Erste Erfahrungen hierfür sind in der Literatur beschrieben [NIC88a, NIR90a]. Wie das Programmieren im allgemeinen, ist aber auch eine geschickte Modellierung eher eine Kunst als eine Wissenschaft. Neben Performanzfragen steht aus Sicht der industriellen Praxis auch der „Benutzungskomfort“ verteilter und paralleler Simulation im Vordergrund. Idealerweise sollte dieser möglichst dem derzeitiger sequentieller Systeme entsprechen oder ihn gar übertreffen. Durch die asynchrone konkurrente Ausführung des Simulationsmodells ergeben sich hier jedoch spezielle Probleme. Zwei dieser Probleme werden in diesem Buch ausführlich diskutiert.

Zunächst wird die Forderung nach Reproduzierbarkeit von Simulationsexperimenten behandelt, die u.a. für die Auswertung, Animation und Fehlersuche in Simulationsmodellen sehr wichtig ist. In sequentiellen Systemen ist die Reproduzierbarkeit leicht gewährleistet; verteilte und parallele Systeme kamen bisher dieser Forderung allerdings nicht nach. Lediglich ein einziges Verfahren [RWH90a] ist bekannt, welches zwar die Reproduzierbarkeit gewährleisten würde, aber die Simulation möglicherweise inkorrekt werden läßt (verfälschte Endstatistiken und systeminterne Endlosschleifen sind möglich). Nach einer ausführlichen Diskussion der Problematik wird in diesem Buch schließlich ein neues Verfahren vorgestellt, welches erstmalig die Reproduzierbarkeit verteilter und paralleler Simulation sicherstellt.

Der zweite untersuchte Themenkreis betrifft eine Modellierungsunterstützung, die sinnvoll ist, wenn einige wenige inhärent globale Daten zu verwalten sind. Obgleich die in verteilter und paralleler Simulation erforderliche Partitionierung des Modellzustands in disjunkte Teilzustände prinzipiell immer durchführbar ist, würde sie bei inhärent globalen Daten üblicherweise zu einer Replikation der Daten führen [WHB90a, WIJ89a]. Die Replikate müßten ihrerseits wieder mit vielen benutzerspezifizierten Ereignissen konsistent gehalten werden. Dies ist nicht nur fehleranfällig, sondern erschwert auch die Wartbarkeit von Simulationsmodellen. Aus diesem Grund wurde systematisch nach Wegen gesucht, die Partitionierung zumindest für einige wenige inhärent globale Daten durch benutzertransparente logische gemeinsame Variablen zu erleichtern. Da das zugrundeliegende Problem der Realisierung eines logisch gemeinsamen Speichers (Distributed-shared-memory) in einem allgemeineren Kontext verteilter Anwendungen bereits vielfältig untersucht wurde, wird in diesem Buch zunächst eine ausführliche Studie über Probleme und Lösungsmöglichkeiten des allgemeineren Problems durchgeführt. Anschließend werden die so gefundenen Lösungsansätze auf die speziellen Anforderungen verteilter Simulation übertragen. Auf diese Weise lassen sich sowohl für konservative als auch für optimistische Simulationsverfahren effiziente neue Ansätze angeben, die es dem Modellierer erlauben, auch bei verteilter Simulation gemeinsame Variablen zu verwenden. Alle Lösungsalgorithmen sind im Rahmen des DSL-Systems implementiert und getestet worden.

Reproduzierbarkeit und Modellierungsunterstützung für inhärent globale Daten sind sicherlich nur zwei Themenkreise von vielen weiteren, die noch zu untersuchen sind, um die Einsetzbarkeit verteilter und paralleler Simulation in der Praxis zu erleichtern. Letztlich ausschlaggebend für den industriellen Einsatz verteilter und paralleler Simulation wird jedoch mit zunehmender Verringerung der Leistungssteigerung von Einprozessorsystemen die Performanzsteigerung sein, die auf modernen Mehrprozessorsystemen erreichbar ist. Dabei darf nicht übersehen werden, daß die Entwicklung von schnellen Mehrprozessorsystemen im Vergleich zur Entwicklung von Einprozessorsystemen erst am Anfang steht. Die gegenüber Einprozessorsystemen nominell höhere Prozessorleistung sowie der Kostenvorteil durch Verwendung vieler preisgünstiger Standardkomponenten bergen auch in Zukunft ein großes Potential. Weitere Perspektiven ergeben sich daher durch die Fortentwicklung der Mehrprozessortechnologie auf der einen Seite und der Reduzierung des Synchronisierungs- und Verwaltungsaufwandes durch eine Anpassung an diese Technologie auf der anderen Seite.

Neben dem eigentlichen Zweck der Beschleunigung ereignisgesteuerter Simulation verdient jedoch auch ein weiterer Aspekt Beachtung. Verteilte Simulation kann als eine spezielle Anwendung verteilter Systeme betrachtet werden. Dies läßt vermuten, daß sich einige der für diese Anwendungsklasse gefundenen Lösungen und Techniken auch in anderen Gebieten verteilter Systeme einsetzen lassen. Einige Hinweise dafür werden in diesem Buch gegeben:

- In Kapitel 2 (und ausführlicher in [MMS91a]) wird dargelegt, wie sich aus GVT-Approximationsalgorithmen direkt Algorithmen gewinnen lassen, die das Problem der Terminierungserkennung in verteilten Anwendungen lösen. Darüber hinaus wird in [TEL91a] gezeigt, wie GVT-Approximationsalgorithmen zur Lösung des Garbage-collection-Problems herangezogen werden können. Das Erkennen der Terminierung einer verteilten Anwendung und das Wiederfreigeben nicht mehr benötigter dynamischer Speicherbereiche (Garbage-collection) sind jedoch gerade in verteilten Systemen nichttriviale Basisprobleme (siehe etwa [MAT89d, EDE90a]).

- Die in Kapitel 4 verwendete Idee spekulativer Berechnungen läßt sich beispielsweise auch bei funktionalen Sprachen [BUR85a, RUD88a] oder zur Beschleunigung von Optimierungsproblemen auf Mehrprozessorarchitekturen [WCF90a] einsetzen.

- In Kapitel 7 wird gezeigt, wie sich DSM-Algorithmen zur Verwaltung inhärent globaler Variablen in verteilter Simulation übertragen lassen. Umgekehrt mögen sich zukünftige Verfahren zur Realisierung globaler Variablen in verteilter Simulation in ähnlicher Weise zu DSM-Algorithmen konvertieren lassen.

Bereits diese Auswahl zeigt, daß das Studium verteilter Simulationsverfahren nicht nur für die Anwendungsklasse „verteilte Simulation“ selbst, sondern auch darüber hinaus für andere verteilte Anwendungen von grundlegender Bedeutung ist.

Abschließend seien kurz die wichtigsten Konferenzen und Zeitschriften angesprochen, in denen regelmäßig über die neuesten Fortschritte auf dem Gebiet der verteilten und parallelen Simulation berichtet wird. Die Konferenzreihe, auf der sich die meisten der führenden, international bekannten Wissenschaftler des Gebiets treffen, ist die PADS (*Workshop on Parallel and Distributed Simulation*). Sie findet jährlich statt; 1994 wird sie zum ersten Mal in Europa (Edinburg) abgehalten. Daneben sind vor allem die WSC (*Winter Simulation Conference*), ASS (*Annual Simulation Symposium*), MASCOT (*International Workshop on Modeling, Analysis and Simulation of Computer and Telecommunication Systems*) und in einem etwas allgemeineren Rahmen die ICPP (*International Conference on Parallel Processing*) zu nennen. Unter den Zeitschriften ist die bedeutendste die TOMACS (*ACM Transactions on Modeling and Computer Simulation*). Ihr Fokus liegt auf diskreter Simulation, so daß hier relativ häufig Beiträge aus dem Bereich verteilter und paralleler Simulation zu finden sind. Daneben ist das *International Journal in Computer Simulation* (Ablex) sowie das *Journal of Parallel and Distributed Computing* (Academic Press) zu nennen. In letzterer ist gerade in der August-Ausgabe 1993 ein Sonderheft mit Detailbeiträgen zur verteilten Simulation erschienen. Schließlich finden sich mitunter auch in den *IEEE Transactions on Parallel and Distributed Systems* interessante Beiträge zum Thema verteilter Simulation.

Literaturverzeichnis

[AAB89a] AAHLAD, Y. and BROWNE, J. (1989) *Balanced Sequencing Protocols.* Proceedings of the SCS Multiconference on Distributed Simulation, pp. 58-63

[AAH91a] ADVE, S., ADVE, V., HILL, M., and VERNON, M. (1991) *Comparison of Hardware and Software Cache Coherence Schemes.* Proceedings of the 18th Annual International Symposium on Computer Architecture, (Toronto, Canada, May 27–30), ACM, pp. 298–308

[ABH91a] AHAMAD, M., BURNS, J., HUTTO, P., and NEIGER, G. (1991) *Causal Memory.* Proceedings of the 5th International Workshop on Distributed Algorithms (WDAG), (Delphi, Greece, October 7–9), Springer-Verlag, S. Toueg, P.G. Spirakis, L. Kirousis (Eds.), pp. 9–30

[ABR88a] ABRAMS, M. (1988) *The Object Library for Parallel Simulation.* Proceedings of the Winter Simulation Conference

[ACD92a] AKYILDIZ, I., CHEN, L., DAS, S., FUJIMOTO, R., and SERFOZO, R. (1992) *Performance Analysis of Time Warp with Limited Memory.* Proceedings of the ACM Sigmetrics and Performance Conference 1992, Newport, Rhode Island, USA, June 1-5

[ACD93a] AKYILIDZ, I. F., CHEN, L., DAS, S. R., FUJIMOTO, R. M., and SERFOZO, R. F. (1993) *The Effect of Memory Capacity on Time Warp Performance.* Journal of Parallel and Distributed Computing 18, pp. 411–422

[ACF93a] ATTIYA, H., CHAUDHURI, S., FRIEDMAN, R., and WELCH, J. (1993) *Shared Memory Consistency Conditions for Non-Sequential Execution: Definitions and Programming Strategies.* Technical Report LPCR–9309, Technion, Israel

[ACG86a] AHUJA, S., CARRIERO, N., and GELERNTER, D. (1986) *Linda and Friends.* IEEE Computer (August), pp. 26–34

[AGT91a] AGRE, J. and TINKER, P. (1991) *Useful Extensions to a Time Warp Simulation System.* Proceedings of the SCS Multiconference on Advances in Parallel and Distributed Simulation, (Anaheim, California, January 23-25), SCS, pp. 78–85

[AHJ91a] AHAMAD, M., HUTTO, P., and JOHN, R. (1991) *Implementing and Programming Causal Distributed Shared Memory.* International Conference on Distributed Computing Systems, (Arlington, Texas, May 20–24), pp. 274–281

[AND91a] ANDREWS, G. (1991) *Paradigms for Process Interaction in Distributed Programs.* ACM Computing Surveys 23:1 (March), pp. 49–90

[APE93a] APEL, M. (1993) *Verteilte Simulation mit konservativen Strategien.* Projektarbeit, Fachbereich Informatik, Universität Kaiserslautern

[ARB84a] ARCHIBALD, J. and BAER, J.-L. (1984) *An Economical Solution to the Cache Coherence Problem.* Proceedings of the 11th Annual Symposium on Computer Architecture, (Ann Arbor, Michigan, June 5–7), pp. 355-362

[ARB86a] ARCHIBALD, J. and BAER, J. (1986) *Cache Coherence Protocols: Evaluation Using a Multiprocessor Simulation Model.* ACM Transactions on Computer Systems 4:4, pp. 273–298

[ARM93a] ARMBRECHT, T. (1993) *Entwicklung eines verteilten Simulationsmodells mit DSL.* In Vorbereitung: Projektarbeit, Fachbereich Informatik, Universität Kaiserslautern

[ARS92a] ARVIND, D. and SMART, C. (1992) *Hierarchical Parallel Discrete Event Simulation in Composite Elsa.* Proceedings of the 6th Workshop on Parallel and Distributed Simulation (PADS92), (Newport Beach, California, January 20-22), SCS, pp. 147–156

[ASH88a] AGARWAL, A., SIMONI, R., HENNESSY, J., and HOROWITZ, M. (1988) *An Evaluation of Directory Schemes for Cache Coherence.* Proceedings of the 15th Annual Symposium on Computer Architecture, (Honolulu, Hawaii, May 30–June 2), pp. 280–289

[ATF92a] ATTIYA, H. and FRIEDMAN, R. (1992) *A Correctness Condition for High-Performance Multiprocessors.* Proceedings of the 24th Annual Symposium on Theory of Computing STOC'92, (Victoria, Britisch Columbia, Canada), May 4–6, pp. 679–690

[AYA89a] AYANI, R. (1989) *Parallel Simulation on Shared Memory Multiprocessors.* Technical Report TRITA-TCS-8903, The Royal Institute of Technology, Stockholm

[AYA89b] AYANI, R. (1989) *A Parallel Simulation Scheme Based on Distances Between Objects.* Proceedings of the SCS Multiconference on Distributed Simulation, pp. 113-118

[BAG90a] BARBARÁ, D. and GRACIA-MOLINA, H. (1990) *The Case for Controlled Inconsistency in Replicated Data.* Newsletter, IEEE Computer Society Technical Committee on Operating Systems and Applications Environments 4:3, pp. 8–11

[BAH90a] BALL, D. and HOYT, S. (1990) *The Adaptive Time-Warp Concurrency Control Algorithm.* Proceedings of the 1990 Distributed Simulation Conference, pp. 174-177

[BAK91a] BAL, H. and KAASHOEK, M. (1991) *Data Distribution in ORCA Through Compiler Optimization.* Technical Report IR–254, University of Amsterdam

[BAL92a] BAL, H. (1992) *A Comparative Study of Five Parallel Programming Languages.* Future Generation Computer Systems 8, North–Holland, pp. 121-135

[BAS88a] BAIN, W. and SCOTT, D. (1988) *An Algorithm for Time Synchronization in Distributed Discrete Event Simulation.* Proceedings of the Multiconference on Distributed Simulation, (San Diego, CA, February 3–5), SCS, pp. 30–33

[BAS92a] BAUER, H. and SPORRER, C. (1992) *Distributed Logic Simulation and an Approach to Asynchronous GVT–Calculation.* Proceedings of the 6th Workshop on Parallel and Distributed Simulation (PADS92), (Newport Beach, California, January 20-22), SCS, pp. 205-208

[BAT88a] BAL, H. and TANENBAUM, A. (1988) *Distributed Programming with Shared Data.* Proceedings of the International Conference on Computer Languages, (Miami, Florida, October 9-13), pp. 82–91

[BCC91a] BRYANT, R., CARINI, P., CHANG, H., and ROSENBURG, B. (1991) *Supporting Structured Shared Virtual Memory under Mach.* Proceedings of the USENIX Mach Symposium, (Monterey, California, November 20–22), pp. 59-76

[BCC91b] BALDWIN, R., CHUNG, M., and CHUNG, Y. (1991) *Overlapping Window Algorithm for Computing GVT in Time Warp.* Proceedings of the 11th International Conference on Distributed Computing Systems

[BCG91a] BIRMAN, K., COOPER, R., and GLEESON, B. (1991) *Programming with Process Groups: Group and Multicast Semantics.* Technical Report TR–91–1185, Cornell University

[BCZ90a] BENNETT, J., CARTER, J., and ZWAENEPOEL, W. (1990) *Adaptive Software Cache Management for Distributed Shared Memory Architectures.* Proceedings of the 17th Annual International Symposium on Computer Architecture, (Seattle, Washington, May 28–31), IEEE, pp. 125–134

[BDO85a] BILES, W., DANIELS, C., and O'DONNEL, T. (1985) *Statistical Considerations in Simulation on a Network of Microcomputers.* Proceedings of the Winter Simulation Conference, pp. 388-393

[BEG81a] BERNSTEIN, P. and GOODMAN, N. (1981) *Concurrency Control in Distributed Database Systems.* ACM Computing Surveys 13:2, pp. 185–221

[BEJ85a] BERRY, O. and JEFFERSON, D. (1985) *Critical Path Analysis of Distributed Simulation.* Proceedings of the Distributed Simulation Conference, San Diego, pp. 57-60

[BEL66a] BELADY, L. (1966) *A Study of Replacement Algorithms for a Virtual Storage Computer.* IBM Systems Journal 5:2, pp. 78–101

[BEL90a] BELLENOT, S. (1990) *Global Virtual Time Algorithms.* Proceedings of the SCS Multiconference on Distributed Simulation, pp. 122-127

[BEL92a] BELLENOT, S. (1992) *State Skipping Performance with the Time Warp Operating System.* Proceedings of the 6th Workshop on Parallel and Distributed Simulation (PADS92), (Newport Beach, California, January 20-22), SCS, pp. 53–61

[BEL93a] BELLENOT, S. (1993) *Performance of a Riskfree Time Warp Operating System.* Proceedings of the 7th Workshop on Parallel and Distributed Simulation, (San Diego, California, May 16–19), SCS, pp. 155–158

[BIF88a] BISIANI, R. and FORIN, A. (1988) *Multilanguage Parallel Programming of Heterogeneous Machines.* IEEE Transactions on Computers 37:8, pp. 930–945

[BIR90a] BISIANI, R. and RAVISHANKAR, M. (1990) *PLUS: A Distributed Shared-Memory System.* Proceedings of the 17th Annual International Symposium on Computer Architecture, (Litchfield Park, Arizona, December 3-6), ACM, pp. 115–124

[BKT89a] BAL, H., KAASHOEK, M., and TANENBAUM, A. (1989) *A Distributed Implementation of the Shared Data-Object Model.* Proceedings of the USENIX Workshop on Experiences with Building Distributed and Multiprocessor Systems, (Ft. Lauderdale, Florida, October), pp. 1–19

[BKT92a] BAL, H., KAASHOEK, F., and TANENBAUM, A. (1992) *Orca: A Language for Parallel Programming of Distributed Systems.* IEEE Transactions on Software Engineering 18:3, pp. 190–205

[BKT92b] BAL, H., KAASHOEK, M., TANENBAUM, A., and JANSEN, J. (1992) *Replication Techniques for Speeding Up Parallel Applications on Distributed Systems.* Concurrency: Practice and Experience 4:5 (August), pp. 337-355

[BNR89a] BISIANI, R., NOWATZYK, A., and RAVISHANKAR, M. (1989) *Coherent Shared Memory on a Distributed Memory Machine.* Proceedings of the International Conference on Parallel Processing, pp. I:133–141

[BOC93a] BOCK, S. (1993) *Realisierung von Erweiterungen und Varianten des Time Warp Systems für DSL.* In Vorbereitung: Projektarbeit, Fachbereich Informatik, Universität Kaiserslautern

[BOH90a] BORRMANN, L. and HERDIECKERHOFF, M. (1990) *A Coherency Model for Virtually Shared Memory.* Proceedings of the International Conference on Parallel Processing, pp. II:252–257

[BOY91a] BOYER, F. (1991) *A Causal Distributed Shared Memory Based on External Pagers.* Proceedings of the USENIX Mach Symposium, (Monterey, California, November 20–22), pp. 41–57

[BRF90a] BUZZELL, C., ROBB, M., and FUJIMOTO, R. (1990) *Modular VME Rollback Hardware for Time Warp.* Proceedings of the SCS Multiconference on Distributed Simulation 22, 1, pp. 153–156

[BRI90a] BRINER, J. (1990) *Parallel Mixed-Level Simulation of Digital Circuits Using Virtual Time.* Technical Report TR90-38, Duke University, Durham, NC 27706

[BRO88a] BROWN, R. (1988) *Calendar Queues: A Fast O(1) Priority Queue Implementation for the Simulation Event Set Problem.* Communications of the ACM 31:10, pp. 1220-1227

[BRO90a] BROWN, M. (1990) *Asynchronous Multicaches.* Distributed Computing 4, pp. 31-36

[BRY77a] BRYANT, R. (1977) *Simulation of Packet Communication Architecture Computer Systems.* Internal Report, TR-188, MIT

[BRY79a] BRYANT, R. (1979) *Simulation on a Distributed System.* Proceedings of the 1st International Conference on Distributed Computer Systems, pp. 544-552

[BSK91a] BAUER, H., SPORRER, C., and KRODEL, T. (1991) *On Distributed Simulation Using Time Warp.* Proceedings of the IFIP 10/WG 10.5, International Conference on Very Large Scale Integration VLSI 91, Edinburgh, Scotland, August 20–22

[BUB90a] BUBENIK, R. (1990) *Optimistic Computation.* Technical Report TR90-115, Rice University, Houston

[BUM90a] BURDORF, C. and MARTI, J. (1990) *Non-Preemptive Time Warp Scheduling Algorithms.* ACM Operating Systems Review 24:2, pp. 7-18

[BUR85a] BURTON, F. (1985) *Speculative Computation, Parallelism, and Functional Programming.* IEEE Transactions on Computers, C-34:12, pp. 1190-1193

[BUZ90a] BUBENIK, R. and ZWAENEPOEL, W. (1990) *Semantics of Optimistic Computation.* International Conference on Distributed Computing Systems, pp. 20-27

[CAG86a] CARRIERO, N. and GELERNTER, D. (1986) *The S/Net's Linda Kernel.* ACM Transaction on Computer Systems 4:2, pp. 110-129

[CAL89a] CHASE, J., AMADOR, F., LAZOWSKA, E., LEVY, H., and LITTLEFIELD, R. (1989) *The Amber System: Parallel Programming on a Network of Multiprocessors.* Proceedings of the 12th ACM Symposium on Operating Systems Principles, (Litchfield Park, Arizona, December 3-6), ACM, pp. 147-158

[CBZ91a] CARTER, J., BENNETT, J., and ZWAENEPOEL, W. (1991) *Implementation and Performance of MUNIN.* Technical Report TR91-150, Department of Computer Science, Rice University

[CCU90a] CONKLIN, D., CLEARY, J., and UNGER, B. (1990) *The Sharks World—A Study in Distributed Simulation Design.* Proceedings of the SCS Multiconference on Distributed Simulation, (San Diego, California, January 17–19), pp. 157–160

[CEF78a] CENSIER, L. and FEAUTRIER, P. (1978) *A New Solution to Coherence Problems in Multicache Systems.* IEEE Transactions on Computers, C-27, (December), pp. 1112–1118

[CEP85a] CERI, S. and PELAGATTI, G. (1985) *Distributed Databases – Principles and Systems.* McGraw-Hill Book Company

[CGH93a] CHERITON, D., GOOSEN, H., HOLBROOK, H., and MACHANICK, P. (1993) *Restructuring a Parallel Simulation to Improve Cache Behavior in a Shared-Memory Multiprocessor: The Value of Distributed Synchronization.* Proceedings of the 7th Workshop on Parallel and Distributed Simulation, (San Diego, California, May 16–19), SCS, pp. 159–162

[CHB83a] CHANDAK, A. and BROWNE, J. (1983) *Vectorization of Discrete Event Simulation.* Proceedings of the International Conference on Parallel Processing, pp. 359-361

[CHE86a] CHERITON, D. (1986) *Problem-Oriented Shared Memory: A Decentralized Approach to Distributed System Design.* 6th International Conference on Distributed Computing Systems, (May), pp. 190–197

[CHL85a] CHANDY, K. and LAMPORT, L. (1985) *Distributed Snapshots: Determining Global States of Distributed Systems.* ACM Transactions on Computer Systems 3:1, pp. 63-75

[CHM78a] CHANDY, K. and MISRA, J. (1978) *A Non-Trivial Example of Concurrent Processing: Distributed Simulation.* Proceedings of COMPSAC, pp. 822-826

[CHM79b] CHANDY, K. and MISRA, J. (1979) *Distributed Simulation: A Case Study in Design and Verification of Distributed Programs.* IEEE Transactions on Software Engineering SE-5:5, pp. 440-452

[CHM81a] CHANDY, K. and MISRA, J. (1981) *Asynchronous Distributed Simulation Via a Sequence of Parallel Computations.* CACM 24:4, pp. 198-205

[CHS89a] CHANDY, K. and SHERMAN, R. (1989) *The Conditional Event Approach to Distributed Simulation.* Proceedings of the SCS Multiconference on Distributed Simulation, pp. 93-99

[CMT92a] CHARRON-BOST, B., MATTERN, F., and TEL, G. (1992) *Synchronous and Asynchronous Communication in Distributed Systems.* Technical Report LITP 92.77, University of Paris VII, Paris

[COF89a] COX, A. and FOWLER, R. (1989) *The Implementation of a Coherent Memory Abstraction on a NUMA Multiprocessor: Experiences with Platinum.* Proceedings of the 12th Symposium on Operating Systems Principles, (Litchfield Park, Arizona, December 3–6), ACM, pp. 32–44

[COK91a] CONCEPCION, A. and KELLY, S. (1991) *Computing Global Virtual Time Using the Multi-Level Token Passing Algorithm.* Proceedings of the SCS Multiconference on Advances in Parallel and Distributed Simulation, (Anaheim, California, January 23-25), SCS, pp. 63–68

[COM82a] COMFORT, J. (1982) *The Design of a Multi-Microprocessor Based Simulation Computer - I.* Proceedings of the 5th Annual Simulation Symposium, pp. 45-53

[COM84a] COMFORT, J. (1984) *The Simulation of a Master-Slave Event Set Processor.* Simulation 42, pp. 117-124

[COS90b] COTA, B. and SARGENT, R. (1990) *Simultaneous Events and Distributed Simulation.* Proceedings of the 1990 Winter Simulation Conference, pp. 436-440

[CSR93a] CHUNG, K., SANG, J., and REGO, V. (1993) *A Performance Comparison of Event Calendar Algorithms: an Empirical Approach.* Software-Practice and Experience 23:10, pp. 1107–1138

[DAF93a] DAS, S. and FUJIMOTO, R. (1993) *A Performance Study on the Cancelback Protocol for Time Warp.* Proceedings of the 7th Workshop on Parallel and Distributed Simulation, (San Diego, California, May 16–19), SCS, pp. 135-142

[DIR90a] DICKENS, P. and REYNOLDS, P. (1990) *SRADS with Local Rollback.* SCS Multi-Simulation Conference, Washington D.C., pp. 161-164

[DSB88a] DUBOIS, M., SCHEURICH, C., and BRIGGS, F. (1988) *Synchronization, Coherence, and Event Ordering in Multiprocessors.* IEEE Computer, (February), pp. 9–21

[EDE90a] EDELSON, D. (1990) *Dynamic Storage Reclamation in C++.* Technical Report UCSC-CRL-90-19, University of California at Santa Cruz

[EDP89a] EBLING, M., DILORETO, M., PRESLEY, M., WIELAND, F., and JEFFERSON, D. (1989) *An Ant Foraging Model Implemented on the Time Warp Operating System.* Proceedings of the SCS Multiconference on Distributed Simulation, pp. 21-26

[EGL76a] ESWARAN, K., GRAY, J., LORIE, R., and TRAIGER, I. (1976) *The Notion of Consistency and Predicate Locks in a Database System.* Communications of the ACM 19:11, pp. 624–633

[FBY88a] FORIN, A., BARRERA, J., YOUNG, M., and RASHID, R. (1988) *Design, Implementation, and Performance Evaluation of a Distributed Shared Memory Server for Mach.* Technical Report CMU-CS-88-165, Computer Science Department, Carnegie–Mellon University, Pittsburgh

[FEK91a] FELDERMAN, R. and KLEINROCK, L. (1991) *Two Processor Time Warp Analysis: Some Results on a Unifying Approach.* Proceedings of the SCS Multiconference on Advances in Parallel and Distributed Simulation, (Anaheim, California, January 23-25), SCS, pp. 3–10

[FEK91b] FELDERMAN, R. and KLEINROCK, L. (1991) *Bounds and Approximations for Self–Initiating Distributed Simulation Without Lookahead.* ACM Transactions on Modeling and Computer Simulation 1:4 (Oct), pp. 386–406

[FEK92a] FELDERMAN, R. and KLEINROCK, L. (1992) *Two Processor Conservative Simulation Analysis.* Proceedings of the 6th Workshop on Parallel and Distributed Simulation (PADS92), (Newport Beach, California, January 20-22), SCS, pp. 169–177

[FGP91a] FILLOQUE, J., GAUTRIN, E., and POTTIER, B. (1991) *Efficient Global Computations on a Processor Network with Programmable Logic.* Technical Report 1374, INRIA

[FID88a] FIDGE, J. (1988) *Timestamps in Message-Passing Systems That Preserve the Partial Ordering.* Proc. 11th Australian Computer Science Conference, pp. 55-66

[FIL91a] FILLOQUE, J. (1991) *Synthèse de contrôleurs sur une architecture à couche logique reconfigurable.* Technical Report, LIBr-ENST Bretagne in Brest, France

[FLP89a] FLEISCH, B. and POPEK, G. (1989) *Mirage: A Coherent Distributed Shared Memory Design.* Proceedings of the 12th ACM Symposium on Operating Systems Principles, (Litchfield Park, Arizona, December 3-6), ACM, pp. 211-223

[FLW86a] FABER, V., LUBECK, O., and WHITE, A. (1986) *Superlinear Speedup of an Efficient Sequential Algorithm is not Possible.* Parallel Computing 3, pp. 259-260

[FLW87a] FABER, V., LUBECK, O., and WHITE, A. (1987) *Comments on the Paper "Parallel Efficiency Can Be Greater Than Unity".* Parallel Computing 4, pp. 209-210

[FTG88a] FUJIMOTO, R., TSAI, J., and GOPALAKRISHNAN, G. (1988) *Design and Evaluation of the Rollback Chip: Special Purpose Hardware for Time Warp.* Technical Report UUCS-88-011, Department of Computer Science, University of Utah

[FUJ88b] FUJIMOTO, R. (1988) *Performance Measurements of Distributed Simulation Strategies.* Proceedings of the Distributed Simulation Conference, (San Diego, California, February 3–5), pp. 14-20

[FUJ88c] FUJIMOTO, R. (1988) *Lookahead in Parallel Discrete Event Simulation.* Proceedings of the International Conference on Parallel Processing, pp. 34-41

[FUJ89a] FUJIMOTO, R. (1989) *The Virtual Time Machine.* University of Utah, Salt Lake City, Technical Report UUCS-88-019

[FUJ89b] FUJIMOTO, R. (1989) *Time Warp on a Shared Memory Multiprocessor.* Proceedings of the International Conference on Parallel Processing, pp. III:242–249

[FUJ90a] FUJIMOTO, R. (1990) *Parallel Discrete Event Simulation.* Communications of the ACM 33:10, pp. 30-53

[GAF85a] GAFNI, A. (1985) *Space Management and Cancellation Mechanisms for Time Warp.* Ph.D. Dissertation, TR-85-341, Dept. of Computer Science, University of Southern California

[GAF88a] GAFNI, A. (1988) *Rollback Mechanisms for Optimistic Distributed Simulation Systems.* Proceedings of the 1988 Distributed Simulation Conference, (San Diego, California, February 3–5), SCS, pp. 61-67

[GAF91a] GUPTA, A., AKYILDIZ, I., and FUJIMOTO, R. (1991) *Performance Analysis of Time Warp with Multiple Homogeneous Processors.* IEEE Transactions on Software Engineering, 17:10, October 1991, pp. 1013–1027

[GAM88a] GATES, B. and MARTI, J. (1988) *An Empirical Study of Time Warp Request Mechanisms.* Proceedings of the Distributed Simulation Conference (San Diego, California, Feb. 3–5), SCS, pp. 73–80

[GHF91a] GHOSH, K. and FUJIMOTO, R. (1991) *Parallel Discrete Event Simulation Using Space–Time Memory.* International Conference on Parallel Processing, pp. III:201–208

[GHS91a] GILOI, W., HAESTEDT, C., SCHOEN, F., and SCHROEDER-PREIKSCHAT, W. (1991) *A Distributed Implementation of Shared Virtual Memory with Strong and Weak Coherence.* Proceedings of the 2nd European Conference on Distributed Memory Computing, (Munich, Germany, April 22–24), LNCS 487, Arndt Bode (Ed.), Springer-Verlag, pp. 23–31

[GIL88a] GILMER, J. (1988) *An Assessment of Time Warp Parallel Discrete Event Simulation Algorithm Performance.* Proceedings of the Distributed Simulation Conference, (San Diego, California, Feb. 3–5), SCS, pp. 45–49

[GLH91a] GLYNN, W. and HEIDELBERGER, P. (1991) *Analysis of Parallel Replicated Simulations Under a Completion Time Constraint.* ACM Transactions on Modeling and Computer Simulation, 1:1, pp. 3-23

[GLL90a] GHARACHORLOO, K., LENOSKI, D., LAUDON, J., GIBBONS, P., GUPTA, A., and HENNESSY, J. (1990) *Memory Consistency and Event Ordering in Scalable Shared–Memory Multi-Processors.* Proceedings of the 17th Annual International Symposium on Computer Architecture, (Seattle, Washington, May 28–31), pp. 15–26

[GOF93a] GOPALAKRISHNAN, G. and FUJIMOTO, R. (1993) *Design and Verification of the Rollback Chip Using HOP: A Case Study of Formal Methods Applied to Hardware Design.* ACM Transactions on Computer Systems 11:2, pp. 109–145

[GOO83a] GOODMAN, J. (1983) *Using Cache Memory to Reduce Processor–Memory Traffic.* Proceedings of the 10th International Symposium on Computer Architecture, (Stockholm, Sweden), pp. 124–131

[GRT87a] GROSELJ, B. and TROPPER, C. (1987) *Pseudosimulation: An Algorithm for Distributed Simulation with Limited Memory.* International Journal of Parallel Programming 15:5, pp. 413-456

[GRT88a] GROSELJ, B. and TROPPER, C. (1988) *The Time–of–Next–Event Algorithm.* Proceedings of the Multiconference on Distributed Simulation, (San Diego, California, February 3–5), SCS, pp. 25-29

[GRT91a] GROSELJ, B. and TROPPER, C. (1991) *The Distributed Simulation of Clustered Processes.* Distributed Computing, 4, pp. 111-121

[HAD88a] HARTRUM, T. and DONLAN, B. (1988) *Distributed Battle–Management Simulation on a Hypercube.* Proceedings of the Distributed Simulation Conference, (San Diego, California, Feb. 3–5), SCS, pp. 3–7

[HBD89a] HONTALAS, P., BECKMAN, B., DILORETO, M., BLUME, L., REIHER, P., STURDEVANT, K., VAN WARREN, L., WEDEL, J., WIELAND, F., and JEFFERSON, D. (1989) *Performance of the Colliding Pucks Simulation on the Time Warp Operating Systems (Part 1: Asynchronous Behavior & Sectoring).* Proceedings of the SCS Multiconference on Distributed Simulation, pp. 3-7

[HEL90a] HELLWAGNER, H. (1990) *A Survey of Virtually Shared Memory Schemes.* Technical Report TUM-I9056 (SFB-Report 342–32–90A), University of Munich, Germany

[HEW90a] HERLIHY, M. and WING, J. (1990) *Linearizability: A Correctness Condition for Concurrent Objects.* ACM Transactions on Programming Languages and Systems 12:3, pp. 463-492

[HOO86b] HOOPER, J. (1986) *Strategy-Related Characteristics of Discrete-Event Languages and Models.* Simulation 46:4, pp. 153-159

[HUA90a] HUTTO, P. and AHAMAD, M. (1990) *Slow Memory: Weakening Consistency to Enhance Concurrency in Distributed Shared Memories.* International Conference on Distributed Computing Systems, (Paris, France, May 28–June 1), pp. 302–309

[JAD89a] JADE (1989) *SIM++: A Discrete-Event Simulation Language.* SIM++ Manual from Jade Simulations International Corporation

[JAN87a] JANSSON, R. (1987) *A Note on Superlinear Speedup.* Parallel Computing 4, 211-213

[JBW87a] JEFFERSON, D., BECKMANN, B., WIELAND, F., BLUME, L., DILORETO, M., HOUTALAS, P., LAROCHE, P., STUREDEVANT, K., TYPMAN, J., VAN WARREN, L., WEDEL, J., YOUNGER, H., and BELLENOT, S. (1987) *Distributed Simulation and the Time Warp Operating System.* Proceedings of the 11th ACM Symposium on Operating Systems Principles, pp. 77-93

[JEF85a] JEFFERSON, D. (1985) *Virtual Time.* ACM Transactions on Programming Languages and Systems 7:3, pp. 404-425

[JEF89a] JEFFERSON, D. (1989) *Virtual Time II: Storage Management in Distributed Simulation.* Proceedings of the Annual Symposium on Principles of Distributed Computing, (Quebec, Canada, August 22–24), pp. 75–89

[JER91a] JEFFERSON, D. and REIHER, P. (1991) *Supercritical Speedup.* Proceedings of the 24th Annual Simulation Symposium, (New Orleans, Louisiana, April 1–5), SCS, pp. 159–168

[JES82a] JEFFERSON, D. and SOWIZRAL, H. (1982) *Fast Concurrent Simulation Using the Time Warp Mechanism, Part I: Local Control.* RAND Note N–1906AF, Rand Corp., Santa Monica, CA

[JHB93a] JHA, V. and BAGRODIA, R. (1993) *Transparent Implementation of Conservative Algorithms in Parallel Simulation Languages.* Technical Report CSD–930007, University of California, Los Angeles

[JLH88a] JUL, E., LEVY, H., HUTCHINSON, N., and BLACK, A. (1988) *Fine-grained Mobility in the Emerald System.* ACM Transactions on Computer Systems 6:1, pp. 109–133

[JON86a] JONES, D. (1986) *Concurrent Simulation: An Alternative to Distributed Simulation.* Proceedings of the Winter Simulation Conference, pp. 417-423

[JUN87a] JUNGNICKEL, D. (1987) *Graphen, Netzwerke und Algorithmen.* Bibliographisches Institut, Zürich

[KEL75a] KELLER, R. (1975) *Lookahead Processors.* ACM Computing Surveys 7:4, pp. 177-195

[KER78a] KERNIGHAN, W. B. and RITCHIE, D. M. (1978) *The C Programming Language.* Prentice Hall, New Jersey

[KRS90a] KRIEGER, O. and STUMM, M. (1990) *An Optimistic Algorithm for Consistent Replicated Shared Data.* Proceedings of the Hawaii International Conference on System Sciences, CS Press, Los Alamitos, Vol. 2, pp. 367–375

[KWP92a] KWOK, B. and PREISS, B. (1992) *Piecewise-Linear Simulation Using Time Warp.* International Journal in Computer Simulation, pp. 59–79

[LAM78a] LAMPORT, L. (1978) *Time, Clocks, and the Ordering of Events in a Distributed System.* Communications of the ACM 21:7, pp. 558-565

[LAM79a] LAMPORT, L. (1979) *How to Make a Multiprocessor Computer that Correctly Executes Multiprocess Programs.* IEEE Transactions on Computers C–28:9 (September), pp. 690–691

[LAM86a] LAMPORT, L. (1986) *On Interprocess Communication—Part I: Basic Formalism.* Distributed Computing 1, pp. 77-85

[LAM86b] LAMPORT, L. (1986) *On Interprocess Communication—Part II: Algorithms.* Distributed Computing 1, pp. 86–101

[LAP92a] LAHJOMRI, Z. and PRIOL, T. (1992) *KOAN: A Shared Virtual Memory for the iPSC/2 Hypercube.* Proceedings of the Second Joint International Conference on Vector and Parallel Processing, (Lyon, France, September 1–4), pp. 441–452

[LCL89a] LEUNG, E., CLEARY, J., LOMOW, G., BAEZNER, D., and UNGER, B. (1989) *The Effects of Feedback on the Performance of Conservative Algorithms.* Proceedings of the SCS Multiconference on Distributed Simulation, pp. 44-49

[LCU88a] LOMOW, G., CLEARY, J., UNGER, B., and WEST, D. (1988) *A Performance Study of Time Warp.* Proceedings of the Distributed Simulation Conference, (San Diego, California, Feb. 3–5), SCS, pp. 50–55

[LEH51a] LEHMER, D. (1951) *Mathematical Methods in Large-Scale Computing Units.* Ann. Comp. Log. 26, Harvard University, pp. 141–146

[LEL90a] LELER, W. (1990) *Linda Meets Unix.* IEEE Computer (February), pp. 43–54

[LEM87a] LEBLANC, T. and MELLOR-CRUMMEY, J. (1987) *Debugging Parallel Programs with Instant Replay.* IEEE Transactions on Computers C-36:4, pp. 471–482

[LEO93a] LEOPOLD, T. (1993) *Verteilte Straßenverkehrssimulation mit DSL.* In Vorbereitung: Projektarbeit, Fachbereich Informatik, Universität Kaiserslautern

[LEW93a] LEIVENT, J. and WATRO, R. (1993) *Mathematical Foundations for Time Warp Systems.* ACM Transactions on Programming Languages and Systems 15:5, pp. 771-794

[LI88a] LI, K. (1988) *IVY: A Shared Virtual Memory System for Parallel Computing.* Proceedings of the International Conference on Parallel Processing, pp. 94–101

[LIH89a] LI, K. and HUDAK, P. (1989) *Memory Coherence in Shared Virtual Memory Systems.* ACM Transactions on Computer Systems 7:4, pp. 321–359

[LIL90a] LIN, Y. and LAZOWSKA, E. (1990) *Reducing the State Saving Overhead for Time Warp Parallel Simulation.* Technical Report 90-02-03, University of Washington, Seattle

[LIL90b] LIN, Y. and LAZOWSKA, E. (1990) *Processor Scheduling for Time Warp Parallel Simulation.* Technical Report 90-03-03, University of Washington, Seattle

[LIL90c] LIN, Y. and LAZOWSKA, E. (1990) *Optimality Considerations of Time Warp Parallel Simulation.* Proceedings of the Distributed Simulation Conference, (San Diego, California, Jan. 17–19), SCS, pp. 29–34

[LIL90d] LIN, Y. and LAZOWSKA, D. (1990) *Determining the Global Virtual Time in a Distributed Simulation.* Technical Report 90-01-02, Department of Computer Science, University of Washington, Seattle

[LIL91a] LIN, Y. and LAZOWSKA, E. (1991) *A Study of Time Warp Rollback Mechanisms.* ACM Transactions on Modeling and Computer Simulation, 1:1, pp. 51-72

[LIL93a] LILJA, D. (1993) *Cache Coherence in Large-Scale Shared Memory Multiprocessors: Issues and Comparisons.* ACM Computing Surveys 25:3, pp. 303–338

[LIM85a] LIVNY, M. and MANBER, U. (1985) *Distributed Computation via Active Messages.* IEEE Transactions on Computers 34:12 (Dec), pp. 1185–1190

[LIM90a] LIPTON, R. and MIZELL, D. (1990) *Time Warp vs. Chandy–Misra: A worst case Comparison.* Proceedings of the Distributed Simulation Conference, (San Diego, California, Jan. 17–19), SCS, pp. 137–143

[LIN92a] LIN, Y. (1992) *Memory Management Algorithms for Optimistic Parallel Simulation.* Proceedings of the 6th Workshop on Parallel and Distributed Simulation (PADS92), (Newport Beach, California, January 20-22), SCS, pp. 43–52

[LIN92c] LIN, Y. (1992) *Parallelism Analyzers for Parallel Discrete Event Simulation.* ACM Transactions on Modeling and Computer Simulation 2:3, pp. 239–264

[LIP91b] LIN, Y. and PREISS, B. (1991) *Optimal Memory Management for Time Warp Parallel Simulation.* Technical Report, Bell Communications Research (also published in ACM Transactions on Modeling and Computer Simulation (1991), 1:4, pp. 283-307)

[LIS79a] LISKOV, B. (1979) *Primitives for Distributed Computing.* Proceedings of the 7th Symposium on Operating Systems Principles, (Pacific Grove, California, December 10–12), ACM, pp. 33–42

[LIS89a] LI, K. and SCHAEFER, R. (1989) *A Hypercube Shared Virtual Memory System.* Proceedings of the International Conference on Parallel Processing, pp. I:125–132

[LIT90a] LIU, L. and TROPPER, C. (1990) *Local Deadlock Detection in Distributed Simulation.* Proceedings of the Multiconference on Distributed Simulation, (San Diego, CA, January 17–19), SCS, pp. 64–69

[LKB92a] LEVELT, W., KAASHOEK, M., BAL, H., and TANENBAUM, A. (1992) *A Comparison of Two Paradigms for Distributed Shared Memory.* Software–Practice and Experience, November, pp. 985–1910

[LLB90a] LIN, Y., LAZOWSKA, E., and BAER, J.-L. (1990) *Conservative Parallel Simulation for Systems with No Lookahead Prediction.* Proceedings of the Distributed Simulation Conference, (San Diego, California, Jan. 17–19), SCS, pp. 144–151

[LLG92a] LENOSKI, D., LAUDON, J., GHARACHORLOO, K., WEBER, W., GUPTA, A., HENNESSY, J., HOROWITZ, M., and LAM, S. (1992) *The Stanford Dash Multiprocessor.* IEEE Computer (March), pp. 63–79

[LOP90a] LOUCKS, W. and PREISS, B. (1990) *The Role of Knowledge in Distributed Simulation.* Proceedings of the Distributed Simulation Conference, (San Diego, California, Jan. 17–19), SCS, pp. 9–16

[LPL93a] LIN, Y., PREISS, B., LOUCKS, W., and LAZOWSKA, E. (1993) *Selecting the Checkpoint Interval in Time Warp Simulation.* Proceedings of the 7th Workshop on Parallel and Distributed Simulation, (San Diego, California, May 16–19), SCS, pp. 3–10

[LSW89a] LUBACHEVSKY, B., SHWARTZ, A., and WEISS, A. (1989) *Rollback Sometimes Works ... If Filtered.* Proceedings of the Winter Simulation Conference

[LSZ91a] LEU, E., SCHIPER, A., and ZRAMDINI, A. (1991) *Efficient Execution Replay Technique for Distributed Memory Architectures.* Proceedings of the 2nd European Distributed Memory Computing Conference, (Munich, Germany, April 22–24), LNCS 487, Arndt Bode (Ed.), Springer-Verlag, pp. 315–324

[LUB89a] LUBACHEVSKY, B. (1989) *Efficient Distributed Event-Driven Simulations of Multiple-Loop Networks.* Communications of the ACM pp. 111-123,131

[LUB90a] LUBACHEVSKY, B. (1990) *Simulating Colliding Rigid Disks in Parallel Using Bounded Lag Without Time Warp.* Proceedings of the SCS Multiconference on Distributed Simulation, (San Diego, California, January 17–19), pp. 194–202

[MAL93a] MANJIKIAN, N. and LOUCKS, W. (1993) *High Performance Parallel Logic Simulation on a Network of Workstations.* Proceedings of the 7th Workshop on Parallel and Distributed Simulation, (San Diego, California, May 16–19), SCS, pp. 76–84

[MAM89a] MATTERN, F. and MEHL, H. (1989) *Diskrete Simulation — Prinzipien und Probleme der Effizienzsteigerung durch Parallelisierung.* Informatik-Spektrum 12:4, pp. 198-210

[MAM89b] MATTERN, F. and MEHL, H. (1989) *Kooperierende Simulatoren und verteilte Simulation.* Fuss H., Thome R. (Eds.): 5. GI–Workshop Simulationsmethoden für verteilte, parallele Prozesse, (Würzburg, Deutschland, 10.–11. April), ASIM

[MAT88a] MATTERN, F. (1988) *Virtual Time and Global States of Distributed Systems.* In: Cosnard M. et al. (eds): Proceedings of the 1988 Workshop on Parallel and Distributed Algorithms, Château de Bonas, 1989, Elsevier/North–Holland, pp. 215-226

[MAT88c] MATTERN, F. (1988) *CSSA - Sprache und Systembenutzung.* Interner Bericht SFB124-24/88, Fachbereich Informatik, Universität Kaiserslautern

[MAT89d] MATTERN, F. (1989) *Verteilte Basisalgorithmen.* Springer-Verlag, Informatik-Fachberichte Bd. 226

[MAT93a] MATTERN, F. (1993) *Efficient Algorithms for Distributed Snapshots and Global Virtual Time Approximation.* Journal of Parallel and Distributed Computing 18, pp. 423–434

[MEH85a] MEHL, H. (1985) *Ein regelgesteuerter Peephole-Optimierer für die verteilte Programmiersprache CSSA.* Projektarbeit, Fachbereich Informatik, Universität Kaiserslautern

[MEH89a] MEHL, H. (1989) *Konzeption und Implementierung eines verteilten Simulationssystems und einer Laufzeitumgebung für eine verteilte Programmiersprache.* Diplomarbeit, Fachbereich Informatik, Universität Kaiserslautern

[MEH91a] MEHL, H. (1991) *Speed-Up of Conservative Distributed Discrete Event Simulation Methods by Speculative Computing.* Proceedings of the SCS Multiconference on Advances in Parallel and Distributed Simulation, (Anaheim, California, January 23-25), Simulation Series 23:1, Eds.: V. Madisetti, D. Nicol, R. Fujimoto, pp. 163-166

[MEH91c] MEHL, H. (1991) *Breaking Ties Deterministically in Distributed Simulation Schemes.* Technical Report 217/91, Department of Computer Science, University of Kaiserslautern, Fed. Rep. of Germany (December)

[MEH92a] MEHL, H. (1992) *A Deterministic Tie-Breaking Scheme for Sequential and Distributed Simulation.* Proceedings of the 6th Workshop on Parallel and Distributed Simulation (PADS92), (Newport Beach, California, January 20-22), SCS, pp. 199-200

[MEH92c] MEHL, H. (1992) *Distributed Shared Memory: A Survey.* Technical Report SFB124–33/92, Department of Computer Science, University of Kaiserslautern, Fed. Rep. of Germany

[MEH92e] MEHL, H. and HAMMES, S. (1992) *How to Integrate Shared Variables in Distributed Simulation.* Technical Report SFB124–32/92, Department of Computer Science, University of Kaiserslautern, Fed. Rep. of Germany

[MEH93b] MEHL, H. (1993) *Die verteilte Simulationssprache DSL (Sprachbeschreibung).* In Vorbereitung: Technischer Bericht, Fachbereich Informatik, Universität Kaiserslautern

[MEH93c] MEHL, H. and HAMMES, S. (1993) *Shared Variables in Distributed Simulation (Invited Paper).* Proceedings of the 7th Workshop on Parallel and Distributed Simulation, (San Diego, CA, May 16–19), SCS, pp. 68–75

[MHF92a] MADISETTI, V., HARDAKER, D., and FUJIMOTO, R. (1992) *The MIMDIX Operating System for Parallel Simulation.* Proceedings of the 6th Workshop on Parallel and Distributed Simulation (PADS92), (Newport Beach, California, January 20-22), SCS, pp. 65–74

[MHF93a] MADISETTI, V. K., HARDAKER, D. A., and FUJIMOTO, R. M. (1993) *The MIMDIX Environment for Parallel Simulation.* Journal of Parallel and Distributed Computing 18, pp. 473–483

[MIB89a] MIN, S. and BAER, J. (1989) *A Timestamp-based Cache Consistency Scheme.* Proceedings of the International Conference on Parallel Processing, pp. I:23–32

[MIB92a] MIN, S. and BAER, J. (1992) *Design and Analysis of a Scalable Cache Coherence Scheme Based on Clocks and Timestamps.* IEEE Transactions on Parallel and Distributed Systems, 3:1, pp. 25–44

[MIF90a] MINNICH, R. and FARBER, D. (1990) *Reducing Host Load, Network Load, and Latency in a Distributed Shared Memory.* Proceedings of the 10th International Conference on Distributed Computing Systems, (Paris, France, May 28 – June 1), IEEE, pp. 468–475

[MIM84a] MITRA, D. and MITRANI, I. (1984) *Analysis and Optimum Performance of Two Message-Passing Parallel Processors Synchronized by Rollback.* Proceedings of the 10th International Symposium on Computer Performance, pp. 35-50

[MIS86a] MISRA, J. (1986) *Distributed Discrete-Event Simulation.* Computing Surveys 18:1, pp. 39-65

[MIS86b] MISRA, J. (1986) *Axioms for Memory Access in Asynchronous Hardware Systems.* ACM Transactions on Programming Language Systems 8, pp. 142–153

[MMS91a] MATTERN, F., MEHL, H., SCHOONE, A., and TEL, G. (1991) *Global Virtual Time Approximation with Distributed Termination Detection Algorithms.* Technical Report RUU–CS–91-32, University of Utrecht

[MRS85a] MITRA, D., ROMEO, F., and SANGIOVANNI-VINCENTELLI (1985) *Convergence and Finite–Time Behaviour of Simulated Annealing.* Proceedings of the 1985 Decision and Control Conference

[MSP93a] MARSAGLIA, G., SULLIVAN, S., PARK, S., MILLER, K., and STOCKMEYER, P. (1993) *Remarks on Choosing and Implementing Random Number Generators.* Communications of the ACM 36:7, pp. 105–110

[MUD86a] MÜHLHÄUSER, M. and DROBNIK, O. (1986) *Integrated Development and Performance Evaluation of Network Applications Using Distributed Simulation.* In: Computer Networks and Simulation III, S. Shoemaker (ed), North Holland, pp. 361-383

[MUE90a] MÜHLHÄUSER, M. (1990) *Distributed Simulation Techniques and the Simulation of Distributed Systems.* European Simulation Multiconference, pp. 707-712

[MWM88a] MADISETTI, V., WALRAND, J., and MESSERSCHMITT, D. (1988) *WOLF: A Rollback Algorithm for Optimistic Distributed Simulation Systems.* Proceedings of the Winter Simulation Conference, pp. 296-305

[MWM89a] MADISETTI, V., WALRAND, J., and MESSERSCHMITT, D. (1989) *Efficient Distributed Simulation.* Annual Simulation Symposium, pp. 5-21

[MWM90a] SOKOL, L., WEISSMAN, J., and MUTCHLER, P. (1990) *MTW: An Empirical Performance Study.* Technical Report, The MITRE Corporation, Washington AI Center, McLean VA 22102

[MWM90b] MADISETTI, V., WALRAND, J., and MESSERSCHMIDT, D. (1990) *Synchronization in Message–Passing Computers Models, Algorithms and Analysis, pp. 35–48.* ACM Transactions on Modeling and Computer Simulation

[MWM91a] MADISETTI, V., WALRAND, J., and MESSERSCHMITT, D. (1991) *Asynchronous Algorithms for the Parallel Simulation of Event–Driven Dynamical Systems.* ACM Transactions on Modeling and Computer Simulation 1:3, pp. 244–274

[NEE87a] NEELAMKAVIL, F. (1987) *Computer Simulation and Modelling.* John Wiley & Sons

[NIC88a] NICOL, D. (1988) *Parallel Discrete-Event Simultion of FCFS Stochastic Queueing Networks.* SIGPLAN Notices 23:9, pp. 124-137

[NIL91a] NITZBERG, B. and LO, V. (1991) *Distributed Shared Memory: A Survey of Issues and Algorithms.* IEEE Computer, (August), pp. 52–60

[NIR90a] NICOL, D. and RIFFE, S. (1990) *A "Conservative" Approach to Parallelizing the Sharks World Simulation.* Proceedings of the Winter Simulation Conference, (New Orleans, Louisiana, December 9–12), pp. 186–190

[OSB89a] OSBORNE, R. (1989) *Speculative Computation in Multi-Lisp.* Technical Report LCS/TR–464, Massachusetts Institute of Technology

[PAG91a] PAGE, B. *Diskrete Simulation—Eine Einführung mit Modula-2.* Springer-Verlag 1991

[PAM88a] PARK, S. and MILLER, K. (1988) *Random Number Generators: Good Ones are Hard to Find.* Communications of the ACM 31:10, pp. 1192-1201

[PAN92a] PANCERELLA, C. (1992) *Improving the Efficiency of a Framework for Parallel Simulations.* Proceedings of the 6th Workshop on Parallel and Distributed Simulation (PADS92), (Newport Beach, California, January 20-22), SCS, pp. 22–29

[PAP84a] PAPAMARCOS, M. and PATEL, J. (1984) *A Low-Overhead Coherence Solution for Multiprocessors with Private Cache Memories.* Proceedings of the 11th Annual Symposium on Computer Architecture (Ann Arbor, Michigan, June 5–7), pp. 348-354

[PAW93a] PALANISWAMY, A. and WILSEY, P. (1993) *An Analytical Comparison of Periodic Checkpointing and Incremental State Saving.* Proceedings of the 7th Workshop on Parallel and Distributed Simulation, (San Diego, California, May 16–19), SCS, pp. 127–134

[PEW89a] PRESLEY, M., EBLING, M., WIELAND, F., and JEFFERSON, D. (1989) *Benchmarking the Time Warp Operating System with a Computer Network Simulation.* Proceedings of the SCS Multiconference on Distributed Simulation, pp. 8-13

[PLH88a] PREISS, B., LOUCKS, W., and HAMACHER, V. (1988) *A Unified Modeling Methodology for Performance Evaluation of Distributed Discrete Event Simulation Mechanism.* Proceedings of the Winter Simulation Conference, pp. 315-324

[PLM91a] PREISS, B., LOUCKS, W., and MACINTYRE, I. (1991) *Null Message Cancellation in Conservative Distributed Simulation.* Proceedings of the SCS Multiconference on Advances in Parallel and Distributed Simulation, (Anaheim, California, January 23-25), SCS, pp. 33–38

[PML92a] PREISS, B., MACINTYRE, D., and LOUCKS, W. (1992) *On the Trade-off Between Time and Space in Optimistic Parallel Discrete-Event Simulation.* Proceedings of the 6th Workshop on Parallel and Distributed Simulation (PADS92), (Newport Beach, California, January 20-22), SCS, pp. 33–42

[PRE89a] PREISS, B. (1989) *The Yaddes Distributed Discrete Event Simulation Specification Language and Execution Environment.* Proceedings of the SCS Multiconference on Distributed Simulation, pp. 139-144

[PRE90a] PREISS, B. (1990) *Performance of Discrete Event Simulation on a Multiprocessor Using Optimistic and Conservative Synchronization.* International Conference on Parallel Processing (August 13–17), pp. 218-222

[PRR88a] PRAKASH, A. and RAMAMOORTHY, C. (1988) *Hierarchical Distributed Simulation.* Proceedings of the 8th ICDCS

[PWM79a] PEACOCK, K., WONG, J., and MANNING, E. (1979) *Distributed Simulation Using a Network of Processors.* Computer Networks 3, pp. 44-56

[RAK89a] RAMACHANDRAN, U. and KHALIDI, M. (1989) *Programming with Distributed Shared Memory.* Proceedings of the 13th Annual International Computer Software and Applications Conference (COMPSAC), (Orlando, Florida, Sepember 20–22), IEEE, pp. 176–183

[RAT93a] RAJAEI, H., AYANI, R., and THORELLI, L. (1993) *The Local Time Warp Approach to Parallel Simulation.* Proceedings of the 7th Workshop on Parallel and Distributed Simulation, (San Diego, California, May 16–19), SCS, pp. 119–126

[REE85a] REED, D. (1985) *Parallel Discrete Event Simulation: A Case Study.* Proceedings of the 18th Annual Simulation Symposium, Tampa, Florida, March 13-15, pp. 95-107

[REM88a] REED, D. and MALONY, A. (1988) *Parallel Discrete Event Simulation: The Chandy Misra Approach.* Proceedings of the Distributed Simulation Conference, San Diego, pp. 8-13

[REY83a] REYNOLDS, P. (1983) *Active Logical Processes and Distributed Simulation: An Analysis.* Proceedings of the Winter Simulation Conference, pp. 263-264

[REY88a] REYNOLDS, P. (1988) *A Spectrum of Options for Parallel Simulation.* Proceedings of the Winter Simulation Conference, pp. 325-332

[REY91a] REYNOLDS, P.F., J. (1991) *An Efficient Framework for Parallel Simulations.* Proceedings of the SCS Multiconference on Advances in Parallel and Distributed Simulation, (Anaheim, California, January 23-25), SCS, pp. 167–174

[RFB90a] REIHER, P., FUJIMOTO, R., BELLENOT, S., and JEFFERSON, D. (1990) *Cancellation Strategies in Optimistic Execution Systems.* Proceedings of the SCS Multiconference on Distributed Simulation 22:1, pp. 112-121

[RIC90a] RICHTER, J. (1990) *Ein mathematisches Modell für ereignisgesteuerte Simulation.* Technischer Bericht 206/90, Universität Kaiserslautern

[RIW89a] RIGHTER, R. and WALRAND, J. (1989) *Distributed Simulation of Discrete Event Systems.* Proceedings of the IEEE, 77:1, pp. 99-113

[RMM88a] REED, D., MALONY, A., and McCREDIE, B. (1988) *Parallel Discrete Event Simulation Using Shared Memory.* IEEE Transactions on Software Engineering 14:4, pp. 541-553

[RPS93a] REYNOLDS, P. F., PANCERELLA, C. M., and SRINIVASAN, S. (1993) *Design and Performance Analysis of Hardware Support for Parallel Simulations.* Journal of Parallel and Distributed Computing 18, pp. 435–453

[RRA93a] RONNGREN, R., RIBOE, J., and AYANI, R. (1993) *Fast Implementations of the Pending Event Set.* Proceedings of the International Workshop on Modeling, Analysis and Simulation of Computer and Telecommunication Systems (MASCOT), pp. 210-215

[RUD88a] RUDALICS, M. (1988) *Multiprocessor List Memory Management.* Dissertation, RISC-LINZ Series No. 88–87.0, Johannes Kepler University, Linz, Austria

[RWH90a] REIHER, L., WIELAND, F., and HONTALAS, P. (1990) *Providing Determinism in the Time Warp Operating System – Costs, Benefits, and Implications.* Proceedings of the Second IEEE Workshop on Experimental Distributed Systems, Huntsville, Alabama, October 11-12, 1990, pp. 113-118

[RWJ89a] REIHER, P., WIELAND, F., and JEFFERSON, D. (1989) *Limitation of Optimism in the Time Warp Operating System.* Proceedings of the Winter Simulation Conference, pp. 765-770

[SAM85a] SAMADI, B. (1985) *Distributed Simulation: Performance and Analysis.* Ph.D. Dissertation, Dept. of Computer Science, University of California at Los Angeles

[SAM87a] SAMADI, B. and MUNTZ, R. (1987) *A Distributed Algorithm to Detect a Global State of a Distributed Simulation System.* In IFIP '87, Amsterdam

[SBW88a] SOKOL, L., BRISCOE, D., and WIELAND, A. (1988) *MTW: A Strategy for Scheduling Discrete Simulation Events for Concurrent Execution.* Proceedings of the Distributed Simulation Conference, San Diego, pp. 1-21

[SCH81a] SCHMIDT, B. (1981) *Kombinierte Simulationsmodelle.* Informatik Spektrum 4, pp. 126–127

[SCS89a] SOM, T., COTA, B., and SARGENT, R. (1989) *On Analyzing Events to Estimate the Possible Speedup of Parallel Discrete Event Simulation.* Proceedings of the Winter Simulation Conference, pp. 729–737

[SIM93a] SIMON, S. (1993) *Realisierung von gemeinsamen Variablen für die verteilte Simulationssprache DSL.* Projektarbeit, Fachbereich Informatik, Universität Kaiserslautern

[SLT85a] SLEATOR, D. and TARJAN, R. (1985) *Self-Adjusting Binary Search Trees.* Journal of the ACM 32:3, pp. 652-686

[SMI82a] SMITH, A. (1982) *Cache Memories.* ACM Computing Surveys 14:3, pp. 473–530

[SMW92a] SOKOL, L., MUTCHLER, P., and WEISSMAN, J. (1992) *The Role of Event Granularity in Parallel Simulatioon Design.* Proceedings of the 6th Workshop on Parallel and Distributed Simulation (PADS92), (Newport Beach, California, January 20-22), SCS, pp. 178–185

[SOG91a] SOULÉ, L. and GUPTA, A. (1991) *An Evaluation of the Chandy–Misra–Bryant Algorithm for Digital Logic Simulation.* ACM Transactions on Modeling and Computer Simulation 1:4, pp. 308-347

[SOG92a] SOULÉ, L. and GUPTA, A. (1992) *An Evaluation of the Chandy–Misra–Bryant Algorithm for Digital Logic Simulation.* Proceedings of the 6th Workshop on Parallel and Distributed Simulation (PADS92), (Newport Beach, California, January 20-22), SCS, pp. 129–138

[SOS93a] SOM, T. and SARGENT, R. G. (1993) *A New Process to Processor Assignment Criterion for Reducing Rollbacks in Optimistic Simulation.* Journal of Parallel and Distributed Computing 18, pp. 509–515

[SPG91a] SILBERSCHATZ, A., PETERSON, J., and GALVIN, P. (1991) *Operating System Concepts.* Addison-Wesley, Third Edition

[SSH89a] SOKOL, L., STUCKY, B., and HWANG, V. (1989) *MTW: A Control Mechanism for Parallel Discrete Simulation.* International Conference on Parallel Processing, pp. 250-254

[STE91a] STEINMAN, J. (1991) *SPEEDES: Synchronous Parallel Environment for Emulation and Discrete Event Simulation.* Proceedings of the SCS Multiconference on Advances in Parallel and Distributed Simulation, (Anaheim, California, January 23-25), SCS, pp. 95-103

[STE92a] STEINMAN, J. (1992) *SPEEDES: A Unified Approach to Parallel Simulation.* Proceedings of the 6th Workshop on Parallel and Distributed Simulation (PADS92), (Newport Beach, California, January 20-22), SCS, pp. 75–84

[STE93b] STEINACKER, S. (1993) *Integration der spekulativen Simulationsmethode in die verteilte Simulationssprache DSL.* In Vorbereitung: Diplomarbeit, Fachbereich Informatik, Universität Kaiserslautern

[STK89a] STUMM, M. and KRIEGER, O. (1989) *Algorithms that Implement the Shared Data Model in Loosely Coupled Distributed Systems.* Conference on Decentralized Systems, IFIP Working Group 10.3, M. Cosnard and C. Girault (Editors), Lyon, France, 11-13 December 1989, pp. 145–164

[STZ90a] STUMM, M. and ZHOU, S. (1990) *Algorithms Implementing Distributed Shared Memory.* IEEE Computer (May), pp. 54–64

[SUS89a] SU, W.-K. and SEITZ, C. (1989) *Variants of the Chandy–Misra–Bryant Distributed Discrete-Event Simulation Algorithm.* Proceedings of the Multiconference on Distributed Simulation, (Tampa, Florida, March 28–31), SCS, pp. 38-43

[SWF87a] SWOPE, S. and FUJIMOTO, R. (1987) *Optimal Performance of Distributed Simulation Programs.* Proceedings of the Winter Simulation Conference, pp. 612-617

[TEL91a] TEL, G. (1991) *Topics in Distributed Algorithms.* Cambridge International Series on Parallel Computing, Vol. 1, Cambridge University Press, Cambridge, U.K.

[THZ91a] THOMAS, G. and ZAHORJAN, J. (1991) *Parallel Simulation of Performance Petri Nets: Extending the Domain of Parallel Simulation.* Proceedings of the 1991 Winter Simulation Conference, (Phoenix, Arizona, Dec. 8–11), pp. 564-573

[TIA89a] TINKER, P. and AGRE, R. (1989) *Object Creation, Messaging, and State Manipulation in an Object Oriented Time Warp System.* Proceedings of the SCS Multiconference on Distributed Simulation, pp. 79-84

[TIA90a] TINKER, P. and AGRE, J. (1990) *Adaptive Model Predicition Using Time Warp.* Proceedings of the Distributed Simulation Conference, (San Diego, Calfornia, May 17–19), SCS, pp. 165–168

[TKB92a] TANENBAUM, A., KAASHOEK, F., and BAL, H. (1992) *Parallel Programming Using Shared Objects and Broadcasting.* IEEE Computer (August), pp. 10–19

[TOG93a] TOMLINSON, A. and GARG, V. (1993) *An Algorithm for Minimally Latent Global Virtual Time.* Proceedings of the 7th Workshop on Parallel and Distributed Simulation, (San Diego, California, May 16–19), SCS, pp. 35–42

[TOM90a] TODESCO, A. and MENG, T. (1990) *Interval Methods for Distributed Simulation Systems.* Proceedings of the SCS Multiconference on Modeling and Simualtion Microcomputers, January 17-19, 1990, San Diego, California, Madisetti (Ed.), pp.18-23

[TSF90a] TAM, M., SMITH, J., and FARBER, D. (1990) *A Taxonomy–Based Comparison of Several Distributed Shared Memory Systems.* ACM Operating Systems Review 24:3, pp. 40–67

[VAK92a] VAKILI, P. (1992) *Massively Parallel and Distributed Simulation of a Class of Discrete Event Systems: A Different Perspective.* ACM Transactions on Modeling and Computer Simulation 2:3, pp. 214–238

[WAL88a] WAGNER, D. and LAZOWSKA, E. (1988) *Parallel Simulation of Queueing Networks: Limitations and Potentials.* Technical Report 88-09-05, Department of Computer Science, University of Washington, Seattle

[WCF90a] WITTE, E., CHAMBERLAIN, R., and FRANKLIN, M. (1990) *Parallel Simulated Annealing Using Speculative Computation.* Proceedings of the International Conference on Parallel Processing, III: 280–290

[WES88a] WEST, D. (1988) *Optimizing Time Warp: Lazy Rollback and Lazy Re–Evaluation.* M.S. thesis, University of Calgary

[WHB90a] WIELAND, F., HAWLEY, L., and BLUME, L. (1990) *An Empirical Study of Data Partitioning and Replication in Parallel Simulation.* Proceedings of the Distributed Memory Computing Conference, (Charleston, SC, April 8–12), pp. 915-921

[WHF89a] WIELAND, F., HAYLEY, L., FEINBERG, A., DILORETO, M., BLUME, L., RUFFLES, J., REIHER, P., BECKMANN, B., HONTALAS, P., BELLENOT, S., and JEFFERSON, D. (1989)

The Performance of a Distributed Combat Simulation with the Time Warp Operating System. Concurrency: Practice and Experience 1:1, pp. 35-50

[WIJ89a] WIELAND, F. and JEFFERSON, D. (1989) *Case Studies in Serial and Parallel Simulation.* International Conference on Parallel Processing, pp. 255-258

[WIL87a] WILSON, A. (1987) *Parallelization of an Event Driven Simulator for Computer Systems.* Simulation 49:2, pp. 72-78

[WIR83a] WIRTH, N. (1983) *Programming in Modula-2.* Springer-Verlag, Heidelberg, Second Edition

[WLB88a] WAGNER, D., LAZOWSKA, E., and BERSHAD, B. (1988) *Techniques for Efficient Shared Memory Parallel Simulation.* Technical Report 88-04-05, Department of Computer Science, University of Washington, Seattle

[WLB89a] WAGNER, D., LAZOWSKA, E., and BERSHAD, B. (1989) *Techniques for Efficient Shared-Memory Parallel Simulation.* Proceedings of the SCS Multiconference on Distributed Simulation, pp. 29-37

[WRJ92a] WIELAND, F., REIHER, P., and JEFFERSON, D. (1992) *Experiences in Parallel Performance Measurement: The Speedup Bias.* To be published

[WSR92a] WIELAND, F., SOM, T., REIHER, P., WEDEL, J., and JEFFERSON, D. (1992) *A Critical Path Tool for Parallel Simulation Performance Optimization.* To be published

[WYS83a] WYATT, D., YOUNG, R., and SHEPPARD, S. (1983) *An Experiment in Microprocessor-based Distributed Digital Simulation.* Proceedings of the Winter Simulation Conference, pp. 271-277

[ZSL92a] ZHOU, S., STUMM, M., LI, K., and WORTMAN, D. (1992) *Heterogeneous Distributed Shared Memory.* IEEE Transactions on Parallel and Distributed Systems 3:5, pp. 540–554

[ZSM90a] ZHOU, S., STUMM, M., and MCINERNEY, T. (1990) *Extending Distributed Shared Memory to Heterogeneous Environments.* Proceedings of the 10th International Conference on Distributed Computing Systems, (Paris, France, May 28 – June 1), IEEE, pp. 30–37

Sachwortverzeichnis

A

B

C

D

E

F

G

H

I

J

K

L

M

N

T

U

V

W

Z

Summary

In this book, we present concepts and methods for distributed discrete-event simulation. In the first part (Chapters 1–4), we consider the question whether and how discrete-event simulation may be sped up. To this aim, we start with a survey on sequential simulation methods and approaches to their parallelization (Chapter 1). It will turn out that *distributed simulation* is a promising approach to speed up discrete event simulation. In Chapter 2, we compile the main problems and concepts of distributed simulation schemes and present a new classification method. In order to empirically investigate the known, but also our new methods (see Chapters 2, 4, 5, 7), we have realized a distributed simulation system (Chapter 3). Essentially, this system consists of a new *Distributed Simulation Language*, called *DSL*, and a *method library*. As every distributed simulation method in the library can execute the same simulation model without having to adapt the model implementation, we can compare the algorithms in a fair manner.

The second part of this book covers two problems which are of special importance when distributed simulation is to be used in practice. First, we discuss the problem of *reproducibility* of distributed simulation despite its non-deterministic execution. Ensuring reproducibility is an important prerequisite for debugging distributed simulation models as well as for interpreting simulation results. Yet, up to date, none of the published algorithms was able to guarantee it. In Chapter 5, we present a new algorithm that guarantees reproducibility for distributed simulation. In the following two chapters, we treat the problem of modeling distributed simulation applications in the presence of *inherently global data.* To this end, Chapter 6 surveys problems and solutions to realize distributed shared memory for arbitrary distributed applications. Then, in Chapter 7, we investigate whether and how these techniques for general distributed applications can be transferred to the special class of "distributed simulation applications". Finally, Chapter 8 summarizes our main results and gives conclusions.

Regelungstechnik und Simulation

Ein Arbeitsbuch mit Visualisierungssoftware

von Anatoli Makarov

1994. VIII, 245 Seiten mit Diskette. Gebunden.
ISBN 3-528-05278-3

Aus dem Inhalt: Grundbegriffe der Regelungstechnik – Beschreibung und Analyse linearer Regelweise im Zeit- und Frequenzbereich – Reglerentwurfsverfahren – Numerische Verfahren zur Simulation von Regelkreisen – Grundlagen der digitalen Regelung.

Das Buch umfaßt die theoretischen Grundlagen der klassischen Regelungstechnik, ergänzt durch numerische Verfahren zur Simulation von regelungstechnischen Systemen. Dem Buch liegt das Simulationsprogramm von „VISU-RT" bei, das, zuammen mit zahlreichen Aufgaben und Beispielen, das Verständnis für die theoretischen Zusammenhänge vertieft. Die langjährigen Erfahrungen des Autors aus Lehre und Forschung fließen ein, deshalb ist es sehr praxisorientiert und hervorragend für Studenten geeignet.

Verlag Vieweg · Postfach 58 29 · 65048 Wiesbaden

vieweg